# 나는
# 어떻게
# 기독교인이
# 되었는가

# 나는 어떻게 기독교인이 되었는가

| | | | |
|---|---|---|---|
| 발행일 | 2023년 9월 7일 | | |
| 지은이 | 오승재 | | |
| 펴낸이 | 손형국 | | |
| 펴낸곳 | (주)북랩 | | |
| 편집인 | 선일영 | 편집 | 윤용민, 배진용, 김다빈, 김부경 |
| 디자인 | 이현수, 김민하, 김영주, 안유경 | 제작 | 박기성, 구성우, 배상진 |
| 마케팅 | 김회란, 박진관 | | |
| 출판등록 | 2004. 12. 1(제2012-000051호) | | |
| 주소 | 서울특별시 금천구 가산디지털 1로 168, 우림라이온스밸리 B동 B113~114호, C동 B101호 | | |
| 홈페이지 | www.book.co.kr | | |
| 전화번호 | (02)2026-5777 | 팩스 | (02)3159-9637 |

ISBN   979-11-93304-46-4 03230 (종이책)     979-11-93304-47-1 05230 (전자책)

**작가 연락처 문의 ▸ ask.book.co.kr**

작가 연락처는 개인정보이므로 북랩에서 알려드릴 수 없습니다.

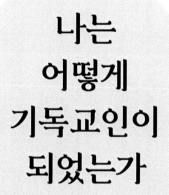

# 나는
# 어떻게
# 기독교인이
# 되었는가

## 내 삶의 현장

오승재 지음

왜 믿느냐고요?
예수 그리스도가 나를 부르시자
이제 나는 죽고
그분만이 내 안에 사시게
되었기 때문입니다!

 북랩

이 책은 문학적 향기가 기독교 신앙과 아름답게 조화된 작품이
다. 〈신 없는 신 앞에서〉, 〈급매물 교회〉 등에서 두드러졌던 저자
의 예언자적 풍자와 유머가 한 단계 더 무르익어 만개한 작품이
다. 첫째, 이 책은 처음부터 끝까지 자기 마음을 정직하게 관찰하
고 해석한 문학작품이다. 웃음과 울음, 감동과 안타까움을 불러
일으키는 극적 상황들이 여기저기서 펼쳐진다. 아슬아슬하게 절
망적인 상황들이 주인공을 구원하고 돕는 쪽으로 반전을 거듭하
는 과정에 대한 묘사는 독자로 하여금 이 책에 빠져들게 한다.

또한, 이 책은 가족 이야기이자 사회사적 기록문학이다. 저자
는 자신의 개인사 전개를 묘사하는 꼭지마다 그가 처했던 우리나
라 안팎의 역사, 사회사적 소용돌이를 주시한다. 저자 자신의 파
란만장한 개인 서사가 전개되었던 더 넓고 큰 세상을 배경으로 제
시한다. 이런 방식의 글쓰기는 왜 저자가 청년의 시절에, 혹은 중
년의 시절에 그렇고 그런 결단을 할 수밖에 없었던가를 이해하도

록 도와준다. 그러나 무엇보다도 이 책은 우리나라 문학에서 희귀한 종교적 편력을 증언한 증언 문학이다. 기독교인 작가들 중 이렇게 직설적으로 자기 신앙을 자서전적 소설형식으로 증언한 사례는 거의 없다. 그래서 소중하고 귀한 자산이 아닐 수 없다. 이 책은 한 인간이 하나님을 찾아가는 토마스 머튼의 〈칠층산〉과 달리, 한 인간을 구원하기 위해 절망과 고통이 가득 찬 세상 마을로 내려오시는 하나님의 자기 하강적 아가페 증언록이다. 이 책 내내 하나님은 저자보다 한발 앞서 절망적인 상황 현장에 나타나 그를 돕고, 구원하고, 견인하고, 성숙시켜 간다. 이 과정에서 저자는 여기저기서 자기 해부적 유머를 구사한다. 저자는 오장육부 속에 꿈틀거리는 자신의 이기심, 영악한 이해타산심 등 은밀한 감정 흐름을 섬세하게 추적한다. 여기서 저자가 기독교인이 되어가는 과정에 등장한 사람들, 그를 기독교인으로 성장시켜 가는 과정에 등장한 사람들이 자세하게 묘사되어 있다. 특히 아내와 나눈 편지들, 신앙적 대화들은 서간문학의 향취를 그리워하게 만든다. 고단하고 가난한 가정에 태어난 자녀들이 끝내 하나님의 은혜로 형통하게 성장해 가는 일화들은 안도의 간주곡 같다.

이처럼 이 책은 단순히 한 개인의 신앙간증록이 아니다. 오히려 책의 두께가 주는 인상과 달리 장편 대하소설 같은 면이 있다. 저자는 이 책의 처음부터 끝까지 자신에게 하나님을 대신해 친절과 자비를 베푼 사람들을 다정하고 감미롭게 회고하고 있기 때문이다. 저자는 그를 하나님의 사람으로 성장시키고, 섬기는 자유인으로 성숙시켜간 사람들과 사건들을 연대기적으로 회고하되, 사람 중심으로 회고한다. 기전여고를 세운 남장로교 선교사들,

특히 젠킨 선교사의 헌신(전의렴), 그를 지극히 자상하게 돌봐주고 기독교인이 되게 한 미국 여자 선교사 한미성 기전여고 교장, 그녀를 이어 교장이 된 기전여고 조 교장에 대한 회고가 특히 감미롭고 은혜롭다. 또한, 텍사스 유학 시절 섬겼던 댈러스 한인장로교회, 그리고 한남대(대전대, 숭전대), 오정교회, UBF, 두레 성서연구 활동 등에 대한 묘사들은 하나님의 은혜로 자유케 된 사람이 스스로 이제 섬기는 자유인이 되어가는 과정을 잘 보여준다.

실로 이 책은 구십 평생을 성실하게 살았던 한 사람이 40명 이상의 사람들과 얼마나 의미심장하게 만나고 접촉하고, 서로 사랑하고 지지해 줬는지를 살갑게 회고한다. 자신의 인생을 구원하고 성장시켜 주신 하나님의 은혜를 회상하는 이 책의 논리는 분명하다. 하나님의 사랑과 은혜로 자유케 된 사람들이야말로 다른 사람들을 섬기는 은혜로운 자유인으로 성숙해 간다는 것이다. 이 책을 다 읽고 나면 우리는 "우리 그리스도인들은 하나님의 은혜로 만민으로부터 자유케 된 자유인이 되었으나, 그 동일한 하나님의 은혜 때문에 우리는 만민에게 종이 될 정도로 자유케 되었다"라고 말한 마틴 루터의 금언에 공감하게 된다.

김회권*

---

* 1960년 경남 하동 출신. 서울대, 장로신학대학원을 거쳐 Princeton 신학교에서 박사 학위를 받음. 2001년까지 미국에서 신학 연구와 현지 한인교회를 목회하다가 귀국. 현재는 숭실대학교 기독교학과 교수, 교목실장을 역임하였음. 저서로는 『하나님 나라 신학으로 읽는 …』으로 시작된 사도행전 1·2, 사무엘 상·하, 여호수아, 사사기, 룻기, 다니엘서 등과 『김회권 목사의 청년설교 1, 2, 3, 4,』 등, 그 외 다수.

이 책은 제 삶의 현장을 돌아보는 한 회고록입니다. 위대한 애국 투사의 회고록이 아니며, 역사를 움직이는 신화적인 인물의 회고록도 아니며 탐욕과 약육강식과 투기와 싸움 가운데서 살아남은 연약한 한 인간이 하나님을 알고 그분과 함께 살면서 더없는 은혜를 누리며 구십 평생을 산 하찮은 한 인간의 회고록입니다.

저는 26살에 결혼해서 27살에 전주에 있는 기독교 여자 중·고등학교에 수학 선생으로 취직했는데 당시까지 기독교가 무엇인지, 참 기독교인이 된다는 것이 어떤 것인지 알지 못했습니다. 아내가 교회에 나갈 때도 하나님이 어디 있느냐고, 교회는 이성적으로 사고하지 못하는 광신자들의 집단이 모이는 곳이라고 말했습니다. 그런 내가 1960년 기독교 학교에 취직해서 처음으로 진지하게 예수 그리스도와 기독교를 생각하게 되었습니다.

지금은 하나님께서 제가 태어나기 전부터 저를 아시고 사랑하시고 제 삶을 인도하신다는 것을 굳게 믿습니다. 예수 그리스도를 영접하면서부터 저는 이 세상에서 죄인으로 죽을 수밖에 없었는데 그가 대신 돌아가심으로 나를 영으로 거듭나게 하시고 주의 은혜 안에 살게 하신 것입니다. 제가 빈곤 속에서 미국 유학을 할 때도 주께서는 저와 함께하시며 은혜로, 만나와 메추라기로 살아 남게 하셨습니다. 그래서 귀국할 때 어머님은 그 하나님을 모시고 귀국하라고 하실 정도였습니다. 저는 이 은혜에 반듯이 보답해야 한다고 생각합니다. 감히 비교할 수 없지만, 바울도 "내게 주신 하나님의 은혜 선물을 따라 내가 일꾼이 되었다 (앱 3:7)."라고 자기가 변화되어 남에게 은혜의 강을 흘려보낸 이야기를 하고 있습니다. 저는 후에 제가 받은 은혜는 하나님께 돌려 드릴 수 없으며 값없는 은혜를 깨닫지 못하는 이웃에게 대신 나누어 주어야 한다는 것을 깨닫게 되었습니다.

그때부터 저는 은혜를 깨달을 때마다 보답해야 한다는 생각을 버리고 먼저 조건 없이 사랑하시는 하나님께 나를 맡기고 먼저 감사해야 한다고 생각하게 되었습니다. '은혜 먼저 감사 다음'이 아니고 조건 없이 감사 먼저 그리고 받은 은혜의 강을 이웃에게 흘려보내는 일입니다.

뒤돌아보면 저는 미국 유학의 어려운 시기를 하나님의 '은혜를 누리는 삶'을 살았습니다. 귀국해서 저도 이제는 이웃을 '섬기는 삶'을 살아야겠다는 생각을 하게 되었는데, 어떻게 섬길 것인지 쉬운 일이 아니었습니다. 그래도 나 나름의 섬김의 삶을 살려고 노력한 흔적을 이 책에 담았습니다.

다음은 '나 홀로'가 아니라 이웃에게 나처럼 감사하며 사는 삶

나는 어떻게 기독교인이 되었는가

을 살자고 권하고 싶어졌습니다. 그것이 육체로는 살아 있으나 영으로 죽어 있는 사람을 살리는 '살리는 삶'이라고 생각했기 때문입니다. 그런 이웃들이 모여 한 공동체를 이루고 살면 이것이야말로 하나님이 다스리는 백성들의 모임이 되지 않겠습니까? 그것이 바로 천국 백성의 삶이라는 꿈을 꾸게 되었습니다. 죽어서 가는 천당이 아니고 이 지상에서 누리는 천국 말입니다. 그러나 이것은 더 어려운 과제였습니다. 주님이 문을 두드리면 응답하고 맞아들여야 주께서 들어와 더불어 먹고 동행할 것인데 그것은 내가 초청하는 이웃이 할 일이지 내가 할 일이 아니기 때문입니다. 제가 할 일은 그렇게 되도록 오래 기도하며 기다리는 것뿐입니다.

하나님은 각자에게 이웃을 섬기는 은사를 주셔서 섬기게 하셨는데 제게도 일찍부터 글을 쓰는 은사를 주셨다는 걸 깨닫게 되었습니다. 26살에 신춘문예에 당선하는 영예를 얻었기 때문입니다. 뒤늦게 이를 깨달았지만 저는 지금까지 글 쓰는 일로는 교회나 교인들을 빈정거리는 것뿐이었습니다. 기독교, 개신교가 1890년대 정식으로 우리나라에 들어올 때 우리는 문맹자로 노예 생활을 면치 못하고 병마와 가난에 시달린 백성들이었습니다. 그러나 기독교가 계급을 타파하고 문맹자를 없애며, 미신을 타파하고 의료기술로 병자의 치료를 받게 해주었습니다. 우리는 새 나라를 꿈꾸며 새벽기도와 성수주일로 부지런하고 규칙적인 생활을 하는 국민이 되었으며 이제는 부강한 나라로 성장했습니다. 그리고 지금은 세계가 기적이라고 우러러보는 자유민주주의 국가로 우뚝 서게 되었습니다. 그런데 나라가 부강해지자 젊은이는 교회를 외면하게 되었습니다. 교회가 대형 교회 화되고 교세 확장, 교회의 기업화, 장로 권사 등으로 조직의 계급화, 집회와 십일조 헌금의 강요 등 요식행위에 빠져 21세기 청년들에게 전혀 본이 되지 않은 집단이 되었기 때문입니다. 이것은 교회와 기독교 기성세대가 교회를 찾은 사람들에게 기독교 가치관을 제대로 심어주지 못하고 스스로 주님의 음성을 듣고 새롭게 거듭나 주와 함께 살며 그의 말씀대로 사는 기쁨과 감격을 빼앗아 갔기 때문입니다. 지금이라도 기독교 공동체인 교회가 주님의 향기를 생산하는 공장이 되어 교회를 찾은 사람마다 세상에 나가 그리스도의 향기를 풍기게 된다면 얼마나 좋을까요? 그렇게 되면 암담한 우리나라의 장래는 다시 기독교인의 힘으로 거듭나리라 생각합니다.

이 모든 일은 제 꿈에 불과할까요? 저는 세상에서 참 그리스도의 제자로 살고 있지 못합니다. 그러나 나를 기독교인으로 만들어준 기전학교와 제 신앙에 깊이를 더해준 한남대학과 신앙생활을 몸에 익혀준 댈러스의 한인장로교회 그리고 대전의 오정교회와 제 가정의 삶의 현장에서 몸부림치며 살았던 많은 산 증인 중의 한 사람으로 이 글을 제 자녀에게라도 남기고 싶은 욕심에서 쓴 것이 이 책입니다. 혹 지루한 부분도 용서해 주시길 빕니다.

2023년 계룡산 기슭에서
오승재

나는 어떻게 기독교인이 되었는가

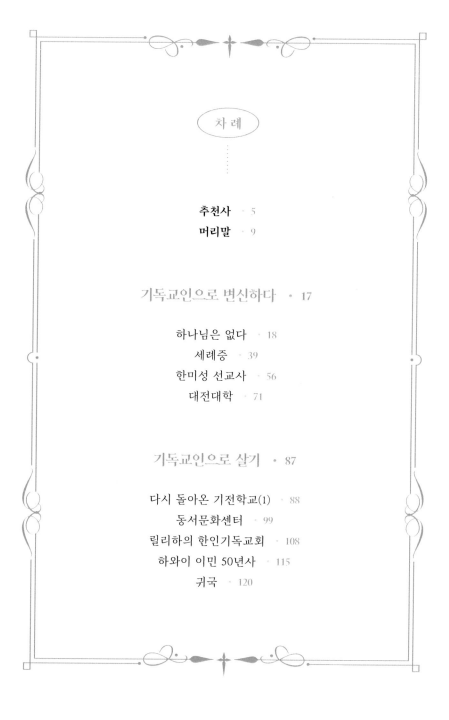

## 차 례

기독교인으로 변신하다

# 하나님은 없다

　나는 기독교인을 경멸하였다. 자기의 최선을 다해보지도 않고 하나님께 매달려 기도하고 기도가 응답이 되면 감사하고 헌금하고 자랑하고, 그렇지 않으면 하나님을 원망하거나 좌절하고 또 새로운 목표를 정하고 기도를 시작한다. 인간의 합리적인 이성과 판단은 하지도 않고 전지전능한 하나님만 의지하고 기도한다. 이것은 서낭당에 물 떠 놓고 기도하는 무속 종교와 무엇이 다른가? 하나님은 없다는 생각은 왜 하지 않는 것일까? 나는 이런 생각으로 전남대학교 부설로 설립된 중등교원 양성소라는 데에 1953년 입학하였다. 광복 이후 일본인 교사가 중·고등학교에서 물러난 후 특히 수학·물리를 가르칠 교원의 부족을 느끼자 국가가 일정 대학교에 부설로 중등교원양성소라는 것을 개설하여 부족한 이공계 교사를 양성하는 곳이었다. 소장은 전남대학교 총장이었고 교수들은 대학에 출강한 강사들이었다. 그중에 국어에 김현승, 수학에 하광철 교수 등 당시 유명한 분들도 계셨다. 이 양성소는 대학도 아니요, 어느 대학에 속한 학과도 아니었다. 그래서 이 양성소에는 소속한 교수가 없었고 대학교의 한 부처가 이곳을 담당해서 교과과정을 짜고 교수들은 전 대학교에서 해당 과목 교수를 초빙해서 운영하고 있었다. 그런데 이제는 전국 고등학교에 필요한 수학·과학 교사 인원이 채워져서 나는 이 양성소의 마지막 입학생이었다. 말하자면 이 학교는 용도 폐기 되어서 내가 졸업하면 사라지는 그런 학교였다. 그러나 불만을 가진 사람은 없어 보였다. 등록금도 저렴했고, 졸업하면 수학·과학 교사 자격증을 별도 시험을 보지 않고도 취득해서 취직할 수 있으며, 정규대학에 불합격한 사람은 이곳에서 2년을 마치면 정규대학에 편입할 수도 있는 좋은 징검다리 학교였다. 나이 많은 학생부터 고등학교를 갓 졸업한 남학생들 그리고 6명이나 된 여학생들이 있어서 심심하면 그들을 희롱하기도 하고 방과 후에는 막걸리 통을 놓고 배구 시합을 했다. 휴전협정이 체결된 지 얼마 안 되어서 공비가 여기저기서 출몰하는 때였는데 태어난 시골 걱정은 하지도 않고 이곳도 대학이라고 나는 군입대가 면제되어 느긋한 학교생활을 하고 있었다. 당시는 대학생들은 모두 사각모자를 쓰고 다녔는데 양성소 학생들은 그런 모자를 쓰지 못했다. 그래서 대학생이었지만 대학생이 아니었다. 여기서 나는 예수를 소개받은 것은 이상한 인연이다.

시골 초등학교 교장의 7남매 중 맏아들로서 "나는 너희들을 고등학교까지만 학비를 책임지겠다. 대학이나 취직은 너희에게

맡기겠다."라는 아버지의 철학에 따라 나는 광주로 나와 입주 가
정 교사를 하면서 이 양성소에 들어온 사람이었다. 그래도 입학
생 가운데는 내로라하는 광주의 일류 고등학교 출신도 있었는
데 어쩌다 내 입학 성적이 2등이 되어 광주 사범 출신인 박 군이
과 대표가 되고 내가 부대표가 되었다. 그러다가 2학기부터는
졸업할 때까지 내가 과 대표를 하고 있었다. 우리는 일반 대학처
럼 교실을 옮겨 다니며 수강하는 것이 아니고 정해진 교실 하나
에서 수업을 받고 담당 교수가 우리를 찾아오는 그런 상태였다.
그런데 남학생들은 짓궂어서 새로운 수업 시간이 정해지면 중
간 자리만 동그랗게 여학생을 위해 비워 놓고 기다리고 있다가
수업 중에는 남학생들은 뒷자리에서 짓궂은 장난을 했다. 여학
생 스케치도 하고 머리를 한 줄로 딴 여학생은 복조리라고 놀리
고…. 이런 짓을 말리는 것이 과 대표의 일과였다.

　　당시 내 꿈은 짧게는 중학교 선생이 되는 것이었고 더 길게는
미국에 유학해서 대학교 교수가 되는 것이었다. 그러나 앞날은
암담했다. 마치 지나가는 트럭의 뒷자리를 얻어 타고 앉아 뒤만
바라보고 목표는 운전 기사에게 맡기고 있는 그런 상태였다. 내
게 분명한 것은, 지난 과거뿐이었다. 운전기사가 내가 앉아 있는
동안 나를 내가 원하는 곳으로 데려다주면 얼마나 좋겠는가? 그
러나 나는 내 운명을 누군가에게 맡겨놓을 수 있는 존재가 아니
다. 나는 내가 책임져야 한다고 생각했다. 나는 사각모를 쓴 다
른 대학생들이 타임스지를 둘둘 말아서 다닐 때 나도 사서 읽어
보았다. 그러나 그 내용은 거의 이해할 수가 없었다. 나는 영어
사전을 사서 단어를 외우기 시작했다. 사전에 별표가 붙은 선별

　　　　　　　　　　　　나는 어떻게 기독교인이 되었는가

된 단어만 골라 외우는 것이다. 그리고 영어로 일기를 썼다. 그러나 실력은 늘지 않았다. 또 시내 고서점에 가서 일본 잡지 문예춘추(文藝春秋)의 과월호들을 사서 읽었다. 나는 6학년까지 일어를 공부해서 어느 정도 읽어낼 수 있었다. 글쓰기를 좋아했던 나는 일본의 사소설을 즐겨 읽었다. 또 정비석 작가의 소설 작법도 읽으며 작가가 되고 싶다는 생각도 했다. 꿈도 많았다.

1954년 한 학기가 끝나는 연말이었다. 나는 방학인데 집에도 가지 않고 가정 교사 집에서 잠들었다가 참으로 황홀한 꿈을 꾸었다. 그곳은 교회 같기도 했다. 이상한 일이었다. 나는 그때까지 교회라고는 두 번 나간 것이 전부였다. 중등교원 양성소의 한 클래스에 있었던 유지○이라는 여학생이 성경과 찬송가집을 사주면서 단 한 번만 나와도 좋으니 교회에 출석해 달라고 간청했으나 나는 거절했다. 또 같은 클래스에 기독교인 남학생들이 있어 광주의 동부교회에 나가면 백 목사라는 분이 계시는데 정부를 대담하게 비판하는 설교를 하니 한 번쯤 나가 보자는 권고를 했을 때도 거절했다. 나는 교회를 싫어했기 때문이다. 그러나 그들의 꾸준한 권고로 사사오입 개헌 등 시끄러운 시국을 신랄하게 비판한다는 내용은 어떤 것인지 호기심도 있어 처음으로 동부교회라는 곳에 참석한 일이 한 번 있다.

그때 교회가 준 가장 인상적이었던 것은 설교보다 찬양대의 노랫소리였다. 그 아름다운 찬양이 어디서 울려 나오는 것인지 내 귀를 의심했다. 교회 분위기의 엄숙함은 나를 압도하였지만, 그보다도 나를 황홀하게 한 것은 눈에는 노래하는 사람이 아무도 보이지 않았는데 천상에서 들려오는 듯한 웅장한 찬양 소리였다. 후에 알고 보니 그 소리는 내가 앉은 좌석의 2층 뒤쪽 안 보이는 곳에서 찬양대원이 부르는 찬양 소리였다. 그 뒤로 또 한 번 간 일이 있었다. 그때 느낀 것은 그 교회의 목사는 뒷발을 구르며 분을 이기지 못하겠다는 듯 깡충깡충 뛰며 설교했는데 정부를 비방하는 대담한 설교를 하고 있었다. 그 당시는 족청파(族靑派)가 숙청되고 이 대통령의 독재가 눈에 두드러지게 된 때였다. 그것이 내가 교회에 대해 가지고 있던 체험 전부였다. 그런데 그날 밤 나는 꿈에서 그 천사의 황홀한 노랫소리를 들은 것이다. 그뿐 아니라 내 몸이 천사들에게 안기어 하늘로 떠 올라가는 것을 느꼈다.

무슨 꿈이었을까? 새해에는 내게 무슨 좋은 일이 생긴다는 징표일까?

아침에 가정 교사로 입주해 있던 집에서 세수하기 위해 샘으로 나갔더니 주인집 아주머니가 이날 새벽에 어떤 여학생들이 와서 계속 찬양을 하고 갔는데 못 들었느냐고 물었다. 그제야 나는 전날 밤이 크리스마스이브였다는 걸 알았다. 누군가가 새벽송이라는 걸 하고 간 것임이 틀림없었다. 그러나 나는 그들이 누구였는지 다음 학기가 시작되기까지 알 수가 없었다. 그럴 사람은 나에게 꾸준히 교회에 나오라고 권고하던 여학생밖에 없었기 때문이었다.

학교가 시작되자 나는 유지○에게 혹 지난 크리스마스이브에 내 집에 온 일이 있느냐고 물었다.

"갔지요. 내가 가르치는 주일 학교 학생들을 데리고 맡은 구역도 아니었는데 거기까지 갔지요"라고 말하는 것이었다. 고요한

나는 어떻게 기독교인이 되었는가

밤을 3절까지 불렀는데 아무도 안 나왔다는 것이었다. 그날 밤 거기 없었느냐고 물으며 그냥 돌아왔다고 말했다. 애들은 이 집이 누구 집이냐고 자꾸 물었다면서.

　미안하다고 말했으나 나는 그녀가 부담스러웠다. 그녀는 시내에 있는 '모자원'이라는 곳에서 동급생인 은희(가명)라는 여학생과 같이 기거했는데 이 단체는 어려운 기독교 가정의 자녀들을 돌보는 자선단체였다. 은희의 아버지는 목사님이셨는데 한국전쟁 때 목사라는 이유로 인민재판을 받고 돌아가셔서 이 '모자원'이라는 곳에서 학교에 다니고 있었다. 전혀 말이 없고 연약해 보여서 남의 도움이 없이는 학교도 계속할 수 없게 보여서 내가 관심을 가지고 몇 번 편지했는데 회답이 없었다. 돌을 던지면 '안압지'도 '둠벙' 소리를 낸다는데 묵묵부답이라고 편지는 받은 적이 있느냐고 물었더니 얼굴만 붉혔다. 혹 열렬히 구애하는 편지를 쓰면 가부간 답이 있지 않을까 하고 시도해 보았지만 그래도 회답이 없었다. 나는 교회에 나가는 주일에 일부러 영화를 보자고 유혹하는 등 못된 짓을 많이 했다. 그런데 그녀는 글로 답장은 안 썼지만 그런 무리한 부탁은 잘 들어준 편이었다. 우리는 영화도 보고 차도 마시고, 공원에도 갔다. 그때 본 영화 중 '성처녀'라고 제니퍼 존스가 주연한 영화가 있었는데 오프닝 멘트는 "하느님을 믿는 자에게는 설명이 필요 없고, 하느님을 믿지 않는 자에게는 아무리 설명을 해주어도 알아듣지 못한다."라는 것이었다. 그 영화는 지금도 기억할 만치 인상적이어서 안 믿는 나도 이 가톨릭 영화에 매료되었었다. 은희와의 대화는 만날 때마다 나는 계속 지껄이고 그녀는 듣고만 있는 일방통행이었다. 그 당시는 젊은 대학생들이 무신론적 실존주의자 사르트르를 무척 따르던 때였다. 나도 그중에 한 사람이어서 만나면 마구 불을 뿜고 기독교를 비난했다.

신은 없다. 인간은 신과는 상관없이 그저 목적 없이 세상에 던져진 존재이다. 실존이 본질을 선행한다. 어떤 목적이 있어서가 아니라 이 현실 속에 나는 그냥 던져진 존재다. 나는 던져진 자리에서 행동으로 나 자신을 찾아가야 하며 나는 행동의 주체며, 선택의 주체며, 책임의 주체다. 나는 모든 답이 없는 난제를 신에게 돌리는 안일한 기독교인을 싫어한다. 생기가 넘치는 인간을 죄인이라는 족쇄로 얽어매어 길들인 가금(家禽)의 무리로 만든 것이 기독교다.

이렇게 독설을 퍼부어도 그녀는 그냥 듣고만 있었다. 그녀의 고향은 목포였다. 한번은 방학을 맞아 버스로 고향에 내려갔는데 버스가 너무 흔들려 큰 충격이 있었고 그 때문에 아랫다리에 상처를 입어 피가 흘렀는데 그것을 꾹 참고 집에까지 가서 출혈로 혼난 일이 있다고 했다. 그녀는 그렇게 혼자 참는 성미였다.

졸업 후 나는 군대에 갔고 그동안 내게는 부친 학교의 여선생의 친구를 소개로 병영 생활 중 계속 편지로 연락하던 여자 친구가 있었다. 철조망 밖으로 젊은 여인만 지나가도 소리치며 외치던 사내들이 여자에게서 편지가 왔다면 대단한 호기심의 대상이었다. 그런데 나는 이태 동안의 군대 생활 중 그녀에게서 받은 편지가 100통은 넘었을 것이다. 그녀도 나도 외로웠기 때문이다. 제대 후 나는 그녀와 결혼하게 되었다. 그 후 우연히 길에서 내 대학의 동기생을 만났다. 그는 내가 은희와 결혼하지 않은 게 좀 놀라운 것 같았다. 자기는 그녀를 무척 좋아했는데 나 때문에 청혼도 못 했다는 것이었다. 나는 놀라 그녀의 소식을 물었다.

"몰랐어? 걔는 모교인 미션 학교에서 그렇게 와 달라고 사정하고 또 부친인 목사 아버지를 위해서도 기독교 학교를 가라고 집에서도 권했는데 이를 뿌리치고 일반 중학교로 가서 선생으로 있잖니?"라고 하는 것이었다.

나는 그때야 내가 무슨 짓을 했는지를 깨달았다. 나는 그녀가 나를 좋아하고 있다는 걸 분명 느꼈고 내가 적극적으로 다가갔다면 결혼도 할 수 있는 사이였다. 그러나 나는 너무 가난했고 그녀는 너무 적극성이 없었다. 내 가정 사정이 결혼할 수 없던 처지였더라도 그녀를 그렇게 보내서는 안 되었다고 생각했다. 나는 하나님께 화를 당해야 마땅한 사람이라고 뒤늦게 참회했다. 나는 그때 마귀 노릇을 한 것이다. 사실 나는 그녀 때문에 기독교인이 되었는데 그녀는 나 때문에 믿지 않은 학교의 선생이 되었다니 나는 무슨 화를 받아야 하는지 망연자실하였다.


중등교원양성소 일 년을 마치는 1954년 나는 육군 보병학교 제1기 학도특별군사훈련생으로 논산 훈련소에 입소하였다. 이날은 대학 아닌 대학생의 불명예를 씻는 날이기도 했다. 당시 대학마다 있었던 학도호국단은 군사훈련을 제대로 하지 않는다는 이유로 대학생들을 일제히 군에 입대시켜 정식 훈련을 마치게 한 다음 예비역으로 편입시킨 후 다시 대학에 복귀시킨 일이 있었다. 그때 대학생으로서는 열외 취급을 받았던 우리 양성소 학생들이 대학 생활 1년밖에 하지 않았는데 당당한 대학생으로

4년제 3학년 학생들과 함께 군에 입대하게 된 것이다. 1954년 7월부터 9월까지 3개월간 논산 훈련소에 입소했는데 이발소에서 머리를 깎는 이발사들은 "대학생 놈들이 입영했다"라고 머리를 박박 밀면서 환호성을 올렸었다. 대학에 못 가고 억울하게 군대 생활하던 분풀이를 한 것이다. 그때 학도병에게 주어진 특수 군번이 SO 군번인데 후에 흔히 SO를 빼고 00으로 시작하는 '빵빵' 군번이라고 불렀다. 나는 제1기 학도특별군사훈련생으로서 간부후보생 전반기 훈련을 수료했다는 수료증서와 함께 보병학교장 서종철 준장이 수여한 제대증을 가지고 학교에 복교했다. 이때 내 군번은 SO-000009번이었다.

나는 1학년을 마치고 예비역으로 편입되어 2학년으로 올라갔다. 이 해는 학교가 폐교되는 마지막 학년이었다. 겨울 방학이 되자 나는 이 학교 마지막을 장

식하는 잡지 〈중교(中校)〉를 편집하느라 시간을 보냈다. 조선대학의 국문과 장용건 교수가 많은 도움을 주었다. 나는 서투른 소설도 썼는데 그때 조선대학교 장 교수의 도움을 많이 받았다. 계속 소설을 쓰고 싶다고 생각하게 해준 분도 그분이었다. 나는 전남대학에 다니는 학생들과 〈월요 동인회〉를 조직해서 월요일 저녁에는 함께 모여 작품을 발표하고 서로 토론하였다. 그때 동인 중 문단에 등단한 사람은 시인이 된 박춘상과 나밖에 없었고

나는 어떻게 기독교인이 되었는가

평론을 열심히 쓰던 김중배가 대학 졸업 후 한국일보 기자로 신랄한 글솜씨를 보여주더니 동아일보 편집국장, 논설위원, 사장, MBC 사장 등을 거쳐 노년에 언론광장 대표로 활동하고 있는데 연락할 길이 없다. 그는 1991년 동아일보를 떠나면서 '김중배 선언'을 했다고 언론계에서는 유명하다. 나는 그에게는 속물이라고 찍힌 놈이다.

중교를 졸업하자 곧장 소집영장이 나와 군에 입대할 수밖에 없었다. 이것은 예편시켰을 때 국가에서 처음 약속했던 것과 다른 것이었다. 나는 졸업과 동시 입대는 너무 억울하다고 생각하여 전남대학 3학년 화학과로 편입하였다. 그러나 화학 공부보다는 글쓰기를 좋아해서 그해 6월 대학신문 주최로 개교기념 제1회 전국대학생 작품 현상 모집에 단편소설 〈초련기(初戀記)〉로 가작에 입선되었다. 전국대학생들이 응모한 것이어서 나는 그것도 자랑스러웠다. 그래 어떻게든 대학에 머물러보려고 군 기피 생활을 하다가 11월에 자진 입대하였다. 아무리 피해도 나의 갈 길은 군대였다. 입대 후 두 가지 선택이 있었는데 하나는 전반기 간부후보생 훈련을 마쳤으니 후반기 훈련을 마치고 장교로 입대하든지 아니면 바로 사병으로 입대하는 일이었다. 장교로 입대한 사람들은 얼마 동안은 편한 군대 생활을 했지만 육사생들에게 푸대접을 많이 받았고 또 진급도 제대로 하지 못했다고 한다. 나는 사병을 지원했었다.

논산 훈련소에서 부대 배치를 기다리고 있었는데 거기서 나는 일 개월은 더 기다렸을 것이다. 전·후방 배치 명령이 떨어지면 전방으로 배치된 자가 바로 집으로 연락해서 돈과 고급 장성의 배경으로 전·후방 배치를 바꾸어 놓았다. 후방으로 배치되면 기분 좋다고 PX에서 술을 사고 또 사태가 바뀌면 반대편에서 술을 샀다. 이런 엎치락뒤치락 몇 번 겪은 뒤 구경만 하던 나는 후방으로 배치되고 거기서 다시 부산의 제3 항만사령부로 발령이 났다. 당시 그곳은 후방 중에서도 가장 나쁜 곳이어서 떠나기까지 불쌍하다고 불침번을 면제받기도 했다. 제3 항만사령부는 지금의 국군수송사령부의 모체로 1954년 제2관구 소속으로 부산에 창설된 부대였다. 6·25 사변이 생기자 미국에서 보내온 군수 물자를 받아 병참, 병기, 의무기지 사령부 등에 보내, 일선으로 보내기 위한 업무를 수행하는 곳이었다. 물자가 부산항에 도착하면 한국 측 인수자가 나가 미군 측과 함께 인수인계하는 장부(Tally)를 만들어 상호 서명하고 교환해야 인수인계 업무가 끝났다. 그런데 6·25 전쟁 당시는 대학을 나온 사병들이 없어 영어를 쓰지 못하고 문자를 그리고 있어서 시간이 너무 걸려 화물을 수송해 온 배는 먼바다에 떠서 항구에 들어오지 못했다고 한다. 그래서 미군 측에서 쓴 탤리만 일방적으로 받고 물자를 받아 일선에 보냈기 때문에 지금까지 끝내지 못한 인수인계 서류 작업을 마무리하기 위해 대학 졸업생이 많이 필요한 곳이었다. 그런데 이곳이 싫다는 것은 지금은 약속된 군수 물자가 남아 잉여 화물이 들어오고 있어 주·야간 작업을 하며 부두에 나가 하역작업을 하는 배 앞에 서서 체커(Checker; 검사원)로 탤리를 작성해야 했기 때문이다.

사령부에 도착했던 우리는 일렬로 정렬해서 사령관 특별보좌

관의 훈시를 받아야 했다. 그는 우리더러 "영어 할 수 있는 사람은 손을 들어."라는 것이었다. 대학 졸업생으로 영어 못하는 사람이 어디 있겠는가? 그런데 모두 눈치를 보며 손들기를 주저하고 있었다. 나는 무모하게 손을 들었다. 고생하더라도 군에서 영어 공부라도 하고 떠나면 보람이 있으리라고 생각했기 때문이었다. 결과는 나와 함께 손을 들었던 사람은 사령관실 소속으로 남게 되었다. 그때 우리의 사명은 부두에 나가 군수 물자를 훔치는 사람을 적발해서 직접 부관에게 보고하는 것이었다. 도난당한 물자는 많은데 사령관실까지 보고는 되지 않았다고 한다. 밤낮 외출하는 편한 군대 생활이었다. 그곳에서 내가 주로 나갔던 근무지는 '제3 부두'였다. 이것은 또한 내가 제대하고 신춘문예에 투고하여 당선된 소설의 제목이고 그곳이 작중 인물의 활동 무대이기도 했다. 살벌한 곳이었다. 한때는 우리도 권총을 달라. 그렇지 않음, 도둑을 잡는다고 미움을 받아 언제 놈들이 우리를 저녁 바다에 던져버릴지도 모른다고 말한 일도 있었다. 어떤 사람은 의무기지창으로 운송할 화물을 트럭 채 싣고 도망간 사람이 있다고 한다. 당시 약값은 비쌌고 그것이면 자기 필자를 고칠 수 있다고 생각하는 사람이 있었던 것 같다.

내가 처음 사령관실에 근무할 때는 너무 자유로웠다. 낮에는 자고, 제3 부두에 밤 근무를 나가는 것이어서 사병이었지만 아침점호, 조회, 하기식, 저녁점호, 변소 청소, 내무사열 등이 없고 밤낮없이 외출하는 편한 군대 생활이었다. 낮에는 자야 하는데 밝은 낮에 늘 잘 수 없던 나는 외출증도 없이 시내를 다니다가 헌병에게 붙들리는 것이 한두 번이 아니었다. 그러나 그뿐이었다. 관보에 실려도 날 벌주는 사람이 없어 괜찮았다. 그래서 늘 진급에서 누락되고 제대할 때까지 나는 일등병이었다. 그러나 이 편한 군 생활은 일 년 반이 계속되지 못했다. 사령관이 바뀐 것이다. 우리는 영내에서도 미움의 대상이어서 다른 곳으로 옮겨야 하는데 나는 어디 간들 잘 대접해 주리라는 생각이 들지 않았다. 그래서 다른 동료들은 이곳을 떠나 다른 부대로 이동했지만 나는 사령부 내 법무부로 부처 이동만 하였다.

그때부터 고생은 시작되었다. 모든 점호에 참석해야 했고 나는 일등병이어서 갓 들어온 신병과 함께 궂은 일은 도맡아 해야 했다. 엄격한 내무반 생활, 잔심부름. 특히 주번병(週番兵) 근무는 힘들었다. 식사 분배뿐 아니라 환자의 식사는 가져다주고, 주번 사관이나 사령의 부식은 별도로 끓여서 바쳐야 했다. 물을 내리지 않아 주말을 넘긴 사령관의 양변기 청소는 견딜 수 없는 것이었다. 매일 생활도 역겨웠다. 담배 없어? 치약 없어? 비누 없어? 하고 월급이 월등히 많은 상사가 졸병 것은 자기 물건처럼 갖다 쓴다. 또 회의에 나가려는데 시계 좀 빌려 달라고 한다. 자기 것은 잘 맞지 않는다는 것이다. 그러던 어느 날 수송학교에서 미국에서 훈련을 받고 올 기간사병(基幹士兵)을 뽑는다는 소식이 전해졌다. 대구의 군사영어학교에서 3개월 연수를 받은 뒤 미국으로 보내어 연수를 받은 뒤 숙련병으로 쓴다는 것이다.

나는 마침 휴가를 얻은 터여서 친구에게 지원서를 넣어달라고 부탁하고 돌아와 보니 벌써 지원자 명단에 올라와 있었다. 학도병 친구는 나더러 어리석다고 말했다. 학도병 복무연한은 2년 반이 아니고 2년으로 단축된다는 말이 있는데 벌써 2년이 다 되

나는 어떻게 기독교인이 되었는가

어가기 때문이었다. 또 미국에서 훈련을 받고 오면, 귀국 후 복무연한이 적어도 3년 이상이라고 극구 말렸다. 나는 불확실한 미래에 발을 들여놓으며 "이것은 내 선택이며 내가 책임져야 한다."라고 말하며 생각을 꺾지 않았다. 나는 평소의 열등의식을 영어를 잘해서 아메리칸드림으로 메우고 싶었다.

5월 초였다. 수송감실(輸送監室)에서 1차 고시를 끝내고 서울에서 최종 합격자를 뽑았는데 나는 그중에 뽑히게 되었다. 1957년 6월 초 나는 드디어 대구 부관학교의 군사영어학교에 입교하였다. 내가 속한 반은 2명을 제외하고는 모두 장교였다. 따라서 모든 일은 장교 대접이었다. 숙소도 둘이서 시내에 3개월 동안 하숙하기로 했다. 학교도 시설이 마음에 들었다. 당시는 녹음기가 거의 없는 때였다. 그런데 영어 학교의 어학 실험실은 각 개인에 하나씩 부스(Booth)가 있어 학생들은 그곳에 들어가 스스로 공부하게 되어있었다. 이어폰을 끼고 교사의 영어 발음을 따라 녹음하고 잠시 테이프를 뒤로 감아서 원어민의 발음과 내 음성을 동시에 들을 수 있게 되어 발음 교정을 잘할 수 있게 된 실험실이었다. 당시 녹음기가 없어 자기 음성을 직접 듣는다는 것은 얼마나 신기한지 알 수 없었다. 그래, 흔히 학생들은 발음 훈련을 하는 것이 아니라 작은 소리로 자기 노래를 녹음해서 들으며 즐기는 사람도 있었다. 그런 것 때문에 교관은 이어폰을 끼고 잭을 가지고 다니면서 기습적으로 학생들의 녹음기에 꽂아서 무슨 짓을 하는지 검사하고 다녔다. 드디어 3개월 코스를 마치고 휴가로 해외 유학 발령을 기다리고 있게 되었다. 그런데 군에서 연락이 왔다. 제대 명령이 떨어졌다는 것이다. 나는 1957년 10

월 10일 일등병으로 제대하였다. 불신자인 나도 하나님은 돌보시는 것일까?


　1957년 10월 10일 제대하고 집에 돌아오니 창공을 나는 새처럼 마냥 자유롭고 기쁠 것 같았는데 그러지 않다. 인간은 어딘가에 소속되어 있어야만 마음의 안정을 얻는 존재인 것 같다. 굴레 벗은 망아지처럼 우리를 뛰쳐나오기는 했는데. 갈 곳이, 없어 불안하고 허전했다. 취직할 시기도 아니었지만 받아주는 곳도 없었다. 어느 직장이고 벌써 대학 졸업자가 넘쳐서 4년제 대학 졸업자가 아니면 이력서도 낼 수 없는 때가 되어있었다. 둘째 동생은 육사에 가 있었고 셋째는 광주 사범 2학년, 넷째는 광주 서중학교 2학년으로 둘 다 광주로 임곡(林谷)인 집에서 기차 통학을 하고 있었으며 마지막 두 여동생은 임곡초등학교에 다니고 있었다. 말하자면 아버지는 그때 평생 가장 무거운 짐을 지고 계셨던 때였다. 당시 우리는 아버지가 부임해 계셨던 임곡초등학교의 교장관사에서 다 같이 살지 못하였다. 아버지가 먼 도서 지방에서 귀양살이하고 계셨기 때문이었다. 학교의 교사 한 사람이 교내 등사판을 이용하여 불온 문서를 등사하여서 뿌린 것이 발각되어 감독 불찰로 징계를 받은 것이다. 그래서 어머니는 할머니 집에서 애들과 함께 더부살이하고 있었다. 다행히 고모들은 다 출가했고 막내아들만 함께 사는 때였다. 거기다 나까지 제대해서 놀고 앉아서 아버지의 짐이 될 수는 없었다. 나는 광주로 나와 입대 전 가정 교사로 있던 양림동 집을 들렀다. 애들이 커서 이제는 초등학교 3학년, 5학년, 그리고 중학생이 되어있었

　　　　　　　　　나는 어떻게 기독교인이 되었는가

다. 그 집에서 다시 가정 교사를 하고 싶다고 했더니 흔쾌히 허락해 주었다. 그러나 광주 시내에서는 수학 교사 자리를 찾기는 하늘의 별 따기였다. 어쩔 수 없는 일이었다. 내가 하던 일을 계속하며 기회를 볼 수밖에. 나는 이 난국을 어떻게 극복해야 하나고 생각하며 나 자신에게 사명선언(使命宣言)을 하였다. 나의 꿈은 4년제 대학을 마칠 것. 도미 유학의 꿈을 버리지 말 것. 소설가의 꿈도 버리지 말 것. 어떻게든 직장을 가지고 결혼의 시기를 앞당길 것 등이었다. 그동안 내가 제대한 소식을 듣고 원(媛; 군대에서 늘 편지로 교류하던 애인)이 광주로 날 찾아왔는데 나는 그녀를 돌려보내며 빨리 결혼해야겠다는 생각을 굳혔었다. 시행세칙으로는 생활자금을 확보하되 그러는 동안 이병도의 국사대관(國史大觀)을 정독해서 유학 시험(영어, 국사, 상식)의 국사 시험 준비를 마치자. 영어는 매일 새 단어 10개씩을 외우기로 한다. 그리고 한국의 문예 월간지와 일본의 문예춘추 등을 읽어 소설기법을 연마하자. 그래서 담배도 끊고 술도 끊고 외출을 자제하며 살고 있었다. 그런데 친구들이 내 거처를 알아 찾아와서 제대로 실천하지 못하였다. 그들은 다 직장을 가진 애들이어서 끌려 나가면 나는 주도권을 잃은 수행비서가 되었고, 다방에 죽치고 앉아 정치 이야기에 열을 올렸다.

제대하고 떠돌이로 있던 나는 이듬해 1958년 4월 초 조선대학교 부속 중학교에서 교편을 잡게 되었다. 용돈이 궁해 너무 힘들 때 그 학교의 신 교장이 국어 강사라도 하지 않겠느냐고 해서 덥석 받아들였다. 전남일보(全南日報)나 광주신보(光州新報)에 가끔 글을 실어 문학에 소질이 있다고 인정한 모양이었다. 한두 주 나가고 있으니 가정 교사 집 아주머니가 나를 불렀다. 아침 일찍 나갔다가 저녁 늦게 돌아오는데 어디 직장이 생겼느냐, 아니면 애인이 다시 광주에 왔느냐고 묻는 것이었다. 나는 가정 교사를 그만둘 때가 되었다고 생각하고 부속 중학교에 강사로 나가게 된 것을 밝히고 애들에게는 공부할 문제만 내주고 저녁 식사 후 가르치는 일만 당분간 하기로 했다. 강사 봉급이 너무 적어 하숙을 찾기도 힘들었는데 신교장 문간채에 방을 세로 내주겠다고 해서 거기서 기차 통학을 하는 셋째 동생과 함께 자취하기로 했다. 가련하게도 내 한 달 강사료는 방세에도 미치지 못했다. 그러나 나는 오랜만에 직장을 가졌다는 기쁨이 있었고 또 동생을 데리고 있어 그가 기차 통학을 하지 않고 함께 지내게 되었다는 것만도 기뻤다. 처음으로 한 반 60명이나 되는 중학생 앞에서 가르치게 된 것이 얼마나 기쁜지 알 수가 없었다. 그러나 날이 갈수록 그것은 피곤한 노동이었다. 나는 국어 교사 자격증이 없어 강사로 적은 보수를 받으며 전교생을 맡아 작문 지도만 하는 것이었다. 교과서도 없이 나는 강의실에 가면 글짓기 제목을 나누어주고 글짓기를 시켰다. 그런데 제목을 받은 학생들은 글은 쓰지 않고 다른 학생이 어떻게 쓰는지 어깨너머로 훔쳐보고 또 열심인 학생은 자기 글을 숨기려고 실내가 늘 시끄러웠다. 그들은 머리가 비어 있었다. 그래서 다음부터는 '나의 어머니'라는 글짓기 제목을 주면 먼저 학생들에게 자기 어머니에 관해 이야기를 시켰다. 두세 사람 발표하고 나면 그제야 자기 어머니에 관한 생각이 겨우 떠오르는 모양이었다. 그때부터 글짓기를 시키

나는 어떻게 기독교인이 되었는가

는 것이다. 어떤 애는 자기 형에 관해 썼는데 형이 군에서 휴가를 나왔는데 얼마나 기뻐하는지 돼지가 우리를 빠져나와 뛰어다니는 것 같았다고 쓴 일도 있었다. 그럼 다음 시간에 그 애를 칭찬하고 앞에 나와 글을 읽게 한다. 그리고 서로 이 작문에 대해 느낌을 이야기한다. 형의 기쁨을 잘 비유했는데 돼지는 너무 심했다고 이야기한다.

처음으로 학교 신문을 만들어 여름방학 시작할 때 나누어 주고 귀가시키려 했는데 신문사에서 인쇄가 빨리 끝나지 않은 일이 있었다. 교장은 방학으로 귀가하려는 학생들을 운동장에 집합시키고 훈시하는데 신문이 도착하지 않았다. 그래도 그분은 내 약속을 믿고 신문이 도착하기까지 계속 훈시를 하고 있던 때도 있었다.

이 학교는 봉급을 제때 준 적이 없었다. 어떤 때는 3개월도 안 주고 미루는 적도 있었다. 봉급날은 용케도 알아서 외상값 받으려는 음식점 사환들이 밀려오곤 했다. 그 뒤 나는 늘 빚을 구걸하고 다녀야 했다. 마지막 보루는 어머니에게 손을 내미는 일이었다. 말하자면 이 학교에서의 내 몰골은 영화 촬영장의 세트 같아서 앞에서 보면 멀쩡한데 뒤는 지저분하고 허접한 그런 상태였다. 대학 진학의 꿈은 주간 대학에서 야간 대학으로 바뀌었다. 등록금 마련이 안 되어 대전의 외숙에게 편지를 띄웠다. 그러나 답이 없었다. 그런 가운데 이번에도 신춘문예에 투고하려고 글을 쓰기 시작했다. 나는 경험도, 시야도, 스케일도 너무 편협하다. 그래서 이번에는 내가 체험한 제3 부두의 이야기를 써 볼 생각이었다. 나는 중등교원양성소 시절부터 풋내기로 신춘문예에 투고는 하고 있었지만, 번번이 낙방이었다.

1959년 1월 한국일보 신춘문예에 드디어 나는 당선하였다. 원고는 제출했지만 당선하리라고는 상상도 못 했었다. 그해 전국에서 응모한 작품은 창작 378편, 시 637편, 시조 135편으로 총 1150편이었는데 이중 창작 36편을 선정하여 심사위원에게 위촉한 후 내 작품이 드디어 당선작으로 뽑힌 것이었다. 여기에 〈창작 선후평〉을 싣는다. 한자는 되도록 뺐다.

작년에는 가작 한 편도 뽑을 도리가 없었는데 당선작을 내게 된 것이 기쁘다. 〈第三埠頭〉를 당선작으로 결정함에 있어서 朴花城 여사나 黃順元 씨나 필자나 별다른 의견이 없었다. 〈第三埠頭〉가 당선작으로서 뚜렷한 〈새것〉을 갖고 있다고는 생각하지 않았지만, 문장력과 저력이 있다면 충분히 자기 길을 개척해 나갈 수 있으리라는 데 합의를 보았다. 우리는 완전무결한 작품도 좋지만 대성할 수 있는 작품을 찾아내는 것도 우리의 임무의 하나라고 생각하기 때문이다. 〈第三埠頭〉 외에도 5편이 함께 최후선에 돌려왔지만,……

이 소감을 쓰는 임무만 필자가 맡았을 뿐 삼자 간에는 거의 합치된 결론임을 부언해 둔다.

— 〈昨年보다 높은 水準 - 李無影〉

　　　　　　　　　　　　나는 어떻게 기독교인이 되었는가

하나님께서 나를 쓰시려고 진흙으로 토기를 빚기 시작하신 것이었다. 따라서 이런 감격스러운 때는 "하나님, 감사합니다."라고 하며 엎드려 기도했어야 할 일이었다. 그러나 나는 그때 불신자였다. 그렇다면 친구들을 불러 술 파티라고 해서 기쁨을 같이 나누었어야 했다. 그러나 나는 어느 하나 하지 않고 그 상금으로 반지를 하나 사고 나머지는 신부와 함께 살만한 전셋집을 구하는 데 보태어 몸이 약한 신부를 빨리 데려와야겠다는 생각뿐이었다. 나는 가난에 허덕이며 그렇게 입에 풀칠하는데 정신이 없었던 때였다.

그해 3월 26일 이승만 대통령 생일에 나는 결혼하였다. 4년 전 쌍팔년(단기 4288년) 이날은 이 대통령 80주년 생일이었다. 그때부터 이날은 임시 공휴일이었다. 비가 자주 오더니 내가 결혼하는 날은 날씨가 화창하고 벚꽃이 만발하였다. 예식장은 광주 YMCA로 했고 피로연은 가까운 '운청장'으로 정하였다. 우리 집도 처가도 전혀 인연이 없는 곳이었다. 오후 2시 예식이 시작되어야 하는 시각이었는데 식장에 신부가 도착하지 않았다. 당시 예식장에는 신부 분장실이나 대기실이 있었는지 잘 모르겠다. 그런데 내 신부는 외부 미장원에서 단장하고 예식장에 나타나기로 돼 있었다. 그런데 1, 2분도 아니고 무려 40분이나 나타나지 않았다. 지금 같으면 주례자나 하객들이 그렇게 오래 예식장에서 기다려 줄 리도 없고 또 예식장에서는 다음 차례 때문에 우리를 그냥 두지 않았을 것이다. 그런 사태에서도 나는 느긋한 예식장과 대단한 인내심으로 기다려 주신 하객의 축하를 받으며 결혼했다. 결혼 후 우리는 그것 때문에 싸울 뻔했는데 신부는 신부 대로 화가 나 있었기 때문이다. 화동(花童)이 나타나지 않아 초조하게 기다리느라 자기도 화가 났었다는 것이다. 화동은 내 책임이었고 또 내가 부탁한 내 친구 책임이기도 했다. 어렵사리 결혼식은 끝났다. 우리는 서로 쌍방에 대한 오해를 못 풀고 화가 난 채. 처가 식구들은 다 서울로 군산으로 떠나고, 우리 가족은 몽땅 내가 신혼부부 집으로 계약해 준비해 놓은 광주 학동(鶴洞)의 전셋집으로 왔다. 그 집은 세를 놓으려고 문간 채에 새로 지은 집으로 중간에 부엌이 있고 양편으로 온돌방이 있는 두 칸짜리 방이 있는 곳이었다. 아내는 그 후로도 두고두고 안목이 있는 남자가 이런 곳을 신혼부부 거처로 얻을 수 있느냐고 핀잔을 주었다.

그때가 우리 가족 빈곤의 막바지, 아래로 오목한 포물선의 정점(頂点)에 있었다. 그때부터는 상승할 일만 남아 있다고 자위했다. 부친은 도서 지방의 유배 생활에서 상륙하여 광주 근교는 아니지만, 시골 초등학교 교장관사로 옮겨 가족이 함께 살게 되었고, 셋째 동생은 사범학교를 졸업해서 이제 취직하면 홀로 설 것이었다. 앞으로는 광주일고에 진학한 넷째 동생만 돌보면 되었다. 나도 결혼했으니 부모님 할 일은 끝난 것이다. 우리도 부부가 함께 살면 그것으로 충분했다. 아내는 불평하지 않았다. 나는 새 학기부터 조선대학교 부속 중학교에서 강사가 아닌 정규 교사로 발령을 받았다. 아내는 내가 학교에서 돌아올 때마다 물을 데워 내 발을 씻어 주었고 시장에 나가 아껴서 산 음식으로 나를 감동하게 하였다.

나는 어떻게 기독교인이 되었는가

# 세례증

내가 결혼한 이듬해 1960년은 우울한 해였다. 이승만 대통령의 3·15 부정선거가 있던 해였기 때문이다. 1954년에 소위 4사 5입 개헌을 하고 3대 대통령이 된 그분은 이해 3월에 다시 4대 대통령을 꿈꾸고 자유당 정·부통령 후보로 이승만과 이기붕이 입후보 등록했다. 우리나라는 오랫동안 왕정으로, 벼슬아치로 등용된 양반만 권력을 휘두르고 서민을 괴롭혀 왔던 나라다. 양반은 토지를 독점하고 종으로 소작인을 거느리며 부와 권력을 독점하고 있었다. 나라가 독립되고 계급이 타파되며, 토지 분배로 지주의 횡포가 줄었지만, 권력에 빌붙어 야욕을 독식하려는 국민의 습성은 버릴 수 없는 듯했다. 대통령의 그늘에서 권력에 맛 들인 무리는 자유당으로 뭉쳐 다시는 정권을 내놓지 않고 영구집권할 생각이었다. 대통령이 80이 넘자 임기를 못 채울 수 있다는 우려로 이기붕 부통령까지 당선시킬 생각인 것 같았다. 야당 도시인 광주는 민주당 대통령 후보로 출마한 조병옥 박사가 이번에는 대통령이 되기를 학수고대했지만, 그는 몸이 약해 도미 수술했으나 2월 16일 서거하였다. 시중에는 다음과 같은 노래가 유포되었다.

가런다 떠나런다 해공선생 뒤를 따라/ 장면 박사 홀로 두고 조 박사는 떠나간다./ 머나먼 타향 길에 객사 죽음 웬 말이냐?/ 설움 어린 신문 들고 백성들은 울고 있네// 세상을 원망하랴 자유당을 원망하랴/ 춘삼월 십오 일에 조기 선거 웬 말이냐?/ 가도 가도 끝이

없는 당선 길은 몇 구비냐?/ 자유당에 꽃이 피네 민주당에 비가 오
네//

서거 전날 전국 2학년 이상은 '우리 리 대통령'이라는 제목으
로 글짓기 대회를 해서 시상하라는 명령이 있어 나는 부속 중학
학생 1,300명을 대상으로 글짓기를 시켜 심사하고 시상 준비를
하느라 밤잠을 잘 수가 없었다. 박철웅 총장이 자유당이어서 교
사들은 모두 가정방문을 하여 학부모들의 당 성분 조사를 하여
보고해야 했다. 나는 우울할 뿐 아니라 이 학교를 떠나고 싶었
다. 이렇게 정치에 휘말리고 싶지 않았기 때문이다. 그런데 전주
의 기전여학교에서 수학 교사를 뽑는다는 광고가 났다. 내가 호
기심을 가진 것은 이 학교는 교장이 외국 선교사이기 때문에 정
치에 흔들리지 않은 학교라는 것이었다. 나는 임신한 아내를 위
해서라도 제대로 대접받는 학교의 선생이 되고 싶었다. 그러나
문제는 제출 서류에 세례증을 첨부하라는 것이었다. 그래서 나
는 포기하고 있었다. 4대 대통령 선거일에 투표하고 나자 나는
학교로 돌아와 학교 신문 원고를 정리하고 있었다. 이때 장영○
으로부터 전화가 왔다. 다방 '판문점'에서 만나자는 것이었다.
술을 먹고 내가 세례증이 없다고 투정한 지 일주일이 지난 뒤의
일이었다. 그때 일이 미안하기도 해서 그날은 내가 저녁을 살 요
령으로 다방에 나갔다. 친구 장영○은 자리에 앉자 물었다.
　"너 누구에게 찍었냐?"
　"난 네가 궁금하다. 양다리를 잘 걸치는 명수인 네가 이번엔
어디에 다리를 걸쳤는지."

"나야 뻔하지. 승부를 정해 놓고 무슨 지랄인지 모르겠다."

그리고 그는 어디서 들었는지 4할은 무더기 표를 넣을 것이고, 시골에서는 3인 1조를 짜서 서로 감시하고 해서 승부는 이미 났다는 것이었다. 그는 세상이 썩었다고 한참 지껄여 대더니 편지 봉투 하나를 내 앞으로 내밀었다.

"옜다, 네 세례증이다. 가서 잘하고 네 본색이나 드러나지 않게 조심해라." 얼떨떨 하는 내게 그는 말했다. "묻지 말고. 내 성가대원 가운데 목사 아들이 있어. 하나 해 오라 했지, 뭐."

"그래도 되는 거야?"

"나도 모르지. 아무튼, 한마디 했더니 금방 해 와서 나도 어리둥절해. 이제는 너에게 달렸지 뭐. 네가 망나니가 되면 이것은 나쁜 짓이고 또 아니? 너 같은 놈도 착실한 신자가 될지. 그러면 한 사람 건진 거지 뭐."

이렇게 해서 나는 기전여학교에 서류를 넣게 되었다.

오랜 후에 조사해서 알았지만, 이 학교는 남장로교 선교 역사에 중요한 역할을 한 훌륭한 학교였다. 미국 남장로교 선교부가 정식으로 한국에 선교사를 파송하기로 한 것은 1892년 초였다. 7명의 선발대가 한국으로 출발했는데 데이비스(Linnie Davis) 양이 1892년 10월 18일 최초로 인천(제물포)항에 도착했고 나머지 최의덕(Lewis Boyd Tate) 남매, 전위렴(William McCleary Junkin) 부부, 이눌서(William Davis Reynolds) 부부였다. 이들은 1893년 1월에 북장로교와 장로교 공의회를 만들어 남장로교는 전라와 충청지방 선교를 맡기로 합의하였다. 이들은 처음 군산, 전주, 목포의 세 선교부(Station)를 개설했는데 전주를 책임지는 선교사는 최의덕, 최마태 남매 선교사였다.

전주 기전여학교는 최마태(Martha Samuel Tate) 선교사가 1902년부터 개인 집에서 여학생들을 2년 동안 가르쳤다고 『기전 80년사』에는 쓰고 있다. 최마태 양이 가마를 타고 전주에 왔을 때나 집에 정착했을 때도 '고운 머리와 푸른 눈'을 가진 그녀는 호기심의 대상이어서 매일 4, 5백 명씩(?) 창호지 문의 구멍을 뚫고 쳐다보는 사람이 생겼다고 하니 어린 여아들을 불러 글을 가르치는 것은 어려운 일이 아니었으리라고 생각한다.

2년 후 1904년에는 군산에서 사역하던 전위렴 선교사 내외가 전주시로 왔다. 전위렴은 군산 선교부에서 유대모(Alessandro D. Drew) 의사 부부와 함께 사역하던 분이다. 그는 원래 몸이 허약했는데 선교지역을 군산 인근 지방에만 국한하지 않고 옥구, 익산, 김제 등 지역을 정기 순회하며 예배를 인도하고 자신의 건강 상태를 돌보지 않았다고 한다. 유대모 의사와 함께 너무 심하게 선교·의료 활동을 하여 유 의사는 미국으로 귀환하여 돌아오지 못했다. 선교부는 전위렴 선교사를 전주 서문밖교회로 전임시켜 전주 근교 20리 밖의 전도 활동은 제한시켰다. 그때 최마태 선교사를 이어 학교를 맡았던 분이 전위렴 선교사의 부인 전킨(Mary Leyburn Junkin)이었다. 전킨(한국 이름이 없어 이렇게 불렀음)은 매우 불행한 여인이었다. 내한해서 어린애 셋(Sidney, Francis, George)을 의사 없이 낳았는데 모두 풍토병이나 폐렴으로 죽어 선창 가를 내려다보는 작은 언덕 위에 묻었다. 아마 유대모 의사가 귀국한 뒤의 일인 것 같다. 그녀는 또 이 뿌리에 염증이 생겼고 후에는 계속 편도선염으로 고생했다. 그뿐 아니라 전주로 와

나는 어떻게 기독교인이 되었는가

서는 4년 뒤 병약한 그의 남편을 1908년 1월 2일 본향으로 떠나보냈다.

장례식 때 전위렴 목사를 추모하던 많은 교인이 몰려들었다. 한국에서의 미국인 장례식은 호기심의 대상이었다. 전위렴의 장례 전, 한국 사람을 시체가 있는 방으로 들여보내 옷을 입은 전 목사의 모습을 보게 할 것이냐로 이론이 많았으나 전킨 여사는 "남편은 살아 있는 동안 결코 한국 사람들을 만나는데 피곤해하거나 피하지 않았다."라면서 입장을 허락했다는 것이다. 전위렴 목사는 1904년부터 이눌서 목사의 뒤를 이어 전주 서문밖교회를 담당하고 있었지만, 아내 전킨을 많이 도왔으므로 그가 세상을 떠난 후 미국 선교부는 그의 아내가 경영한 학교를 기념하여 교명을 '전킨 기념학교(Junkin Memorial School)'라고 명명하게 되었다. 이것이 현재의 〈기념(紀念), 전위렴(全緯廉)〉으로 기전여학교(紀全女學校)가 되었다.

기전여학교는 내가 평생을 두고, 잊지 못하는 학교다. 1960년 일생 처음 정규 수학 교사로 취임한 학교이기도 하지만 불신자이던 내가 신자로 거듭난 학교이기 때문이다. 그뿐 아니라 이 해는 내 일생뿐 아니라 정치적으로 종교적으로 변화가 심한 격동의 시기였다. 나는 전주 기전에서 내 신상의 변화뿐 아니라 마산의 김주열 사건과 학생들의 데모 그리고 4·19를 맞게 되었다. 또한, 나는 계엄령이 선포된 4월 24일 광주로 아내를 데리러 가서 전주로 이사하였다. 기독교인은 일요일을 주의 날이라고 이사를 하지 않는다는데 나는 그날이 편리해서 24일(일요일) 이사한 것이다. 그리고 25일 이 대통령이 하야 성명을 내던 전날, 아내는 예수 병원에 입원하고 다음 날 새벽 4시 34분에 첫딸을 순산하였다. 아내가 전주 예수병원에서 출산하고 싶다고 기도한 대로 전주에 옮긴 이틀 후 곧바로 출산한 셈이었다. 하나님께서 하시고자 하면 인간의 이성을 뛰어넘는 기적을 보여주신다는 것을 나에게 체험하게 하는 너무나 놀라운 사건이었다. 아내는 하나님이 자기 기도를 들어 주셨다고 감격의 눈물을 흘리고 있었다. 사실 나는 그녀가 나의 반대에도 불구하고 교회에 나가고 기도하고 하는 일이 우습게만 보였었는데 그녀의 기도를 들어주셨다는 말을 나는 반산 반의하면서도 믿어야만 했다. 더 기적적인 일은 아무도 아는 사람이 없다고 생각하고 왔던 전주에 두 사람이나 아는 사람을 하나님은 예비해 두신 일이다. 하나는 내 초등학교 동창인 김용일이었는데 10여 년 만에 만난 그는 예수병원의 의사로 미리 와 있었다. 그를 우연히 학생들의 극장 단속을 나갔다가 길에서 만나게 되었다. 또 한 분은 기전 여·중고의 교감 사모님이었다. 기전학교 교장은 이웃에 있는 남학교인 신흥학교장평화 교장이 기전의 제8대 교장으로 겸직하고 있으나 1957년부터는 처녀인 한미성 선교사가 제9대 교장으로 정식 부임하였다. 그러나 한 교장은 광주의 수피아에서 모셔 온 교감을 동사교장(同事 教長), 즉 같은 교장이라고 부르고 있었다. 그녀는 언제나 떠날 수 있는 교장이며 한인 교감이 앞으로 학교를 맡아 일할 사실상 교장이라는 뜻이었다. 동사교장 부인은 인사를 하고 보니 아내의 여학교 선배였다. 그래서 아내의 출산은 모든 과정이 너무 수월했었다. 그녀는 출산 후 나흘 만에 퇴원했는데 어린애

나는 어떻게 기독교인이 되었는가

를 안고 들어오자 나더러 감사기도를 하자고 했다. 옛날 같으면 너무 어색했을 기도가 그렇지 않았다. 무엇이 기도인가?

나는 기도란 무능하고 능력 없는 자가 절대자인 하나님께 매달려 소리쳐 울면서 자기 말을 들어달라고 호소하는 것으로 생각했다. 죽을 만치 자기의 최선을 다해 보지도 않고 용한 점쟁이 대신 하나님을 부르며 매달리는 것이 무슨 기도며 하나님은 그런 기도를 다 들어준다고 생각하는 망상은 또 무엇인가? 이렇게 생각하고 있었던 나였다.

아내는 내가 광주에서 빚에 쪼들리며 매일매일 살면서 어린애의 출산은 병원에서 낳을 생각을 감히 하지 못하고 산파나 어머니의 구완으로 솥에 물을 끓이고 산통을 외치며 애를 출산할 것을 상상했으리라고 나는 생각했다. 그런데 그녀는 어떻게 상상하지도 못한 도시, 전주의 예수병원에서 애를 낳게 해달라고 기도했다는 말인가? 또 그것을 하나님께서 들어주시리라고 믿었다는 말인가? 그녀는 내가 전주의 기전 여중·고에 취직하리라고 상상도 못 한때의 일이었다.

나는 내가 변하고 있다는 것을 느꼈다. 내가 살던 세계와 다른 세계로 옮겨지는 느낌이었다.

60년 당시의 학기 초는 4월이었다. 나는 4월 1일(금) 조례 단에서 학생들에게 인사하고 전주의 기전여학교의 교무실에 앉았을 때 이것은 분명 꿈일 것이라는 생각을 하였다. 나는 건널 수 없는 깊은 강을 건너 딴 나라에 와 있는 것 같은 느낌이었다. 분명 있을 수 없는 일이었다. 세례증도 그렇거니와 이 학교에 취직이 되었다는 것도 믿기지 않은 일이었다. 모든 것이 기적이었고 아라비안나이트에 나오는 동화의 나라에서 신기한 체험을 하는 기분이었다.

취직 시험을 볼 때부터 다른 세계에 와 있다는 느낌이었다. 당시 고등학교 수학 교사를 필기시험을 보아 전국에서 지원자를 뽑아 공채한다는 것은 다른 세계에 있는 일이었다. 다 인맥을 따라 취직하거나 '사바사바'(급행료나 뇌물)가 대세이던 때였다. 우리 교사 지망생은 모두 7명이었는데 그때 이 학교는 우리 모두에게 여비를 주고 점심으로 짜장면까지 사 주었다. 내가 아쉬워서 시험 보러 왔는데 이럴 수도 있는지 신기하기만 했다. 시험이 끝나자 우리는 고등학교 1학년을 상대로 10분씩 시범 수업을 하였다. 그리고는 교장 면접이었다. 나는 미국 교장이 먼저 내 학업성적을 살펴보고 쉬운 영어로 경력 같은 것을 물어보리라 생각했다. 나는 군에 있을 때 최신 시설을 갖춘 대구의 부관학교에서 3개월간의 군사영어 공부를 마친 경험이 있었기 때문에 자신이 만만했다. 그러나 금발 머리의 예쁘게 생긴 그 미국인 교장은 유창한 한국말로 다음과 같이 물었다.

"교회 나간 지 얼마나 되었습니까?"

그녀는 내가 얼마나 성실한 기독교인지 그것이 제일 궁금했던 게다. 나는 거짓말을 하느라고 진땀을 뺐다.

그 뒤 신임 교사 환영회 때였다. 노래를 부르라고 해서 망설였다. 그런 자리에서는 유행가를 해야 하는가 찬송가를 해야 하는가? 감을 잡을 수가 없었기 때문이었다. 나는 미국인 교장을 의식하면서 대뜸 영어 노래를 할 생각을 했다. 그래서 그때 영화 주제가로 잘 불리고 있던 "케세라세라"라는 것을 불렀다. 선생들

나는 어떻게 기독교인이 되었는가

은 손뼉을 쳤다. 그러나 뒤에 나는 교장에게 불려 가 한마디 들었다. 한미성(Miss. Melicent Huneycutt) 교장은 "기독교인은 '케세라세라'하고 살면 안 됩니다." 하고 미소를 띠며 말했는데 나는 그 말에 충격을 받고 평생 잊지 않고 살고 있다. 교회만 다닌다고 기독교인이 되는 것이 아니었다. 삶이 문제였다. 새로운 가치관을 가지고 기독교인으로 변화된 삶을 살아야 한다는 것을 절실히 깨달았다.

이 학교는 또 나에게 셋방을 얻도록 무이자로 정착금을 대여해 주며 서무과장은 친절을 다해 나에게 좋은 셋집까지 미리 알선해 주었다. 이런 것들은 다 낯선 다른 세계의 일이었다. 대한민국에 이런 세상도 있었던가? 나는 내 과거의 삶을 숨겨버리고 싶었다. 이제 새 세상에서 사는 거다.

먼저 당혹스러웠던 건 학교에서 추천한 교회에서 주일 학교 학생들을 가르쳐 달라는 부탁이었다. 교회에서는 기독교 학교의 선생이 교인이 되었으니 대환영이었고 교회에 큰 봉사를 해줄 것을 기대하고 있었다. 나는 학교에서 정해 준 교회를 나갈 뿐이었고 평소에는 교회도 잘 나가지 않았던 내가 어떻게 학생들에게 성경을 가르친다는 말인가? 그러나 이를 거절하면 가짜 교인의 본색이 드러날 것 같아 못하겠다는 말을 할 수가 없었다. 학생들은 성경의 진리보다 이야기를 좋아했다. 나는 성경을 창세기부터 읽어 재미있는 이야기가 나오기만 하면 그 이야기를 중학생들에게 해주었다. 나는 이렇게 성경을 강제로 읽어냈다. 다음은 성가대였다. 또 성가대원이 되어달라는 것이었다. 나는 진땀을 빼며 성가 대원 노릇을 하였다. 성가대에는 베이스로 굵은 목소리를 가진 이웃 남자 중학교의 교감 선생이 계셨다. 나는 그 옆자리에 앉아 입만 벌리고 립송을 했다. 다른 파트를 따라가지 않으려고 집에 가면 코뤼붕겐으로 시창 연습을 열심히 하였다. 나는 이렇게 만들어진 교인이 되고 있었다.

4월에 나는 부임하자마자 1학년 B반 담임을 맡았다. 이 학교는 여러모로 특색이 있는 학교였는데 첫째 이 학교는 교사들이 조회 시간 전에 반드시 『다락방』이라는 책으로 아침 경건회를 하는 것이었다. 선생들이 순번으로 돌아가며 『다락방』을 읽고 깨달은 바를 말하고 기도하였다. 나에게는 큰 도전이었다. 대중 기도를 안 해본 나는 기도문을 써와서 읽는 것인데 진땀을 뺐다. 그런데 이도 익숙해졌다. 한번은 "짐을 서로 지라. (갈 6:2)"라는 『다락방』 제목이 있었는데 평소에 이해할 수 없는 구절이었다. 내 짐도 버거운데 무슨 남의 짐? 했다. 그런데 한 그림을 보았다. 한 줄로 모두 짐을 지고 걸어가는 사람들이었는데 뒷사람이 앞 사람의 짐을 들어주는 그림이었다. 나는 감명을 받고 그 그림을 크게 그려서 교사들에게 보여주면서 "내 짐도 무거운데 남의 짐을 어떻게 지느냐고 불평이었는데 이렇게 서로 도우면 그리스도의 법을 성취하겠다"라고 말했더니 학교를 떠난 먼 훗날 이때 이 그림 이야기가 인상적이었다고 이야기를 해주는 교사가 있기도 했다. 둘째 채플이라고 전교생이 점심 전에 예배를 드리는 일이었다. 평소에 교목이 예배를 인도하고 각 담임은 학생들을 인솔하고 강당에 들어갔었다. 일주일에 한 번은 음악 선생이 음악 예배를 인도하였다. 그런데 지금도 잊히지 않은 것은, 합창 지도를 하는 음악 선생이 전교생에게 찬송을 가르치는 방법이 환상적이었다.

　내 평생에 가는 길 순탄하여 늘 잔잔한 강 같든지/ 큰 풍파로 무
섭고 어렵든지 나의 영혼은 늘 편하다/ 내 영혼, 평안해 내 영혼, 내
영혼 평안해//

　그는 앉은 좌석별로 경쟁을 시키며 정확한 멜로디와 아름다운
발성을 가르쳤다. 드디어는 마음속에 리듬감이 생동하게 한 뒤
녹음테이프를 통해 전문 가수가 이 찬양을 은혜롭게 부르는 것
을 듣게 했다. 그리고 전체 학생들에게 찬송하게 해서 자기네가
일류 가수가 된 것 같은 환상을 갖게 했다. 다음은 찬송가 해설
이었다.
　호레시오 스패포드(Horatio G. Spafford)는 시카고의 유명한 변
호사였다. 그러나 1871년 시카고의 대화재가 그의 재산을 다 쓸
어 가버렸다. 이 엄청난 시련을 극복하고 일어서기 위해 1873년
그는 아내와 네 명의 딸과 함께 유럽을 여행하기로 했다. 그해
11월 15일 가족이 떠날 때 자기는 갑작스러운 일로 홀로 남았
다. 그런데 22일 새벽 2시 그 배는 대서양에서 영국의 철갑선과
충돌하여 226명의 생명을 안고 바다로 침몰한 것을 알게 되었
다. 자녀를 잃고 홀로 구명된 아내가 영국에서 보낸 전보로 스패
포드는 하늘이 무너지는 것 같았으나 며칠 뒤 아내를 데리러 영
국으로 떠났다. 그는 선장의 초청으로 선장실에서 차를 마실 때
선장이 이 배는 지금 딸들이 침몰한 바다 위를 가고 있다고 말했
다. 선실로 돌아온 그는 과거의 아픔과 슬픔이 되살아나 밤새도

록 울었는데 새벽녘 3시에 알지 못한 평안을 체험했다. 그때 쓴 시가 〈나의 영혼은 편하다(It is well with my soul)〉라는 시였는데 이것에 곡을 붙인 찬송이 '내 평생에 가는 길'이다.

이 해설을 들으면 소녀들은 찔끔찔끔 울곤 했다. 그럼 감동한 학생들에게 작사자를 생각하며 마지막 찬송을 부르자고 말한다. 나는 찬송 속에 그런 사연이 있는 것을 처음 알았다. 정말 동화 속에서 사는 것 같은 학교였다.

이 학교는 여러 가지 방법으로 일감을 맡겨서 교사들을 아침 일찍 나와 밤늦게 갈 수밖에 없도록 만들었다. 그래서 서무과장은 이 학교 선생들은 낮에는 너무 바빠서 사회생활은 못 하고 집에서 애 낳는 일밖에 할 수 없다고 말하기도 했다. 사실 나는 여기 와서 광주의 친구들은 까맣게 잊고 살고 있었다. 2년쯤 지나 정신이 들어 광주의 친구 김○○에게 편지했는데 연락이 되지 않았다. 그는 내 결혼 때 결혼 청첩장을 만드는데 돈이 없어 시계와 옷을 저당 잡힌 친구다. 답장이 없어 수소문해 봤더니 폐렴으로 세상을 떴다는 이야기였다. 그때 나는 꿈에서 깨어난 것처럼 화들짝 놀라서 친구를 찾지 못한 과거로 가책을 느꼈다.

내가 첫딸을 얻은 그해에 우리는 김 장로님 댁에 세를 들어 살고 있었다. 거기서 기독교 학교의 교사 생활을 시작했고 첫딸을 얻었으며 신앙생활의 첫걸음을 시작했다. 그분들은 새벽기도를 다니는 분이었다. 그들이 새벽기도에 나간다는 것을 알게 된 우리는 초 신자로서 충격을 받았다. 우리도 그렇게 새벽기도를 나가야 하는 것이 아닐까? 그러나 우리는 아무도 나가자고 말하지는 않았다. 사실 너무 잠이 부족했고 신혼 생활에 그런 결심을 하기란 어려운 일이었다.

한 학기쯤 지나자 김 장로 별채에 기전학교의 교목이 세 들었다. 두 내외분만 사셨는데 이분들은 새벽기도를 나가는 것 같지는 않았다. 그런데 그들은 가정예배를 드리는 분들이었다. 아침에 잠자리에서 아직 잠이 덜 깼을 때 두 분의 찬송 소리가 들려왔는데 그것이 또 초 신자인 우리의 마음을 무겁게 했다. 우리도 새벽기도는 나가지 않아도 가정예배는 드려야 하는 게 아닐까 하고 생각했다.

얼마쯤 지나자 아내가 우리도 가정예배를 드리면 어떠냐고 말했다. 나는 거절했다. 『다락방』으로 가정예배를 드리는 것은 학교에서 익숙해졌기 때문에 큰 문제는 없었지만, 꾸준히 계속할 수 없다고 생각했기 때문이다. 또 나는 너무 잠이 많아서 학생 시절에도 밤새워 공부해 본 적이 한 번도 없었다. 오히려 시험 때는 일찍 잘 테니 깨우지 말라고 가족들에게 부탁하고 다른 날보다 일찍 잠자리에 들곤 했다. 잘 자고 나야 정신이 맑아져서 시험을 잘 볼 수 있었기 때문이었다.

아랫마을에 표 선생님이 계셨는데 이분들은 새벽기도도 다니고 가정예배도 드리는 분이었다. 그들은 가정예배를 드리면 하루를 하나님과의 대화로 시작할 뿐 아니라 부부간에 서로 어떤 문제로 걱정하고 기도하고 있는지 알게 되어서 좀 더 부부 사이에 벽이 없는 걸 느끼게 된다고 말했다. 우리가 선넘어(서원(書院) 넘어) 마을의 언덕 위, 김 장로 댁에 살다 방도 좁고 해서 아래 미나리꽝이 있는 낮은 지대로 옮겨 살 때였다. 아내는 또 우리도 가정예배를 드리자고 다시 졸랐다. 이렇게 잘살게 된 건 하나님의 은혜가 아니냐면서. 그때 우리가 옮긴 것은 그 집 김 장로가 좀 부담스럽기도 했기 때문이었다. 1960년은 대한 예수교 장로회가 합동파와 통합파로 갈라져 교회 분열이 심할 때였다. 그런데 김 장로는 합동 파였는데 나를 만날 때마다 선교사들과 선교 기관에 남아 일하는 사람들은 주체성 없는 아부 쟁이라고 통합파 사람들을 마구 비난했었다. 용공 주의자이며, 선교사들에게 손 내밀고 보조를 사적으로 얻어 교회를 세우려 하는 거지라는 것이었다. 한때 합동파 사람들은 미 선교부 울타리에 분노를 쏟아붓기도 했다. 나는 교회의 교파 싸움에 별 관심이 없어 김 장로를 피하고 싶은 생각이었다. 그들의 새벽기도와 교목의 가정예배를 피해서 이사한 것은 아니었다.

한여름이었다. 그곳은 미나리 논 때문인지 모기가 많았다. 우리는 밤에는 모기장을 치고 자야 했다. 하룻밤은 아내가 11시에 정전이(당시는 이 시간에 전기가 나갔음) 되자 촛불을 켜 놓고 갓난애의 빨간 모자를 뜨고 있었다. 나는 그런 아내를 보면서 주전자에서 물을 한 모금 들이켜고 이내 이불 속으로 얼굴을 파묻었다. 피곤했다. 잠들면서 여자로 태어나지 않은 것이 얼마나 다행인지 모르겠다고 생각했다. 자다가도 어린애가 칭얼대면 달래고 젖을 빨리고 또 자주 기저귀를 갈아주곤 했는데 그런 일은 나는 도저히 감당할 수 없는 일이었다.

그날 저녁 나는 잠결에 깜짝 놀라 일어났다. 아내가 놀란 소리와 함께 마구 흔들어 깨웠기 때문이다. 일어나 보니 모기장에 불이 옮겨 한쪽이 빨갛게 불길로 타고 있었다. 나는 정신없이 손으로 누운 어린애 반대편으로 모기장을 낚아챘다. 아내는 주전자에 들어 있던 물을 끼얹었다. 겨우 불길을 잡자 가슴이 후들후들 떨리기 시작했다. 이 주인집 목조건물이 홀랑 불에 타 없어져 버릴 뻔했기 때문이다. 하나님께서는 당시 신앙생활에 게으른 우리를 이런 방법으로 훈계하시는 것 같았다.

우리는 불을 끄고 난 다음부터『다락방』으로 가정예배를 드리기 시작했다. 감사합니다! 감사합니다! 이 소리밖에 나지 않았다. "하나님이여, 우리가 다닐 때 우리를 인도하소서. 우리가 잘 때 우리를 보호하소서." 우리는 신앙에 나태한 우리 삶을 깊이 회개하였다. 나이 구십이 다 되어가는 지금도 우리는『다락방』으로 가정예배를 드리고 있다. 그리고 자녀들도 집을 찾아오면 으레『다락방』으로 함께 예배드릴 것으로 알고 있다. 오랜 습관이다.

기전학교에 취직한 1960년 첫해 가을 이야기를 해야겠다. 그해 추수감사절에 성찬식이 있었다. 목사님은 성찬식을 행하면서 고린도전서 11장에 있는 말씀을 낭독한 후 다음과 같이 말했다.

"누구든지 주의 떡이나 잔을 합당치 않게 먹고 마시는 자는 주의 몸과 피를 범하는 죄가 됩니다. 따라서 성령을 거스르는 자와 교리를 모르는 자와 교회를 부끄럽게 하는 자와 무슨 은밀한 중에 알고도 범죄한 자들은 이 떡이나 잔을 삼가하는 것이 좋습니다. 주의 몸을 분변치 못하고 먹고 마시는 자는 자기의 죄를 먹고 마시는 것이나 마찬가지입니다."

나는 그때 그 말이 내 머리를 큰 망치로 후려 때리는 것 같음을 느끼고 정신이 아찔하였다. 이 떡을 어떻게 해야 하는가? 나는 대중들이 쳐다보고 있는 성가대석에 앉아 있었다. 성가대석에 앉아 있는 사람들은 모두 세례 교인들이어서 접시가 돌아오는 대로 떡을 하나씩 들기 시작했다. 드디어 내 앞으로 떡이 돌아왔다. 나는 먹어서는 안 된다고 속으로 말하고, 나는 모양만 기독교인이지 실제는 참 기독교인이 아니라고 속으로 외치고 있었지만, 손은 떡을 집고 있었다. 내 속 사람과는 다르게 포도즙까지 마신 뒤 내가 느낀 것은 내가 나를 속인 것을 이렇게 용서하기 힘든데 내가 남까지 속이고 있다는 것을 모두가 알게 된다면 나는 용서받을 수 없으리라는 것이었다.

크리스마스를 지내고 신정 때 나는 광주 D 교회의 목사를 찾아갔다. 그리고 이 교회 목사님의 아들을 통해 가짜 세례증을 가지고 취직한 것을 고백하였다. 목사는 내 경위를 듣고 아무 말 없이 얼마 동안 기도만 하고 있더니 나를 안방으로 인도하였다. 그리고 성찬기에 물을 담아 와서 당회가 무엇이며, 제직회가 무엇인가 등 설명하고 몇 가지를 더 물었다.

"그대는 하나님 앞에 죄인인 줄 알며 마땅히 그의 진노를 받을 만하고 그의 크신 자비하심에서 구원 얻을 것밖에 소망이 없는 자인 줄 압니까?"

나는 마음 깊숙이에서 그리고 회한에 찬 소리로 크게 "예."라고 대답했다. 정말 나는 그런 사람이었다. 목사는 몇 가지를 더 물었다.

"이제는 예수를 믿는 오승재에게 내가 성부와 성자와 성신의 이름으로 세례를 주노라."

나는 어떻게 기독교인이 되었는가

그의 물 묻은 손이 내 머리에 닿을 때 나는 감전이 된 것 같은 느낌이었다. 물이 뒤 목줄을 타고 내려왔다. 나는 그것이 피부를 스며들어 뼛속 혈관 속으로 스며드는 것 같음을 느꼈다.

홀로 저벅저벅 걸어 나오며 이제 나는 다시는 거짓말하는 사람이 되지 않으리라고 자신에게 다짐하였다. 갑자기 닫혔던 커튼이 열리며 눈 부신 햇살과 함께 창밖의 아름다운 경치가 눈 안으로 가득 들어오는 것을 느끼었다. 지금까지 보지 못했던 아름다운 경치였다. 프리즘을 통해 숨겨졌던 태양의 일곱 가지 색깔이 영롱하게 드러나는 것 같았다. 세상이 새롭게 보이고 나는 몸과 생각이 변한 것이다.

나처럼 세례를 받은 사람이 또 있을까? 나는 어떤 절기도 아닐 때 목사님 방에서 단독으로 세례를 받았다. 또 이런 환경에서 세례를 받았다 할지라도 나처럼 철저히 회개하고 목사님 말씀을 하나님 말씀처럼 듣고 거듭난 사람이 있을까 하고 생각했다. 그러면서 창세기 1장 1절이 떠올랐다. "태초에 하나님이 천지를 창조하시니라." 그때까지 그것이 믿어지지 않아 읽히지 않은 구절이었다. 1장 1절에 막혀 계속 성경을 읽어 나가기가 힘들었던 구절이었다. 나는 거기서부터 성경을 제대로 읽어 나가지 못하고 있었다. 내가 이성(理性)으로 받아들일 수 없는 성경의 첫 번째 문장이었다. 그러나 이제는 이 말씀이 이상하게 믿어지는 것이었다. 믿음의 세계와 손에 만져지는 세계는 차원이 다른 것이었다. 유한에서 무한으로 건너뛸 수가 없는데 믿음은 이성을 초월해서 새로운 세계로 나를 인도하는 걸 깨달았다. 호수에 달이 들어있는 것을 보고 신기했던 생각을 한 일이 있다. 영겁이 호수

속에서 물고기와 함께 지내고 있었기 때문이었다.

# 한미성 선교사

내가 기전학교에 재직하면서
가장 많은 영향을 받은 분은 한미
성(韓美聲) 교장이었다. 한 교장은
가끔 개척교회에 설교하러 가는
데 같이 가자고 나를 불렀었다.
그분은 한국의 고무신을 사서 미
국으로 보내고 그것을 판 돈으로
시골에 교회를 개척하고 있었다.

〈기전학교 제9대 교장 한미성〉

그리고 주일마다 학생들이나 교사들을 교대로 데리고 설교하러
갔다. 참으로 신앙의 본을 삶으로 보여주는 분이었다. 나는 서툰
영어를 하면서 그와 동행하는 것을 좋아했다. 그뿐 아니라 한 교
장의 설교 원고를 번역해 주는 일도 기쁨이었다. 영어 교사도 많
았는데 그분은 그렇게 나를 사랑하셨다. 가는 길 오는 길에 한
교장은 여러 가지 이야기를 들려주었다. 그중 몇 가지를 소개하
면 다음과 같다.

첫째는 한 교장이 어려서부터 선교사를 지망했던 이야기다.
자기가 9살 때 한국에 선교사로 와서 일할 수 있게 해 달라고 기
도했는데 선교사가 무엇인지도 모르고 기도했던 그 기도를 하나
님께서는 들어 주셨다고 말했다. 얼마나 선교사가 되고 싶었는

나는 어떻게 기독교인이 되었는가

지 선교 본부에 선교사가 되기 위해서는 무엇을 준비해야 하느냐고 묻는 편지를 냈는데 나이가 너무 어려서 그랬는지 그 대답은 "무엇이나 잘 먹어야 한다."라는 것이었다고 말하며 웃었다. 그래서 지금도 자기는 편식을 하지 않고 어떤 한국 음식이든 잘 먹는다고 했다.

둘째는 그녀는 나이가 들면서 한국 지리산의 아름다움과 노고단에서의 선교사들의 피서 생활을 미국에서 읽고 한국 선교사로 가면 꼭 가보고 싶은 곳이 노고단이었다고 했다. 그래서 1955년에 내한해 맨 먼저 친구와 함께 올라간 곳이 지리산이었다. 캠핑 도구를 짊어지고 올라가서 점심을 해 먹는데 거기서 그녀들은 어떤 산 사람을 만나 크게 도움을 받은 일이 있었다고 한다. 그런데 후에 알아보니 그것이 공산군 빨치산이었다. 하산 후 경찰에 끌려가 심문을 받고 한국 선교부에서도 조심하라는 충고를 받았다는 이야기도 했다. 호기심이 많은 용감한 분이었다.

셋째, 내가 그분에게서 감명을 받은 것은 그녀의 가치관 때문이었다. 한번은 학교에서 기전 학생들의 겨울 교복을 새로 바꾸기로 한 때였다. 어떤 교복으로 할 것이냐가 논의의 대상이었다. 몇 가지 패턴을 놓고 의견을 교환하되 육군 사관 학생의 조발(調髮) 때 머리 길이를 결정하는 방식에 따르기로 하였다. 그들은 머리 길이를 1, 2, 3센티 어느 것으로 하느냐를 결정하기 위해 학생 셋을 뽑아 1, 2, 3센티로 머리를 자른 후 단에 세워서 바라보고 결정하기로 했다는 이야기를 우리는 알고 있었다. 우리도 세 가지 패턴의 옷을 해 입혀서 패션쇼를 하여 민주적으로 교복을 정하기로 하였다. 당시는 의류상들이 학교에 교복을 납품하려고 경쟁이 심했고 또 의복을 넣게 되면 뒷돈을 주어서 교사들이 이익을 나누어 갖기도 했다. 그러나 이 학교는 교사 공채처럼 의복도 그렇게 하기로 했다. 선생들은 모두 어떤 옷이 예쁘냐 하는 것에 열을 올렸는데 한 교장은 모든 교사의 의견을 듣고 있다가 "어떤 옷이 겨울에 여학생들의 몸을 따뜻이 하고 보호할 수 있느냐?"라고 물었다. 그때 나는 큰 충격을 받았다. 왜 우리는 그런 생각을 하지 못했을까? 우리는 눈에 예쁘게 보이는 것에만 열중해서 옷의 근본적 효용 가치에 대해서는 아무 생각도 못 한 것이다. 이렇게 해서 기전여고의 교복은 코르덴으로 된 자주 색깔의 옷으로 결정이 되었는데 이런 옷은 전국에서도 유일한 것이었다. 그러나 이 교복을 입고 전국 합창대회에서 우승하여 이런 교복을 전국에 크게 소개한 적도 있다. 한 교장은 예쁜 옷보다는 그것을 입는 사람이 중요했었다. 기독교 가치관의 차이였다.

그분은 자기 자신의 한계를 잘 알고 있는 분이었다. 31세의 처녀로 문화도 역사도 익숙하지 못한 한국의 한 여학교 교장을 맡는다는 것은 쉬운 일이 아닌 것을 알고 있었다. 그래서 1957년 기전여학교의 제9대 교장에 취임하면서 광주 수피아여고에 교장으로 있던 경험 많은 유화례(Florence E. Root) 선교사에게 지혜를 구하고 그분이 추천한 그 학교의 학생과장을 교감으로 초청했다. 처음 면접에서 조 교감은 부임을 반대하고 떠났는데 한 달 동안 기도한 한 교장은 "한 달 기도했습니다. 무조건 부임해 주세요."라는 강력한 편지를 냈는데 조세환 선생은 결국 교감으로 부임했다.

나는 어떻게 기독교인이 되었는가

한 교장은 조 교감을 맞은 지 2년 만
에 그를 동사 교장으로 추대하고 모
든 일을 그에게 맡기고 이때부터 전북
대학과 대전대학에 강사로 출강하며
곁에서 그의 학교 경영을 지켜보다가
1962년 조세환 교장을 기전학교 제10
대 교장으로 추대한 뒤 같은 해 11월

기전 여중고 교기

대전대학 교수로 떠나면서 마지막 유명한 등하불명(燈下不明)이
라는 훈화를 남겼다.

거기서 그녀는 기전학교의 배지를 언급했었다. 이 배지는 촛
대의 불빛이 여섯 방향으로 햇살처럼 뻗쳐 나가고 있는 모양의
것으로 햇살 위에는 십자가가 그려져 있었다. 나는 3년을 봉직
하면서도 그 배지를 유심히 보고 그 뜻을 생각해 본 적이 없었
다. 그런데 그분은 말했다.

"저는 기전학교를 생각할 때마다 교기의 배지에 나타난 등불
을 생각하는데 거기에는 두 가지 뜻이 담겨 있습니다. 첫째는 지
식의 빛이고 둘째는 예수 그리스도를 믿는 신앙의 빛입니다. 우
리 학교가 이 작은 동산뿐 아니라 온 한국 사회를 비추는 등이기
를 원합니다. 기전의 등이 지금은 서울 중앙대학교에 다니는 학
생들에게 신앙의 빛과 문화의 빛을 비춰 주고 있는데, 그것은 임
영신 여사(본교 출신)가 귀한 손으로 그 등을 가지고 갔기 때문입
니다. 또 부산에서, 여수에서, 군산에서, 봉사하는 여러 기전여
학교 동창생들의 손이 또 그 귀한 등을 들고 있습니다. 외국에서

유학하는 학생들도 그 먼 곳에서 빛을 내고 있을 것입니다. 이 사실로 저는 참으로 기쁘며 아직 세상에 나아가지 않은 학생들에게 이처럼 빛의 역할을 해달라고 간절히 부탁드립니다.

그러나 제가 이 문제를 연구할 때마다 기쁜 생각이 흐려지는 한국의 속담 하나가 있습니다. '등하불명(燈下不明)' 곧 빛의 근원에 가까운 곳은 어둡다는 말입니다. 이 심각한 사실을 생각하면 겁이 납니다. 왜냐면 우리 학생들은 기전 동산에서 날마다 시간마다 예수님 영광의 빛을 잘 볼 수 있는데 등하불명으로 아직도 어둠 속에 있는 학생이 있지 않을까? 걱정되기 때문입니다. 또 온유하고 아름다운 주님의 말씀을 들으면서 그 말씀을 통해서 죄에서 자유를 얻지 못하는 학생이 있지 않을까 하는 걱정이 생기기 때문입니다.

남아프리카의 유명한 어떤 목사님의 아들은 다음과 같은 이야기를 했습니다.

정월달, 제일 추운 한밤중에 나는 이상한 소리를 듣고 잠을 깼습니다. '하나님은 손자가 없다.'라는 이해할 수 없는 어려운 말이었습니다. 그 말을 듣고 어떻게 생각할 줄 몰라서 며칠 동안 고민했는데 하루는 그 뜻이 갑자기 머리에 떠올랐습니다. 즉 '내 아버지의 믿음이 나를 구원할 수 없고 어릴 때부터 주일 학교와 교회를 다닌 그 습관도 나를 구원할 수가 없다. 내가 예수를 안다고 하는 것도 직접 예수를 아는 것이 아니었고 풍문으로 아는 것뿐이었다. 그렇다. 하나님은 손자가 없나니 나는 바로 하나님의 자녀가 되어야 한다. 그래서 나는 예수와 직접 관계를 맺고 나의 뜻과 나의 책임으로 예수를 구주로 삼게 되었다.'라고 하는

나는 어떻게 기독교인이 되었는가

이야기였습니다.

기독교 집안에서 자라고 기독교 계통의 학교에 다니는 여러 학생도 이 사실을 노력해서 이해했으면 좋겠습니다. 내가 가진 신앙은 내 부모님의 신앙인지 내가 참으로 그리스도와 직접적인 관계를 맺어 이룩한 신앙인지……

등하불명! 이 말이 우리에게 좋은 교훈이 되어 우리 학생들은 기전학교에서 나갈 때 그리스도의 사랑과 가쁨의 등불을 가져서 우리 공동 사회에서 또는 대학 캠퍼스에서 직장에서 어디서든지 무엇을 하든지 주위에 있는 사람들에게 빛이 되어 비추기를 부탁합니다."

정말 한미성 교장은 기전여고와 학생들을 사랑했던 분이었다. 나는 왜 배지가 상징하고 있는 등불을 생각하지 못했을까? 그 등불은 직접 예수님을 만난 사람, 예수님 초청의 음성을 들은 사람만이 들고 갈 수 있는 진리의 불이었다.

1962년은 단기 연호를 폐지하고 새롭게 서력을 쓰기로 한 해였다. 내 생활에도 단기가 서기로 바뀌는 것만큼 큰 변화를 겪었는데 그것은 불신자의 생활에 종지부를 찍고 신자라는 새로운 인생을 시작한 일이었다. 이제는 누가 뭐래도 나는 기독교인이었다. 그러나 새로운 삶의 홍분은 사라지고 세례를 받던 그 신선한 기쁨도 희미해져서 큰 파도가 지나간 후 같은 고요와 단조로움이 내 생활을 이끌고 있었다. 한동안 신앙의 침체기가 온 것이다. 해변의 바위에 부딪히고 물러난 큰 파도처럼 유학의 꿈도

사라졌고, 내가 의지하던 한(韓) 교장도 한국인 교감에게 자리를 물려주고 가끔 출강하던 대전대학으로 옮겨가 버렸었다. 거기다 정국도 심란하였다. 5·16쿠데타를 일으키고 최고 의회 의장이 된 박정희 대장은 민정 이양 방침을 재천명했지만 아무도 믿지 않고 있었다. 정가와 학원가는 술렁이고 있었다. 그러나 종교인은 요동하지 말고 오직 기도에만 힘써야 한다고 했다. 이것은 자기감정을 억제하려고 억지로 삼키는 진정제와 같은 말이라고 생각되었다. 책임회피를 하는 종교인의 이중성을 보는 것 같기도 했다. 부정에 맞서지 못하는 비굴한 종교인의 자기합리화처럼 느껴진 것이다. 겨우 기독교에 발을 들여놓은 나는 부르심을 따라 순종하고 사는 것밖에 할 수 있는 일이 없다고 생각했다. 그러는 사이에 나는 세 번째 어린애를 선물로 받았다. 5년 안에 유학하겠다는 생각, 그리고 10년 안에는 대학교수가 되겠다는 생각은 무지개 같은 꿈이었다. 아내는 별로 입덧이 없었다. 첫딸 때는 그렇게 입덧이 심했는데 둘째 셋째 때는 입덧이 거의 없었다. 두 어린애에 시달리며 지내면서도 천부적인 어머니의 기질을 가진 여인처럼 새로 주신 어린애를 위해 여러 가지 준비도 하며 행복해했다. 우리는 세 번째의 어린애 분만에는 상당한 전문인이 되어 자신이 있었으므로 분만일이 가까워져도 이곳저곳 지혜를 구하러 다니며 호들갑을 떨지도 않았다. 여느 때처럼 주기적인 진통이 오면 병원으로 가리라는 생각으로 느긋하게 기다리고 있었다. 그런데 분만일이 지나도 산기가 없더니 갑자기 하룻밤은 새벽 2시쯤 진통이 밀어닥쳤다. 그 집에는 전화가 없었고 또 가까운 집에도 당시에는 전화가 없었다. 차를 잡으려면 학교

나는 어떻게 기독교인이 되었는가

에 가 전화하거나 좀 번화한 먼 길까지 나가 기다리고 섰다가 차를 타고 들어올 수밖에 없었다. 그러나 그러다간 무슨 일이 생길 것만 같았다. 병원은 미나리 강둑을 걸어 언덕길을 올라가 빠른 걸음으로 10분쯤이면 갈 수 있는 거리에 있었다. 우리는 좀 어렵지만 걷기로 하였다. 미나리꽝을 건너는 곳까지는 그래도 별 문제가 없었다. 그런데 고갯길을 오르면서부터는 진통이 심해지기 시작했다. 마음은 초조해지는데 업고 갈 수도 없고, 큰일이었다. 나는 뒤에서 사람 인(人)자의 작대기가 되어 힘껏 밀어 올리고 아내는 몸을 뒤로 젖히고 정신없이 걸었다. 그러다가 진통이 오면 또 쭈그리고 앉아 얼마를 신음하였다. 둘이서 진땀을 흘리고 그래도 별일 없이 병원에 도착한 것은 새벽 4시가 다 되어서였다. 병원에서 그녀는 미리 와 있는 한 산모를 딴 곳으로 보내고 금방 아들을 순산했는데 그때가 12월 14일 4시 5분이었다. 아내는 길에서 출산할뻔했다. "하나님 감사합니다"하는 기도가 절로 나왔다. 그리고 이제는 더는 아내를 고생스럽게 하지 않고 살아야겠다고 결심했다. 60년 4월, 61년 8월, 62년 12월 이렇게 만 2년 8개월 만에 세 어린애를 얻었으니 하나님의 큰 축복이었지만 이 세 자녀를 줄줄이 달고 다니는 우리를 보면 토종인 씨암탉과 수탉으로 볼 것이었다. 지금 생각하면 가족계획도 할 줄 모르는 무모한 부부라고 말할 사람이 있을지도 모른다. 그러나 우리는 그때 전혀 그것을 의식하지 못하고 있었다. 그러나 당시 나는 병원에서 유학이고 뭐고 모든 환상을 벗어버리고 남편과 아버지의 의무를 충실히 해야겠다고 스스로 다짐하였다.

다음날 아내를 병원에 두고 학교에 와보니 한(韓) 교장으로부터 편지가 와 있었다. 반가워서 뜯어보니 의외의 소식이었다. 다음 해 대전대학으로 편입하지 않겠느냐는 내용이었다. 자기 조교로 와서 조금 도와주면 첫 학기 등록금과 생활비는 보조해 주겠다는 말이 덧붙어 있었다. 나는 손이 떨리었다. 떠나면서 기도하겠다고 하더니 정말 나를 잊지 않았는가? 나를 위해 두고두고 기도해 왔다는 말인가?

그분은 내가 유학의 꿈을 가지고 있다는 것을 처음부터 알고 있었다. 그래서 학교 영어 교사들의 회화 연습을 일주일에 3번씩 자기 집에서 밤에 할 때도 나를 그곳에 끼워 넣어 주었다. 나는 고마웠다. 그런데 나는 한술 더 떠서 그곳에 다니면서 일기장을 두 권을 만들어 영어로 일기를 쓰고 매주 그것을 교대로 제출해 교정해 받았다. 미국 선교부 고등 교육국에서는 매년 목사나 교수요원을 장학금을 주어 미국에 유학시키고 있었는데 나도 그런 장학금을 받기를 원하고 있다는 것을 알고 있었다. 그런데 나는 자격 미달이었다. 박사과정을 밟으려면 적어도 한국에서 석사는 끝낸 사람이어야 했기 때문이었다. 그것은 내게 너무 높은 담이었다. 그런데 그분은 기전학교를 떠나 대전대학으로 가면서 적어도 내가 정규 4년제 대학은 마쳐야 한다고 생각한 것이다. 한 교장의 배려는 너무나 고마운 것이었다. 그런데 어쩌면 이렇게 셋째 애가 태어난 다음 날 이런 소식을 받을 수가 있는가? 나는 바로 전날 유학을 포기하고 남편과 아버지의 도리를 다하겠다고 결심하지 않았는가? 지금은 안돼. 나는 이제 어린애가 셋이야. 갓난아이까지. 정말 안돼. 대학을 마치겠다면서 왜 이렇게 무계획한 생활을 했을까? 왜 공부와 어린애를 동시에 원하

　　　　　　　　　　나는 어떻게 기독교인이 되었는가

는 그런 의식의 미분화 상태에서 살 수가 있었을까? 우리는 서로 애정이 불타 여건을 생각할 겨를이 없었다. 우리는 어린애를 원했다. 우리가 결함이 없는 부부라는 것을 빨리 확인하고 싶었다. 그러면서 공부를 해야 한다는 생각은 또 따로 별도의 것이었다.

나는 착잡한 생각으로 두 손으로 머리를 싸안았다. 그때 갑자기 지난번 월례 고사를 보고 채점을 하고 있다가 깜박 잠이 들었던 때가 생각났다. 그때 나는 내가 사각모자를 쓰고 있던 꿈을 꾸었다. 4년제 대학을 다니는 학생을 볼 때마다 부러웠던 것이 네모난 학사모였다. 당시는 내가 왜 그런 꿈을 꾼 것인지 영문을 몰랐다. 그런데 한 교장의 편지를 받고 나서 갑자기 이 꿈이 떠오른 것이었다. 왜 이 상황에서 진학 문제가 생각난 것일까?

아내가 퇴원하고 나서도 나는 이 편지는 없었던 일로 하고 말도 꺼내지 않았었다. 그런데 어느 날 아내는 이런 말을 했다.

"이제는 유학 꿈은 포기했어요?"

"그래야지 뭐. 애 아버지가 무슨 유학이야."

"그래요. 이제 좋은 작품이나 쓰세요."

나는 위로하듯이 말하는 그녀에게 한(韓) 선생의 편지 이야기를 했다. 아내는 내 얼굴을 쳐다보았다. 금방 심란해진 표정이었다.

"잊어버려. 나 그럴 생각 없어. 서른 살에 세 어린애의 애 아버지로 무슨 대학이야."

그러나 며칠 뒤 아내는 중대 선언을 했다. 나는 유학의 꿈을 포기하지 않을 텐데 애들을 다 키워 놓고 떠나면 너무 늦을 것이다. 그러니 공부를 바로 시작하는 것이 좋겠다는 것이었다.

"우리의 삶은 처음부터 평탄하지 않았잖아요? 그리고 이것은 하나님이 예비한 기회일지도 몰라요."라고 아내는 말하였다.

대전대학으로 편입하기로 하고 기전여학교에는 사의를 표했다. 학기가 아직 끝나지 않은 1963년 1월 15일 먼저 전라남도 광산군에 있는 아버님이 계신 시골 학교로 아내를 보내기로 했다. 그날은 눈이 유난히 많이 쏟아지는 날이었다. 나는 새벽 2시 30분에 눈을 떴다. 새벽 5시 55분의 기차를 타기 위해 간밤을 거의 뜬눈으로 지새웠다. 그것은 이삿짐을 다 보내버리고 남겨둔 얇은 세 장의 담요 때문만은 아니었다. 뜨내기처럼 전혀 예상하지 않은 방법으로 전주에 와서 또 전혀 예상하지 않았던 새 생활을 시작하려고 서로 헤어지는 시간이 너무 빠르고 급했기 때문이었다. 교회에서 마지막 송별 예배를 드릴 때 그들은 '우리 다시 만날 때까지…'라는 찬송을 불러 주었다. 그때 아내는 눈이 붓도록 울었다. 평생 그렇게 울어 본 적이 없었다고 말했다. 슬퍼서가 아니었다. 연년생으로 낳은 세 어린애, 특히 한 달도 채 안 되는 핏덩이 같은 어린애를 안고 떠날 때, 하나님께서 '간 데마다 보호하시며, 위태한 일 면케 해주신다.'라고 불러 준 찬송이 마음에 사무쳤기 때문이었다. 4시에 일어나 전주에서의 마지막 가정예배를 드렸다. 나는 이곳에 와서 억지로 기독교인으로 연단된 것을 감사하였고 아내는 소원이던 예수 병원에서, 그것도 내 친구까지 있는 곳에서 선물로 주신 삼 남매를 안고 떠나게 된 걸 감사하였다. 이제 하나님께서 우리를 또 광야로 내모시는데 오! 우리의 앞길을 인도하소서…. 이것이 우리의 기도였

나는 어떻게 기독교인이 되었는가

다. 나는 잠들어 있는 어린애들을 내려다보았다. 큰딸은 어머님을 따라 미리 내려가 있었고 두 아들은 깊이 잠들어 있었다. 순간 나는 악인 같고 아내는 천사 같은 생각이 드는 것이었다. 내 의지는 항상 도달할 수 없는 것을 욕망하고 있는데 아내는 외양간으로 들어가는 암소처럼 순종의 길을 걷는 것 같아 가슴이 저리었다. 정신없이 전주에 와서 이제 막 정착하고 사려나 했더니 또 예상하지 않은 이별이었다. 나는 학교 일에 바빴고 아내는 애들을 출산하고 기르는데 정신이 없어 어떻게 살았는지 설명하기도 어렵다.

드디어 우리는 애들을 나누어 안고 역까지 걸었다. "이 시련을 우리는 이겨내야 해. 오! 양 같은 아내를 도우소서. 애들아, 미안하다. 그러나 우리는 강하게 살아야 해. 결코, 헛되지 않은 열매를 맺을 거야." 나는 둘째 아들을 안고 가면서 눈보라 속에서 계속 이렇게 말하고 있었다. 정신없이 바빴던 전주에서의 우리들의 삼 년은 이처럼 끝났다.

나는 아내를 보내고 하숙방으로 돌아와 뜬 눈으로 보낸 뒤 다음 날 편지를 썼다.


1963년 1월 16일


세상을 온통 흰 눈으로 뒤덮고 당신을 그곳으로 내모는 하나님의 뜻이 무엇인지 모르겠습니다. 당신을 이토록 고통스럽게 하는 것은 하나님의 뜻이 아니고 하나님을 빙자한 내 사사로운 욕심이 아닌지 모르겠다고 스스로 자책하기도 합니다. 광야로 가는 것은 당신이나 나나 마찬가지지만 내가 가는 곳은 내가 기뻐서 택했고 당신이 가는 곳은 순수하게 순종의 길이라고 생각할 때 괴롭습니다. 그러나 어제 그 눈이 우리의 장래를 축복하는 서설이기를 빕니다. 송정리에서는 애들과 짐들을 가지고 어떻게 내렸는지 또 거기서 아버지가 계시는 시골 학교까지는 어떻게 갈 수 있었는지 궁금합니다. 당신을 떠나보낸 그날 나는 아주 따뜻한 봄날이 찾아온 것을 꿈에 보았습니다. 노란 개나리들도 길가에 활짝 피어 있었는데 나는 당신을 하루만 기다리게 했어도 이렇게 따뜻한 날 갈 수 있게 했을 것을… 하고 가슴 아파하다가 눈을 떴습니다. 꿈에서 깨어 하숙방에 덜렁 혼자 누워 있는 것을 발견했습니다.

나는 2월에 있을 졸업식, 중·고교 입학시험 등이 끝나면 15일쯤 퇴임 인사를 하고 2월 18일에 편입 시험을 보기 위해 대전에 가겠습니다. 부모님 모시고 사는 생활이 어렵겠지만 힘내서 이겨내십시오. 하나님께서 동행하시리라 믿습니다.

다음은 아내에게서 온 편지다.


1963년 1월 17일


주 은혜 안에 무사히 도착한 것을 감사합니다. 그날은 송정리 고모 댁에서 자고 다음 날 택시로 왔습니다. 하나님께서는 정말로 천사를 보내 주셨습니다. 한 자가 넘게 덮인 눈 때문에 길과 논을 구분할 수 없는 삼십 리를 한 택시 운전사가 거절하지 않고 우리를 데려다주었답니다. 눈보라가 치는 창밖을 바라보고 있으니 제가 혼자 여

나는 어떻게 기독교인이 되었는가

기 와 있다는 것이 믿어지지 않았습니다. 이런 험한 날씨 속을 혼자서 애들과 함께 무사히 도착했다는 생각을 하니 막 눈물이 쏟아졌습니다. 또 약해져서 운다고 나무라지 마십시오. 감사해서 울었답니다. 저희는 부모님께서 잘 돌봐 주시니 오히려 이곳이 삼 남매를 기르기 위해 예비해 둔 집 같기도 합니다. 외로운 것은 참아야겠지요. 아버님께서는 당신의 성공을 비는 마음에서 다음 주일 날부터 교회에 나가시기로 하셨답니다. 위해서 기도해 주시기 바랍니다. 이곳에 와서 새삼스럽게 느끼는 것은 당신을 사랑하시는 아버님의 마음입니다. 당신에 못지않은 비장한 결심으로 이번 당신이 단행한 혁명 전선에 뛰어드시겠다고 말씀하시며 먼저 아버님이 건강해야겠다고 말씀하실 때 목매어 눈물까지 흘리셨습니다. 이런 사랑 가운데서 당신의 소원이 이루어진다면 우리 가정의 행복도 따르리라고 믿습니다. 손자 손녀들을 퍽 귀여워하십니다. 밤이 늦었습니다. 옆에서 저희(큰딸)가 "지희, 말 잘 듣는다."라고 쓰라고 하더니 잠이 들었습니다.


1963년 1월 30일


뒤늦게 설 세배를 드립니다. 그동안 너무 북적거려서 편지를 쓸 여가가 없었답니다. 명절을 당신 없이 보내기는 처음이어서 저는 퍽 쓸쓸했습니다. 당신은 떡국을 특히 좋아하시는데 어떻게 지내셨나 걱정도 하며…. 그러나 당신은 친구와 제자들이 그냥 두지 않았겠지요. 저 없이도 즐거우시지 않으셨나요? 저는 혼자서 눈 오는 바깥

날씨를 걱정하고 있습니다. 27일에는 어머님과 시동생이 광주로 떠났고(고입 시험을 볼 큰 시누이를 위해) 오늘은 막내 시누이와 아버님이 또 떠났습니다. 아버님은 교장 회의에 가셨습니다. 아버님 친구분들은 광주의 좋은 학교에도 계시고 장학사로도 계시는데 아버님은 이렇게 외딴곳에 또 교통도 너무 불편한 곳에 계셔야 한다는 것을 생각하면 속이 상합니다. 이곳은 눈이 많이 오면 교통이 끊기고 또 눈이 녹으면 길이 너무 질어서 장화 없이는 걸어 나갈 수도 없답니다. 애들은 건강한 편이지만 철(큰아들)이 설사해서 약을 먹이고 있습니다. 곧 좋아지겠지요. 당신도 앞으로 공부를 계속하시려면 무엇보다도 건강하셔야 합니다.

당신은 너무 화를 잘 내셔요. 간밤에도 별 잘못한 것도 없이 당신께 꾸지람을 듣고 꿈속에서 한참이나 울었습니다. 그랬더니 당신이 어서 성경이나 읽고 웃으라고 하더군요. 그렇지만 울던 게 그리 쉽게 멎지 않아 흐느끼고 있었더니 그렇게 약해져서 어떻게 하겠냐고 또 꾸중이었어요. 깨어보니 꿈이었지만 어떻게 억울했는지 이번에는 정말 울었는데 흐느끼는 소리에 석(둘째)이 깨어 울어서 마침 잘 되었다고 함께 소리 내 울었답니다. 참 억울했어요. 그런데도 당신이 몹시 그리웠습니다. 당장 날아가고 싶을 만치.

지희가 옆에서 "아빠 과자 사서 오셔요."라고 편지에 쓰랍니다. 그 애는 당신이 사 준 책은 다 외워 버렸답니다. 글씨를 읽는 것이 아니고 그림만 나오면 "오물오물 아기 염소 풀을 먹네요."하고 읽어버린답니다.

정말 이렇게 떨어져 살 수 있다는 것이 신기합니다. 그래서 자고 일어나면 정해진 기도소에 가서 오늘 하루도 맡아 주관해 주시라고

나는 어떻게 기독교인이 되었는가

하나님께 기도드립니다. 떨어져 있으니 더욱더 하나님을 의지하게
됩니다. 같이 있을 때 기도했던 것은 행복한 가운데 건성으로 했던
것 같아요.

## 대전대학

　대전대학은 미국 남장로교 한국 선교부가 대전에 세운 기독교
대학이다. 선교부가 한국에서 행한 세 가지 사역은 말씀(교회),
치유(병원), 그리고 교육(학교)이었다. 그중 교육 사역의 중심에
는 언제나 인돈(William Alderman Linton)이 있었다. 그는 일찍이
조지아 공대를 졸업(1912)하고 선교사를 지망하여 총각으로 군
산 선교지회(Station)에 부임한 분이다. 5년 뒤에는 군산 영명학
교에서 교장으로 있으면서 3.1 운동을 목격했다. 그는 그해 안
식년으로 미국에 가서 미국 남부지역 평신도대회에서 3·1 독립
운동과 일본의 확정(虐政)을 미국 전역에 폭로하였다. 2년을 머
물면서 컬럼비아 사범대학의 교육학 석사를 마치고 군산 영명학
교로 복귀한 뒤 1922년(31살) 목포 선교지회의 유진벨 목사의 딸
샬롯과 결혼하였다. 그의 호남지역 교육 사역의 진두지휘는 전
주 신흥학교로 옮긴(1926) 때부터였다. 일제는 신앙과 교육을 겸
한 기독교 학교를 심히 탄압했다. 그래서 기독교 학교 졸업생은
상급학교에 진학도 하지 못했고 직장에 취직하지도 못했다. 그
런 자격을 가지려면 일본이 정한 규정을 따라 '지정학교'가 되어
야 하는데 첫째 일본인을 비롯한 자격자를 교사로 채용해야 했

고, 둘째 시설 기준이 충족되어야 했고, 셋째 일본이 정한 교과과정을 따라야 했다. 또한, 학생들이 총독부 학무국에서 제출한 시험을 치러서 그들의 수준이 일본이 인정하는 고등보통학교의 수준과 같다는 것을 보여주어야 했다. 인돈은 이 어려운 과정을 거쳐 광주 수피아 여학교와 함께 전주 신흥학교를 총독부 지정학교로 인가를 받았다. 그러나 1937년 일제가 신사참배를 강요하자 이듬해 남 장로교 선교부 산하 10개 학교는 과감히 폐교했다.

제2차 세계대전 후 일본의 압제가 풀리고 선교의 자유가 주어지자 기독교 학교에는 더 많은 학생이 홍수처럼 밀렸다. 그리고 이제는 고등교육인 대학을 설립해 달라는 기독교인의 호소가 높아졌다. 그러지 않아도 선교부는 대전에도 선교지회를 하나 더 만들어 호남지역의 교육센터를 만들고 목회자 양성과 선교사 자녀들의 교육도 할 수 있게 해달라는 요청을 미국 본부에 보낸 상태였다. 따라서 1948년 5월에 순천에서 열린 전후(세계 2차대전 후) 제2차 연례회 때는 한국에 대학을 세우게 해달라고 미국 본부에 정식으로 청원하는 결의를 하였다. 대학의 위치는 모든 조건이 충족되는 경우 광주로 하되 차선은 전주로 한다는 내용이었다. 이것이 허락되자 1949년부터는 대전에 토지 구매를 시작하였다. 그러나 구매계약을 완수하고 계약금을 냈으나 잔금도 치르기 전에 6·25 사변이 발발하여 선교사들은 또 급히 철수할 수밖에 없었다.

수복 후 드디어 1954년 5월 전주에서 있었던 전후 제8차 연차대회에서 대학의 위치를 최종결정하는 회의를 하게 되었다. 대학의 위치는 대전, 전주, 광주, 순천의 네 지역 중 하나로 압축되

나는 어떻게 기독교인이 되었는가

고 밤 10시에 최종 투표를 하게 되었다. 그동안, 네 지역의 대표들로부터 충분한 의견을 들었으므로 결선투표를 하기로 했는데 어떻게 하면 하나님의 뜻을 묻는 투표가 되겠냐는 생각으로 단번에 장소를 결정하는 형식이 아니고 한 지역씩 탈락시키는 방법을 택했다. 첫째 순천이 탈락하였다. 다음은 전주였다. 이제 두 지역의 결선투표만 남았는데 어느 곳이든 2/3 표를 얻어야 한다는 원칙만 채택하고 정회했다. 하나님의 뜻을 묻기 위해 하룻밤 더 기도하고 숙고한 뒤 신중히 투표하자는 뜻이었다. 다음날 투표 결과는 대전이었다. 이것은 전혀 예상치 못한 곳이었다. 대전 선교거점에는 선교사들이 이사해 살 집도 아직 없었으며 다른 지방처럼 기독교 중·고등학교가 있지도 않은 곳이었기 때문이다. 대학은 이렇게 하나님의 뜻을 따라 세워졌다.

교육학 석사인 인돈(William A. Linton) 교장이 대학위원회 의장이 되고 대학위원으로 조요섭(전주), 유화례(광주), 서의필(목포), 김기수(순천), 구바울(병원) 등이 위원으로 위촉되어 대학설립을 본격적으로 서두르게 되었다.

대학위원회는 이제는 1954년 6월부터 대학이 세워질 부지를 답사하기 시작했다. 그래서 현재 행정관의 위치는 결정되었다. 거기에 참석한 예수병원 원장이었던 구바울(Paul S. Crane) 원장은 다음과 같이 회상하였다.


그곳은 남향이었고 앞으로는 과수원을 바라보고 나직이 경사를 이룬 아름다운 푸른 논이 깔린 곳이었다. 낮은 구릉 위에는 작은 토담집이 있었는데, 집 앞 나무에 끈이 뒤엉킨 염소 한 마리가 매여있었다. 우리는 이곳에 대학의 중심이 될 건물인 행정관을 짓자고 결정하였다. 나무에 매여있는 염소는 덤불에 뿔이 걸려, 이삭의 생명을 구했던 아브라함 이야기를 생각나게 했다. 이것은 새로운 대학의 출발을 위해 좋은 징조였다.

또한, 대학위원은 대학의 사명 선언을 채택하였다. 그것은 아래와 같다.

사명 선언(Mission Statement)

한남대학교의 사명은 그리스도의 정신으로 국가와 인류를 섬길 수 있는 유능한 지도자를 양성하고 기독교 세계관을 바탕으로 방대한 학습 분야에서 새로운 지적 전선을 개척하는 일이다. 성경의 진리, 자유 및 봉사는 모든 가르침과 배움의 핵심이다. 이 핵심이 가르치는 자와 학생들 자신의 인격에 스며들도록 도와야 한다.

한 대학이 세워지면 그 대학이 사회와 세계를 위해 무슨 사명을 가지고 태어났는지 그 정체성이 분명해야 한다. 대전대학은 기독교 세계관을 가지고 국가와 인류를 위해 섬길 수 있는 인재를 양성한다는 뚜렷한 사명을 가지고 우렁찬 울음소리를 내고 세상에 태어난 대학이다. 즉, 대전대학은 흔히 말하는 한국에 세워진 또 하나의 대학이 아니었다.

대학위원회는 1955년 1월 회의를 거쳐 대전대학 설립허가서

나는 어떻게 기독교인이 되었는가

를 문교부에 제출하였다. 그러나 문교부는 시설이 정규대학 시설 기준에 너무 미달이라고 반려하였다. 그리고 우선 대전 기

당시의 대전대학 행정관과 교실 및 기와지붕

독학관(基督學館)으로 인가를 받는 게 어떻겠냐는 충고를 받았다. 이에 따라 1956년 학관 인가를 받자 바로 4월 입학식을 거행했는데 그것이 성급한 결정이었다. 학관은 정규대학이 아니었다. 1955년부터 계속 대전대학은 설립 신청을 하고 있었지만, 연기되고 드디어 정규대학이 인가를 받은 건 3년 뒤인 1959년이었다. 그해 입학 연도부터 1학년을 모집하였으므로 기독학관 학생을 2, 3학년으로 새로 세운 대학에 받아 줄 수가 없었다. 결국, 대학은 실책을 인정하고 학관 학생들을 숭실대, 중앙대 등에 편입생으로 등록금을 부담해서 보내야 했다. 학관 학생들은 불평이 충만했다. 그뿐 아니라 대전 시민들도 대학에 실망했다고 말했다. 미국 본토의 작은 문리과대학을 그대로 옮겨 오정골에 학교를 세운다고 해서 지방민들은 땅을 사는데도 협조했다. 또 미국의 교육 제도를 그대로 가져와 자녀들을 가르친다고 해서 시민들은 환호했는데 결국 개교하고 보니 세례교인만 입학시켜 자기네와는 관계도 없는 대학을 만들었다는 것이었다.

　1959년에 인가를 받은 대전대학은 기독학관에 수·물과를 하나 증설해서 입학정원 120명의 대학으로 시작했다. 나는 이런

대전대학에 1963년 3학년으로 편입했다. 내가 들어간 수·물과는 학생이 네 명인데 소속 교수는 5명이나 되었다. 그래서 한 사람이라도 수업에 빠지면 1/4이 빠지게 되어 수업에 빠질 수가 없는 학과였다. 그런데 한 사람은 성적 장학금, 또 한 사람은 실험 조교로 일하고 있어 등록금을 제대로 내고 다니는 학생은 두 사람뿐이었다. 이 대학은 학생 수에 연연하지 않고 어떻게 기독교 세계관으로 세상에 나가 섬길 지도자를 기를 것인가에 전념하고 있는 대학이었다.

내가 어린애 셋을 둔 만학의 학생으로 대전대학 수·물과 3학년으로 편입하게 된 것은 기전학교 교장으로 계셨던 한미성 교수의 특별한 권고 때문이었다. 그분은 정말 나를 아끼고 있었다. 입학금과 첫 학기 등록금을 제공해 주겠다고 제안했으며 영문과 과장인 자기의 조교로 일해 달라고 부탁했다. 내가 가족을 부양하기 힘들 것이라는 이유 때문이었다. 대학 역사상 그런 일은 있을 수 없는 일이었다. 어떻게 수학과 학생이 영문과 과장의 조교가 될 수 있다는 말인가? 그러나 나는 수락하였다. 학생 출결 검사를 하고, 숙제 검사, 한 교수에게 온 편지의 답장 쓰기 등을 했다. 그 밖에도 학생들의 영어 회화를 돕기 위해 대전 계족산 아래 장동(현 대덕구)에 있는 미군 기지촌의 사병들을 밤에 초청하여 그들에게 쿠키를 준비해서 제공하고 영문과 학생들과 묶어주는 일도 했다. 그런데 내가 이 대학의 수·물과에 입학하여 기숙사 생활을 하면서 놀란 것은 이 대학은 매일 아침 8시에 20분씩 채플이 있어 학생들은 거기에 출석해야 했다. 새벽기도를 매일 드리는 기분이었다. 거기다 모든 학생이 성서 과목을 필수로 이

나는 어떻게 기독교인이 되었는가

수해야 했다. 나는 편입했기 때문에 졸업에 필요한 필수과목인 성서 과목을 2년에 압축하여 수강했다. 따라서 신·구약 개론, 선지론, 바울서신, 일반서신, 성서 지혜문학, 성서 계시문학, 교회사 등을 나는 다 필수과목으로 18학점을 이수해야 했다. 이 대학은 교회 생활의 연장이요 신학교 학생이 된 느낌을 주는 곳이었다.

나는 기전학교 교사로 있던 61년 여름 문교부 해외 유학 시험을 통과하였다. 그래서 선교부에서 시행한 해외 유학 시험에 도전하게 되었다. 1962년 8월에 유학을 떠날 시험은 1961년 12월 광주에서 있었다. 그때 나는 예수병원 의사로 있는 어떤 장로와 함께 합숙했다. 한방에서 자는데, 그분은 자기 전에 기도하고 아침에 눈을 떠보니 또 기도하고 있었다. 남이 보는 데서 그런 기도를 드리는 것에 익숙해 있지 않던 나는 그냥 누워 있었다. 그러나 자신이 꼴사납게 느껴지고 불안하였다. 그렇지만 끝내 일어나지 못하고 이불 속에서 속으로 기도하였다.

"하나님 제가 여기까지 시험 보러 왔습니다. 최선을 다하겠습니다. 안 되면 또 다른 길을 열어 주십시오. 지금까지 저를 인도하시듯 앞으로도 길을 열어 주십시오. 제가 따르겠습니다. 하나님, 그러나 기왕이면 오늘 시험을 잘 보게 해주십시오."라는 기도였다. 시험 결과는 불합격이었다. 그때 한 교장으로부터 선교부의 그해 방침은 기독교 지도자를 양성하는 대전대학 교수들을 우선으로 뽑았다는 말을 들었다. 나는 한순간 매우 분개했다. 응시 자격에 대학 졸업자라는 말은 없었다. 그러나 나는 내 욕심에 사로잡혀 앞을 보지 못하고 있었다. 어떻게 선교부에서 장학금을 주어 미국에서 학부부터 박사까지 나를 키울 생각을 하겠는가? 나에게 결과를 알려준 분은 한 교장이었는데 그때 하얗게 질린 나를 보며 측은한 표정으로 위로해 주었던 그분을 나는 잊을 수가 없다.

한 교수는 기전을 떠나서 대전대학으로 옮기면서도 그런 나를 잊지 않고 있었던 것 같다. 그래서 나를 이 학교로 초청했으며 나는 도저히 혼자서는 결단할 수 없는 결단을 내리고 이 대학에 오게 된 것이다. 더 크게 생각해 보면 하나님은 나를 이 학교를 통해 더 성숙한 기독교인으로 신앙 훈련을 시키고 싶으셨던 거라고 생각된다. 나는 입학한 한 학기 동안은 한 교수의 조교로 있었지만 둘째 학기 때부터는 성적 장학금도 받았으며 시내에 개인 교사 자리도 구해 열심히 뛰게 되었다. 그러나 내 신앙의 훈련은 대학생 성경연구회로 계속되었다.

당시 한 교수는 대전지구 성경연구회 UBF(University Bible Fellowship)를 창설하고 대학생 성경 연구모임을 시작하고 있었기 때문이다.

내가 대전대학에 들어간 1963~1964년에는 대학가에 대학생 성경연구회(UBF, University Bible Fellowship)라는 단체가 뿌리내리기 시작한 때였다. 대전의 한미성 교수와 광주의 배사라(Miss Sarah Barry) 선교사 중 누가 이 일을 먼저 시작했는지 또 공동으로 시작한 것인지는 잘 모르겠다. 그러나 한 교수는 영문과 학생 지도뿐 아니라 UBF의 일을 활발히 진행하고 있어서 나는 그분 일을 도왔다. 나는 성경을 묵상하고 그 말씀의 진리에 따라 내 가치관을 바꾸어 가는 일에는 열심이었지만 다른 사람을 전도해

　　　　　　나는 어떻게 기독교인이 되었는가

서 이끌어 오는 데는 매우 서툰 사람이었다. 그래서 UBF라는 단체에 대학생들을 인도해 오는 것도 잘 못 했다. 외국 사람이 영어로 성경 공부를 가르치니 함께 모여 영어도 배우고 성경 공부도 하자는 정도였다. 그러나 UBF의 목표는 대학생들이 바른 성경 공부로 참 기독교인으로 거듭나는 일이었다. 문제는 대전의 모임은 20, 30명으로 미미했는데 광주의 배사라 선교사가 인도하는 UBF는 300명이 넘으며 독자적인 회관도 가지고 있다는 차등 의식이었다. 그뿐 아니라 광주의 회원들은 대전의 회원들도 광주의 수련회에 참가해서 자기들을 본받으라고 도전해 왔다. 그곳은 신학대학원을 마친 강도사가 전임으로 뛰고 있었는데 전도할 만한 학생 하나만 만나면 그가 오토바이를 타고 달려가서 죄를 회개하자고 말한다고 한다. 죄가 뭔지도 모른 사람을 붙들고 그렇게 말하기가 쉬운 일이 아니다. 상대방이 어리둥절하고 있으면 강도사는 자기가 지은 죄를 숨김없이 이야기하는데 결국, 상대방도 동감하고 자기도 죄를 눈물로 회개를 하게 된다고 한다. 그런 뒤 강도사는 서로 붙들고 울며 기도하는데 떠날 때는 형제는 앞으로 울지 말고 속으로 눈물을 삼키라고 다짐하게 한다고 한다. 눈물을 흘리고 나면 카타르시스가 되어 주님의 일을 밀고 나가는 추진력이 없어진다는 것이다. 이런 과정을 겪고 나면 그 학생은 결코 떨어져 나가지 않으며 어떨 때는 너무 심취해 등록금을 회관 운영비로 전부 바쳐버리기도 한다고 한다. 이런 유대가 서로 비밀을 나누어 가진 공범 의식에서 인지 아니면 진정한 신앙의 결단에서인지 판단하기는 쉽지 않다. 그러나 언제나 감성은 지성을 압도한다. 우리의 행위를 결정하는 것은 이성적인 지식이 아니고 감성적 의지다. 그들은 이렇게 해서 결속된 한 단체가 된다. 회관에서 친목 모임은 서양식 다과가 아니라 한국 엿가락을 나눈다. 애국가도 부른다. 그들은 이렇게 주체적인 민족정신도 불어넣어 주어 300명을 만들었다.

1964년 1월 한 교수는 나에게 대전도 겨울 방학을 이용한 UBF 수련회를 준비하라고 거금 36,000원을 주었다. 이것이 얼마나 큰 돈인지는 내 한 달 용돈이 2,000원인 것에 비하면 곧 알 수 있다. 나는 일주일 전 한 교수 댁에서 여덟 사람의 임원들을 소집해 2박 3일의 준비기도회를 했다. 끝나는 날 모두 돌림 기도할 때는 너무 열심이어서 끝나고 나니 기도한 시간이 2시간이 넘었었다. 충남대생으로 새로 임원이 된 사람이 있었는데 아마 놀랐는지 그 뒤로는 모습을 드러내지 않았다. 나도 그렇게 기도 강행군을 한 것은 그것이 처음이었다. 그러나 나는 "쟁기를 잡고 뒤를 돌아보는 자는 하나님 나라에 합당치 않다"라고 자신에게 외쳤다. 그렇지 않으면 나는 이 수련회를 성사시킬 수 없었기 때문이다. 서울 기독교 대학의 한 교목을 모셔 와서 수련회는 21일부터 4박 5일 은혜스럽게 마쳤다. 그러나 수련회의 열매는 많은 인원동원에 있는 것이 아니고 하나님께서 이 모임을 어떻게 쓰려 하시는지 지켜보는 데에 있다는 것을 깨달았다.

한 교수는 미국으로 귀국하고 이 모임은 그 뒤 광주의 UBF에 흡수되었다. 이창우 강도사는 이제는 광주는 든든하게 섰으므로 대전을, 그리고 다음은 서울을 공략할 차례라고 말하더니 결국, UBF는 서울을 본부로 둔 전국적인 단체가 되었다. 대전에서 활동했던 김정일 형제는 후에 서울에서 UBF의 중심 지도자가 되었다. UBF는 회원이 독일에 간호사로 파송되면 바로 그녀를 UBF 선교사로 임명하여 파송하였다. 이렇게 해서 UBF는 드디어 세계적인 단체까지 되었다.

수련회를 마치고. 맨 뒤 좌측이 김정일 동문. 후에 전국 UBF의 간사로 활약이 컸다. 앞줄 좌 한미성, 강사, 임춘복 전도사. 전주에서부터 많이 도운 분.

이렇게 나는 대전 신앙 그룹을 인도하고 시내에 UBF 회관을 두고 모여서 한 교수의 인도로 성경 공부를 하며 이 일이 끝나면 시내에 개인 교사로 그들을 가르칠 수밖에 없었다. 따라서 아내와 애들에게는 어쩔 수 없이 무심했다. 아내와는 편지 연락이 있을 뿐이었다. 다음은 아내의 편지이다.

1963년 12월 7일

밖에서 요란한 눈보라 소리 때문에 잠이 깼습니다. 시계를 보니 10시 40분입니다. 당신과 헤어진 지 일 년이 되어갑니다. 당신은 지금 시내에서 성경 공부를 끝내고 버스로 귀가할 시간인 것을 깨닫고 일어나 기도했습니다.

더불어 기르던 삼 남매

…당신은 이번에는 무슨 특별한 일이 생겨도 다 제쳐두고 집에 오시겠지요? 자고 일어날 때마다 딸 지희와 손가락을 펴고 당신 오실 날을 세어 본답니다. 이제 꼭 이 주일 남았습니다. 당신 오실 것을 생각하고 작은 방과 큰 방 모두 도배를 마쳐 놓고 주인 오기만 기다리고 있답니다. 어제는 지희가 "아빠는 언제 오신다냐?" 해서(당신에게는 경어를 쓰고 저에게는 해라 한답니다) "크리스마스 날" 했더니 "오늘 왔으면 쓰것다"라고 하기에 "오늘은 안 돼. 아빠는 공부하시고 시험 보시고 오셔야지"라고 하자 "아이 그래도 오늘 오시면 쓰겠다."하고 엉엉 울었답니다. 애들이 아빠가 매우 그리운 모양입니다.

…오실 때 대전에서 완행으로 오시면 버스가 없어 송정리에서 하룻밤을 주무셔야 하는데 24일 특급으로 오십시오. 차비 치이는 70원입니다. 4시 반에 송정리를 발차하는데 5시 10분에 이곳 학교 앞에서 버스는 정차합니다. 연락 주시는 대로 버스 정류소에서 기다리겠습니다.


**1964년 12월 11일**


3일부터 시작했던 김장은 8일에 끝이 났습니다. 아이들은 모두 감기를 앓고 있습니다. 기침을 몹시 하고 열이 오르내리고 밥을 먹질 않습니다. 코가 메고 음성이 변해서 석(둘째)이는 변성기의 소년 같은 소리를 냅니다. 충주(의사인 큰처남이 있는 곳)에서 지어온 감기약만 먹는데 효과가 있는 건지 없는 건지 알 수가 없군요. 14일이 석이의 두 돌입니다. 그런데 아빠는 남의 집 아이 과외 공부 지도하

나는 어떻게 기독교인이 되었는가

느라 방학에도 나타나지 않고 370일 동안에 석이는 아빠 품에 몇 번이나 안겼는지 고아처럼 가련한 생각이 듭니다. 이제는 흙을 파 먹고 살더라도 얼굴 맞대고 함께 울며 굶으며 지냈으면 좋겠어요. 지난번 충주에 갔다 올 때는 한 나흘, 철(첫째)이와 지희를 떼어놓고 갔다 왔는데 철이가 날마다 버스가 올 때면 정류장에 나가 있었답니다. 그러다가 엄마를 보자 달려들어 울고 어린애들 셋이 모두 무릎에 올라와 법석을 떨었는데 그때는 정말 곁에 없는 아빠가 원망스러웠답니다. 졸업 후 기전학교로 복교하는 문제는 어떻게 되었는지, 또 방학 때부터 기전학교에 와서 가르쳐 달라던 것은 어떻게 해결하셨는지 궁금합니다. 그렇게 된다면 기전학교의 1, 2월분을 미리 땅겨 받아서 아예 이사할 수는 없는 건지 알고 싶습니다. 이곳에서 저희의 생활비를 부족하지만, 부모님께 매월 드리고 있는데 막내 도련님의 대학 등록금과 작은아가씨의 중학 등록 및 하숙비, 거기다 큰아가씨의 진학 문제들이 겹쳐서 아버님이 경제난에 시달리기 시작하시자 가끔 노하시는 것을 보고 너무 불안합니다. 작은 도련님에게는 장학금을 받지 못하면 대학을 그만두어라. 딸들에게는 중학교만 마치고 가사에 종사하라. 나도 정년이 다 되는데 은퇴할 집이 없다. 이러시면 우리는 모두 불안에 떨어야 하고 더구나 저는 우리 때문에 이 문제가 이렇게 되었다는 결론 같아서 너무 괴롭습니다. 그러나 외국 유학까지 결심하시고 시작된 공부인데 모든 것이 후회가 없도록 결정이 되었으면 하고 기도하고 있습니다. 또 대학에 남고 싶다는 생각은 어떻게 정리가 되었는지 제 머리로는 가닥을 잡을 수가 없습니다. 작은오빠는 한 오천 원 대전으로 송금해 주시겠다고 했는데 아무 연락이 없었는지요. 기간이 없는 무이자니까 마음 놓고 쓰십시오. 아무 도움이 되지 못해 죄송합니다. 대학 2년의 결산인데 너무 가정과 금전에 구애받지 말고 현명한 판단 있으시기를 빕니다.

이것은 내 회신이다.

1965년 1월 23일

편지가 너무 늦어졌습니다. 대학에 남는 일은 결국 과장 비서로 있는 일인데 보수가 적어 그것으로는 생활할 수가 없습니다. 다시 기전여고로 돌아가겠습니다. 그곳에서는 방학 중부터 와서 근무해 주기를 원하고 있습니다. 그러나 여러 가지 이유로 차일피일 미루고 있었더니 언제까지 수학 교사 자리를 비워 두고 기다릴 수 없으므로 12일 12시까지 책임이 따르는 회신을 하라는 강경한 독촉이었습니다. 그래서 3월부터 근무하겠다고 회답을 하였습니다. 같이 상의할 시간이 없어서 그리된 것을 용서하십시오.

2월 15일부터 18일까지 졸업시험, 19일 사은회, 20일 성경 연구반 졸업 예배, 21일 대학 졸업 예배입니다. 1월 16일 자 조 교장 선생님의 편지 일부를 소개합니다.

…오 선생의 하는 일과 미국에 빨리 가고자 하는 일이 서로 맞물려 마음의 방향을 흐리게 함은 당연한 일로 알고 나는 지금까지 기다리면서 주님의 뜻대로 그리고 오 선생님을 조금이라도 더 큰 그릇으로 들어 사용하실 것을 기대해 온 것은 사실입니다. 그러나 선

나는 어떻게 기독교인이 되었는가

생님도 알다시피 언제까지나 기다리고, 언제까지 참고만 있을 수는 없을 것입니다. 이제 결심을 해야 하고 또 결심과 작정을 한 후에는 사회에서 이해할 만한 책임이 따라야 합니다. 우리 학교에서는 12일(1월)에는 신년도의 교사진용을 완성해야 합니다. 채용발표를 해야지요. 그러므로 오 선생님의 태도를 더 확실하게 나타내야 할 시일도 얼마 남지 않았습니다. 우리 직원으로 확정이 되면 학교 형편이 우선 되어야지요. 인간 조○○, 늘 약하고 흔들리고 우유부단하지만, 학교는 그럴 수가 없지요. 학교의 명령은 엄할 것이며 학교는 사람들 때문에 손해를 볼 수 없어야 할 것입니다. 더군다나 하나님이 주인인데 약속을 어길 수 없지 않아요? 언제 기전에 오시겠다는 뜻을 밝혀 주시면 그 사신을 받는 대로 채용 결정을 할 것입니다. 늦어서는 안 되겠습니다. 12일 12시까지는 알아야 합니다.

오 선생님이 오시면, 부탁은 교회는 개척한 성암교회로 정해 주시고(태평동) 사택 관계는 학교에서 얼마를 빌려 얻는 방식을 취하시고, 담임은 고2의 어느 한 반을 맡아야 하실 것이며 따라서 고2의 수학을 가르쳐야 할 것이고…등등입니다. 여학교 교사로서 기쁨을 갖고 부임할 결심이 있으시기를 빌고 펜을 놓습니다.)


모든 내용에 동의하고 2월 22일까지는 집을 하나 구해 달라고 기전여고에 부탁했기 때문에 그때쯤 화물을 보내고 24일(수요일)에는 전주에 오도록 하십시오. 저는 이달 23일까지 가정 교사 자리를 정리하고 서울 동생 집에서 한두 주정도 지내면서 국립도서관에서 간단한 자료를 좀 수집하겠습니다. 이것은 내가 수련회를 통해 훈련한 기도의 결과입니다. 주님께서는 선하게 인도하실 것을 믿습니다.

2년 전 전주를 떠날 때의 생각이 납니다. 독수리라도 잡을 듯한 기상으로 떠났는데 부모님과 당신에게 덧없는 고생만 시켰습니다. 이제는 피할 수 없는 현실이, 허울 좋은 욕망의 낙오병들을 이끌고 옛 성터로 귀환하는 모습을 보는 것 같습니다. 그러나 나는 뒤늦게 믿기 시작했지만, 하나님의 명령을 거역한 적은 없습니다. 기전여고에 갈 때부터 나는 내가 원해서가 아니라 하나님께서 이끄시는 길을 따라 걸었다고 말하고 싶습니다. 내가 기전을 떠날 때, 같이 학교를 잘해보자고 붙들어 준 분을 뿌리치고 떠났는데 이같이 다시 거두어 주니 조 교장께 감사할 뿐입니다. 또 대전대학에서 공부한 것을 결코, 후회하지 않을 것입니다. 나는 결국 나일 수밖에 없지만, 이 년 전의 나와는 차원이 다른 내가 되어 있는 것을 믿기 때문입니다. 여기서 연단한 것을 하나님께서는 쓰실 것을 믿습니다.

나는 어떻게 기독교인이 되었는가

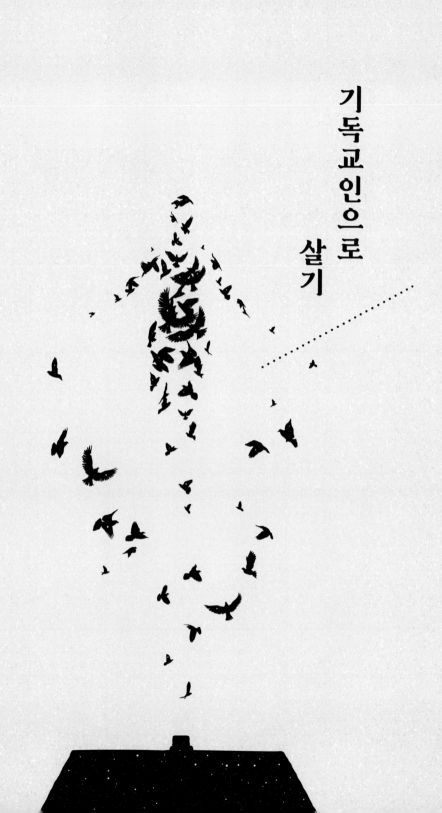

기독교인으로

살기

## 다시 돌아온 기전학교(1)

돌아보면 1960년 기전학교로 오기 전 나는 하나님은 없다고 선언하고 살던 사람이었다. 그런데 기전으로 다시 돌아가려는 1965년 단 5년 사이에 나는 많이 변했다. 하나님이 세상을 창조하시고 우주를 주관하신다는 이성으로는 도저히 납득할 수 없던 일이 믿어지기 시작했다. 이제는 이성을 초월한 영성의 세계; 어제도 오늘도 내일도 없는 무한차원에 계시는 하나님을 믿을 뿐 아니라 나를 맡기고 기도하며 그분의 뜻대로 살겠다고 내 생각이 바뀐 게 신기하기만 했다. 지금까지의 모든 일을 돌아보면 그것이 나를 사랑하신 하나님의 은혜였다고 생각되었다. 내가 내 미래를 설계해서 한 걸음 한 걸음씩 걸어와서 지금 이 자리에 이른 것이 아니었다. 누군가 전능하신 분이 나를 그곳으로 옮겨 놓았다는 생각이 드는 것이었다. 어떻게 기전학교에 오게 되었는

나는 어떻게 기독교인이 되었는가

가? 내 초등학교 동창이 어떻게 전주에 미리 와서 나를 기다리고 있었는가? 한미성 교장이 왜 그곳에 계셨으며 어떻게 나를 그렇게 사랑하시게 되었는가? 내 합리적인 이성으로는 도저히 짜 맞출 수 없는 퍼즐이었다. 신앙의 맹신자들이 흔히 말하듯 하나님을 믿고 그를 따르자. 미래가 안 보이면 인내하고 고난을 이길 힘을 달라고 기도하고 기다리자. 하나님의 뜻이 이루어지도록 '기다리는 것'이 신앙인의 지세다. 내게 일어나는 모든 일은 하나님의 은혜라고 생각하고 그 은혜를 누리고 감사하자. 이것이 5년 사이에 내가 겪은 가치관의 변화였다. 기전학교가 나에게 기독교 가치관을 심어준 곳이라면 대전대학은 나를 성경 말씀으로 단련해 준 곳이었다.

　나는 유학의 꿈도 잠시 잊고 1965년 초의 신기하고 신선했던 기전학교로 다시 돌아왔다. 그러나 그동안 기전학교는 몸집이 커져 처음 알기 시작한 처녀의 신비한 자태를 벗어버리고 집 나갔던 남편을 맞아주는 아내 같은 모습으로 덤덤히 누워 기다리고 있었다. 한미성 교장은 선교사였고 조세환 교장은 철저한 한국인이었다. 교장 자리를 인계할 때부터 앞으로 학급수와 학생수는 늘리지 말아 달라고 '적은 수로 알차게'를 한 교장은 주문했지만 조 교장은 이에 3일간을 반대로 맞섰던 협상이었다. 그러나 드디어 조 교장의 승리로 이 협상은 끝났다. 조 교장은 그렇다면 자기는 떠나겠다고 선언했기 때문이었다. 미국의 원조 없이 학교를 운영하려면 학생 수 증가밖에는 학교 존립은 불가능했기 때문이었다. 그 뒤로 그는 학교 확장에 진력해 내가 떠난 바로 그 해에 고등학교 9학급, 중학교 2학급으로 증설하고 내가 들어간 해부터 4층 건물을 짓기 시작하고 있었다. 교사 수도 늘어났고 황선현 교감을 영립하고 도약의 준비를 하고 있었다. 이제 나는 같이 일해보자는 동료가 아니라 고용된 한낱 교사였다. 먼저 내게 주어진 의무는 연구 주임을 맡아 줄 것, 고2 수학을 담당해 줄 것, 학교에서 개척한 교회에 출석해 줄 것 등이었다.

내가 연구 주임으로 이곳에서 첫 번째 시도한 건 교장의 명에 따라 시행하는 학과별 연구수업이었다. 해당 학과의 선생들이 모두 참여해서 연구수업을 참관하고 방과 후에는 수업 평가를 해서 학생들에게 양질의 교육으로 봉사하자는 것이었다. 그러나 이 일은 교장의 강력한 지시에도 불구하고 좋은 호응을 받지 못하였다. 수업 지도안을 쓴다는 것과 그것을 위한 여러 가지 자료수집과 교편물 준비 등이 업무량을 가중했다. 그런 짓 하다가는 진학지도는 못 한다는 것이었다. 또 동료들의 수업을 참관하고 잘했다, 못했다 떠들어대는 일 자체가 못돼먹은 일이라는 것이었다. 수업하는 동안 판서, 수업 태도, 학생 반응, 목표에 대한 성취도, 교편물의 활용도 등을 객관적인 자로 측정하여 이러쿵저러쿵 말장난하자는 것인데 그것이 돼먹은 짓이 아니며 형식적이며, 보이기 위한 수업이며, 진학지도에 역기능을 한다는 것이었다.

이런 반대에도 불구하고 연구수업은 계속되었다. 문제는 나이가 많은 이 학교 선생이 연구수업을 하게 된 일이었다. 그분은 연구수업을 노골적으로 반대하는 분이었다. 기독교 학교에서는 교육에 그런 세속적인 방법을 도입해서는 안 된다는 것이었다. 하나님의 뜻에 따라 학생들을 사랑으로 보살피고 있으면 그들의

나는 어떻게 기독교인이 되었는가

장래는 하나님께서 인도한다는 것이었다. 그는 연구수업이 배당되자 나이 많은 사람을 어린 사람들 앞에서 우세(부끄러움을 당함)시키려 한다고 얼굴을 붉히었다. 그러나 그 주장은 용납되지 않고 연구수업은 진행되었다. 그리고 수업 결과는 교장의 노여움으로 끝났다. 결론은 한 달 동안 유료 휴가를 줄 테니 시내 모든 학교를 돌면서 사회학과 수업을 참관하고 오라는 지시였다. 교장의 생각은 좋은 학교는 교사의 질이 개선되어야 한다는 지론이었다. 좀 지나치다는 생각이 들었으나 나는 잠잠하였다. 솔직히 나도 교장과 같은 생각을 하고 있었기 때문이었다. 하나님께서 이 학교에 맡겨준 학생들을 지도하는 데는 경영자로서 최선을 다해야 하며 교육기관은 자선단체가 아니므로 자기발전이 있을 수 있도록 언제나 자극이 주어지고 이런 경고에도 아무 효과가 없는 교사는 교체되어야 한다는 생각이었다. 그러나 옳은 일에 최선을 다하고 나면 마음이 흐뭇해야 할 터인데 그러지 못했다. 교장은 좋은 선생을 확보하기 위해 전국적으로 채용공고를 내서 서울대, 이대, 경희대 등 젊은 선생들을 채용했다. 곧 이 학교를 떠나도 개의치 않았다. 당시 교사 중 이향아, 오세영, 이운룡 같은 미래 시인들이 재직했고 '혼불'의 최명희 작가가 이 학교의 출신이었다. 그때 교회에서 제일 많이 쓰고 내가 다루기 힘들었던 용어가 '은혜스럽게'였다. 모든 행정 처리는 모나지 않고 '은혜스럽게' 처리해야 한다는데 나는 '은혜스럽게' 문제를 해결하는 것이 너무 힘들었다.

　　내가 이곳에 있으면서 두 번째로 시도한 것은 이동수업과 분단학습이었다. 이 학교의 교장은 의욕이 왕성했다. 꿈이 모습을 나타내고 그것이 실천에 옮겨진다는 것은 그리 쉬운 일이 아니다. 그러나 이 학교의 교장은 성경을 통해 환상을 많이 보는 분이었다. 그는 믿음으로 확신을 가지면 어떤 새로운 아이디어도 실천하는 일을 주저하지 않았다. 이 학교에 대학을 졸업한 지 얼마 되지 않은 과학 교사가 있었는데 그는 실험기구가 부족한 이 학교에 와서도 불평이 없었고 자기 사비로 실험기구를 제작하여 학생들을 지도하고 있었다. 그때 그의 꿈은 과학 교실을 하나 갖는 것이었다. 실험기구를 들고 이곳저곳 옮겨 다니는 것이 너무 어려웠기 때문이었다. 절대 교실이 부족했던 우리는 이 교사의 꿈을 실현하고 더욱 일반화하기 위해 이동수업을 고안해 냈다. 과학 교실뿐 아니라 국어, 수학, 미술, 음악 교실들을 만들고 학생들이 대학처럼 이동해 다니며 공부하는 이동수업안이었다. 거기다가 수업 형태는 분단학습을 하기로 하였다. 그래서 학급마다 학습이 잘되도록 6~8명씩 분단을 만들어 공부하고 실험하는 것인데 이를 위해 지금까지 쓰던 책상을 치워버리고 원탁 테이블을 주문하여 각 교실에 배치하게까지 되었다. 나는 지금도 분단학습을 위해 원탁 테이블까지 만들어 학습한 중고등학교가 있었다는 말을 듣지 못하고 있다. 이런 이동수업과 분단학습은 급속하게 실천에 옮기게 되었다. 학생들의 이동상황을 조사하는 가상 모델을 미리 만들어 시뮬레이션으로 이동수업의 적부를 판단하는 그런 절차가 필요한 것인데 교장이 보는 하나님의 계시 앞에서는 무력하였다. 우리는 다른 학교보다 오 년이나 십년은 앞선 교육을 실험할 생각이었다. 아무튼, 매일 출애굽 같은 대혼잡 가운데 이동수업은 시작이 되었다. 첫 번째 문제는 휴

나는 어떻게 기독교인이 되었는가

식 시간이 부족하였다. 끝 시간을 잘 지켜주지 않으면 다음 시간에 맞추어 학생들이 이동할 시간적 여유가 없었다. 이에 대해 휴식 시간을 12분으로 하자는 안이 나왔으나 단순성이 빠진 계획은 영속성이 없었다. 둘째는 복도가 좁고 이동 인구가 많아 복도 전체가 먼지투성이였다. 물을 뿌려도 해결이 안 되어 결국, 마스크를 하고 다니는 학생이 많아졌다. 셋째는 학생들의 가방이 무거워서 계속 들고 다니기가 힘들어 팔 병이 날 지경이었다. 이를 위해 개인별 교과서를 없애고 각 특수 교실에 필요한 인원만큼 교과서를 배치하여 누구나 빼볼 수 있게 하자는 안이 나왔다. 특수 교실에 들어오는 학생 수만큼 교과서를 비치하는 것이므로 경제적으로 어려운 학생이 교과서를 사지 않아도 되어서 퍽 좋은 생각이었다. 그러나 학생들이 그것을 원하지 않았다. 밑줄 치고 낙서하고 자기 마음대로 책을 쓰고 싶어 했다. 분단학습은 우열학생을 잘 섞어서 리더를 하나씩 두고, 주어진 문제를 서로 토론해서 답을 내고 분단 학생 중 잘 모르는 자는 그중 우수학생이 도와주는 형식이었는데 시간 중 충분히 토론할 시간이 부족했고 또 학생들이 그런 학습에는 익숙하지 못했었다. 그뿐 아니라 이런 학습 방법 때문에 우수학생은 친구들에게 너무 시간을 빼앗겨 공부를 못하게 되고 전혀 수업 진도를 빠르게 할 수 없을 뿐 아니라 우수학생을 바보로 만든다고 아우성쳤다. 하나님께서는 창의적인 정신과, 협동하는 정신 등으로 인성을 개발하는 걸 원하시며 뛰어난 성적을 올리는 학생을 원하시지는 않을 것이었다. 그러나 이 계획은 실패로 돌아간 게 분명했었다. 나는 무엇이 하나님의 뜻인지 분간하기가 힘들었다. 나는 너무 괴로운 나머지 꾼 꿈이겠지만 이상한 꿈까지 꾸었다. 혼자서 큰 천막을 치려고 기를 쓰는 꿈이었다. 천막을 치려는데 폴대가 없었다. 나는 기를 쓰고 손으로 천막을 떠받들려 했지만, 천막은 바람에 쓰러지곤 했었다. 꿈을 깨고 나는 참으로 외롭게 이 계획을 밀고 나가고 있다고 생각했다. 교장 외에 나를 지지해 주는 세력이 없었다. "주는 나를 돕는 이시니 내가 무서워하지 아니하겠노라. 사람이 내게 어찌하리오."(히 13:6)라는 말은 이 상황에 해당하지 않는 것 같았다. 내가 성령을 앞선 것이었을까?

세 번째로 이 학교에서 시도하려 했던 것은 대단위 학습이었다. 교수 방법이 뛰어난 교사가 충분한 시간을 가지고 필요한 교편물을 준비하여 대단위 수업을 하고 토론이 필요하거나 개별 지도가 필요한 내용은 소단위로 지도하면 훨씬 능률적이라는 이론에 근거한 것이었다. 이것은 연세대의 오 교수에 의해서 고무된 방법이었는데 여러 고등학교에 호소해 보았지만, 반응이 없었던 모양이었다. 오 교수는 이 학교의 크기가 대단위 학습을 실험하기는 가장 알맞으며, 교사들이 연구심이 높고 의욕적이어서 성공할 확률이 크다는 것이었다. 무엇보다도 교장의 구미를 당기게 한 것은, 만일, 이 대단위 수업을 시도하고 함께 계획을 세워 협력하면 백만 원 정도의 연구비를 지원하겠다는 제안이었다. 그때 우리들의 평균 봉급은 만 오천 원이어서 백만 원의 연구비는 큰돈이었다. 그러나 이 계획에도 대부분 선생이 반대하였다. 그렇게 좋은 계획이면 다른 학교에서 왜 안 했겠느냐는 것이었다. 모든 학교가 외면한 대단위 수업을 왜 우리 학교만 찬성하여 모험하며 실험대에 오르느냐는 것이었다. 나는 이런 고정

관념은 과감히 깨뜨리고 도전해야 학교가 발전한다. 설명 위주의 주입식 교육을 앵무새처럼 분필과 입만 가지고 똑같은 내용을 여러 교실을 다니며 같은 말로 가르치고 다닐 것이 무엇인가? 한 교실에 많은 학생을 집어넣고 충분히 준비한 교편물로 능력 있는 교사가 한번 잘 지도하면 될 것이 아닌가? 라고 설득하였다.

이 방법에는 또 진학지도가 문제가 되었다. 전 교과과정을 고2까지는 다 떼고 고3 때는 입시 준비 수업만 해야 하는데 도대체 대단위 수업이니 뭐니 한가한 미국 교육 흉내나 내고 있을 때냐는 이야기였다. 결국, 진학과 아무 상관이 없는 성경 과목에 이를 적용하기로 하였다. 이 결정에는 교목들이 불같이 화를 냈다. 기독교 학교에서 성경 과목이 도대체 교육 방법 개선의 이용물이 될 쓸 수 있느냐는 반론이었다.

기독교 학교일수록 성경 과목을 더 잘 가르치도록 연구할 필요가 있다. 특히 성경은 전 학년이 배우기 때문에 대단위 학습을 시도하기에 가장 알맞고 채플로 쓰는 대 강당이 강의실로도 가장 적합하다. 또 성경 교재는 이 학교 학생들의 특성에 맞도록 개발된 것이 아니므로 다년간 이 학교 학생들을 가르친 경험을 토대로 교목들이 교재를 재개발하여, 한 시간 단위로 수업하기 쉽게 재구성하면 훨씬 특성 있는 수업을 할 수 있다. 이렇게 개발된 교재의 내용에 맞는 삽화를 구해서 잘 배열하여 환등기로 대단위 수업을 하되 그 내용의 설명은 성우들을 시켜서 하기로 한다. 30분 슬라이드 수업, 10분 토론 그리고 10분 퀴즈 이런 식으로 수업을 진행한다면 학생들의 성취도는 배가 될 것이다.

그리고 이에 필요한 모든 경비는 교비와 연구비를 반반으로 내어 부담한다. 이런 내용이었다. 이것은 나에게 퍽 신선하고 매력적인 교육개혁 프로그램이었다. 그러나 성경 과목은 세속 학문과 차원이 다르며 특히 이를 실험 도구로 쓰려는 발상은 창학이념에도 어긋난다며 이런 처사는 이사회에서 먼저 논의되어야 할 일이라고 격분하였다.

교목실의 권위, 교회의 권위, 성직자의 권위 등은 견딜 수 없는 갈등을 가져왔다. 나는 기독교 학교의 교목은 목사이면서 동시에 교사이기 때문에 교사로서 성경 공부를 가르칠 때는 다른 평교사와 마찬가지로 지도안까지도 시간마다 써야 하고 연구부에 제출하여 결재를 받아야 한다고 주장했다. 모든 과목은 가르칠 때 시간마다 목표가 있고 가르칠 내용이 있다. 따라서 효과적인 교육 방법은 지도안으로 객관화되어야 한다. 그러나 문제는 목사는 평교사에게 결재를 받을 수 없다는 권위 문제였다. 예수님은 천국을 전파하면서 자기의 권위를 주장한 적이 없다. 그러나 내가 이 학교에 있는 동안에는 이 대단위 수업 계획은 실천되지 못하였다. 나는 이런 일로 기독교인으로 많은 갈등을 느꼈다.

내가 기전학교로 복직해서 연구 주임으로 많은 갈등과 시행착오를 거듭하고 있을 때의 일이다. 어느 날 도 교육위원회에서 한 공문이 왔다. 동서문화연구소(East West Center)에서 미국의 과학·수학 교사 재교육을 하는데 한국에서도 과학 및 수학에서 각 한 사람씩을 뽑아 보내라는 연락이 와서 공문을 이첩한다는 내용이었다. 각도에서 과학·수학 교사 2명을 각각 추천하기로 했는데 전북에서는 공립에서 하나 사립에서 한 사람 해서 2명을 추천키로 하고 사립에서는 기전학교를 선정했다는 것이었다. 외국을 가기 위해 4년이나 준비해 온 나에게 이것은 얼마나 좋은 기회인가? 더구나 그 많은 사립학교 중에서 이 학교가 선택되었다는 것은 하나님의 뜻이 아니고 무엇이겠는가? 그러나 나는 나를 보내 달라는 이야기를 교장에게 차마 할 수가 없었다. 대학을 졸업하고 다시 복직한 지 겨우 일 년이 좀 지난 때였다. 그리고 많은 새로운 교육 프로그램을 진행하고 있었다. 결국, 우리 학교에서는 과학·수학 교사의 희망자 중에서 특수 교실을 갖기 원하던 과학 교사가 추천되었다. 나는 오히려 잘 되었다고 자위하였다. 교장에게 또 떠나겠다고 말할 수 없었을 뿐 아니라 아내에게도 다시 떨어져 있자는 말을 꺼낼 용기도 없었다. 나는 2년이라는 공백기를 갖고 있었기 때문에 새로 방을 얻는데 힘들었고 곗돈, 이자 등을 내고 나면 월말에 받을 돈이 얼마 없는 때였다. 말하자면 봉급은 다 바치고 과외비로 사는 때였다. 낮에는 시달릴 대로 시달리고 또 밤늦게 수학 과외를 했는데 하루는 얼마나 피곤했는지 가르치다가 잠들어버렸었다. 깨어나 보니 책상에 엎드려나는 자고 있었고 학생들은 다 가버리고 없었다. 그런 경황에 아내에게 다시 떠난다는 말을 할 수가 없는 처지였다. 그러나 눈을 감으면 잠이 오지 않았다. 왕복 여비와 교육비, 생활비를 다 부담하는 뛰어난 장학금이었다. 나는 수학 교사 중에는 적격자가 없어 갓 들어온 과학 교사 한 사람을 추천하면서 아브라함이 그의 조카 롯과 가나안에서 거처를 정하면서 여호와의 동산 같은 비옥한 요단들을 바라보면서 롯에게 네가 먼저 선택하라. 네가 좌하면 내가 우하겠고 네가 우하면 내가 좌하겠다고 말했던 아브라함의 아량이 하해와 같음이 새삼스럽게 느껴졌다.

선정된 과학 교사가 서류를 준비해서 낸 후 이 주일쯤 지나서도 교육위원회에서 통지가 왔다. 교육 경력이 3년 미만이기 때문에 안 된다는 것이었다. 결국, 나에게 기회가 온 것이었다. 나는 어렵게 교장실에 가서 이야기했다. 이것은 최종 선발이 아니므로(8개 도와 서울시까지 고려하면, 적어도 9:1의 경쟁이었음) 나에게 응시할 기회를 주었으면 좋겠다. 비록, 선정이 되었다 하더라도 보내고 안 보내는 것은 교장의 재량에 있으므로 그때 재고하면 된다. 이렇게 설명을 했다. 그리고 겨우 허락을 얻어 서둘러 서류를 갖추기 시작했다. 그때 교장의 표정으로는 (설마 합격하랴. 이 풋내기가 유학, 유학하고 그 꿈을 버리지 못하니 이 기회에 된맛을 한 번 보게 하는 것도 괜찮겠지. 이제 겪이고 나면 모든 것을 포기하고 주저앉아 나와 함께 학교에 남겠다고 사정하지 않을까?) 이랬으리라고 생각되었다. 서울고등학교의 생물 선생과 내가 전국에서 최종으로 선발된 것을 안 것은 1966년 봄 새 학기가 시작된 뒤의 일이었다. 그때 내가 놀란 것은, 교장이 선선히 나를 놓아준 것이었다. 이 결정은 그리 쉬운 게 아니었다. 미국에서 재교육을 받는 15개월 동안 봉급 반액을 지급하지 않으면 합격을 취소한다는 단서가 붙어 있었다. 기전학교의 교장은 금전에 인색하다는 평을 받는 분이었다. 그런데 그가 어떻게 이런 결정을 쉽게 할 수 있었는지는 하나님의 권고 없이는 있을 수 없는 일이었다. 이런 일은 이 학교가 생긴 이래 그전에도 없었고 30년이 다 되어 가는 지금까지도 있었다는 말을 들은 적이 없다. 나는 이 학교에 그리고 이

나는 어떻게 기독교인이 되었는가

교장에게 지금도 큰사랑의 빚을 지고 있다.

　하나님의 계획은 일 년 육 개월 동안 나를 다시 기전학교로 보내어 경제적인 기반을 갖게 하고 그곳에서 나온 봉급으로 가족이 생활하게 하며 나에게 예상하지 않았던 장학금을 받게 하여 유학의 기반을 굳혀 주시는 풍성하고도 놀라운 것이었다. 나는 고국에 돌아가 성전을 지으라고 아닥사스다 왕의 재가를 받은 느헤미야처럼 기뻤다.

## 동서문화센터(EWC)

　동서문화센터(East West Center)의 장학금은 나에게 부자 나라의 낯선 생활에 눈을 뜨게 했다. 그리고 내가 밀착해 살던 땅에서 처음으로 고공에 떠올라 우리나라를 객관적으로 내려다보는 계기를 마련해 주었다. 그뿐

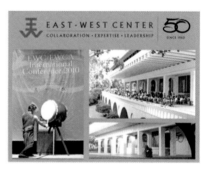

EWC 50주년 기념행사 때의 사진.
사진은 Jefferson Hall

아니라 그때까지는 기독교 학교에서 신자들에 둘러싸여 닫힌 사회에서 생활하고 훈련을 받다가 이제는 열린 불신사회로 나아가 기독교인으로 홀로 서는 훈련을 하는 때를 맞았다.

　이 동서문화센터는 그 정식 명칭이 동서간의 문화 및 기술교

류센터(The Center for Cultural and Technical Interchange between East and West)라는 긴 이름인데 이를 약해서 EWC라고 부르고 있었다. 1960년에 설립되어 미국과 아·태(아시아·태평양) 지역 학자, 학생, 및 훈련생들에게 장학금을 주어 미국과 아·태지역 나라 간의 상호관계와 이해를 증진하는 것을 목적으로 하고 있었다. EWC는 매년 미국과 40여 아·태지역에서 2,000여 명의 학생, 훈련생, 학자들을 동서의 중간 지점인 하와이라는 섬을 택해 한 어항 속에 집어넣고 서로 몸을 비비며 살게 한 것이 특징이었다. 하와이 대학은 이곳에 모여든 장학생들에게 학문을 가르치고 특히 미국과 아·태지역의 문제들, 즉 통신 문제, 문화 문제, 식량 문제, 인구 문제, 그리고 동서기술개발 문제 등을 서로 토론하여 EWC가 문제 해결의 장이 되게 한다는 목표를 갖고 있었다. 따라서 각 나라 학생들과 교제하며 그 나라의 문화에 친숙해지며 문화적 차이를 해소하도록 학생들에게 왕복 여비, 학비, 책값, 기숙사비, 그리고 매월 생활비로 $150을 주고 있었다. 이것은 풍성한 장학금이었다. 당시 우리나라의 1인당 국민 소득은 $125이었고 미국은 $3,846일 때였다.

1966년 6월 14일 처음으로 비행기라는 것을 타보았다. 비행기로는 제주도 여행도 안 해본 때였다. 그때는 외국 여행이라는 것이 드물어 한 사람만 미국을 가도 한 무리의 환송객이 공항에 나와 찬송가(우리 다시 만날 때까지…)를 부르고 환송하곤 하던 때였다. 미국을 가는 사람이 그렇게 적었다. 그뿐 아니라 절차가 얼마나 복잡하고 어려웠는지 절차에 수개월이 걸렸고 또 다된 것으로 알고 거창한 송별 파티를 여러 번 하고 난 뒤도 비자가 나오지 않아 못 가는 사람도 많던 때였다. 그러나 이 미·국무성 초청의 여행 비자는 전혀 어려움이 없었다. 한 가지 어려움이 있었다면 공용 비자여서 외국을 갔다가 돌아오지 않으면 보조했던 모든 비용을 책임지겠다는 재정 보증이었는데 내 경우는 대학 때 가정 교사로 있었던 가정에서 쾌히 승낙해 주어 아무 문제가 없었다. 하나님께서 원하시면 모든 일이 쉬웠다. 그러나 아내도 학교도 또 동료 교수들도 모두 고생을 하고 있는데 나만 특별히 뽑힌 것이 미안할 정도였다.

동경에서 6시간을 지체하고 다른 비행기로 옮겨 탔는데 나는 외톨이였고 첫 비행기 여행이었기 때문이었는지 좀처럼 잠이 오지 않았다. 기내에서 계속 무엇인가 먹을 걸 주고 있었다. 식사 시간에 웨이트리스가 포도주병을 들고 기내를 돌며 내 옆자리 친구에게 백포도주를 따랐다. 그러면서 나는 어떻게 하겠느냐고 물었다. 향긋한 술 냄새가 코를 찔렀다. 오랜만의 냄새였다. 나도 똑같은 것으로 달라고 말했다. 이것이 내가 다시 술을 입에 대기 시작한 첫 사건이었다. 또 그때에는 기내에서 면세품을 팔면서 세 가치가 든 담배를 선물로 나누어주고 다녔다. 나는 이 담배를 피워 물었다. 양담배란 국내에서는 사장족이나 집에서 몰래 피던 사치품이었다. 나는 공개적으로 그 맛을 음미해 볼 셈이었다. 처음에는 약간 어지러웠으나 이내 옛날의 느낌으로 되돌아왔다. 이래서 다시 담배를 입에 대기 시작했다. 못된 버릇은 잠복기가 있어 그 증상이 곧 밖으로 드러나는 모양이었다. 나는 한순간에 불신세계에 동화되고 있었다.

동경에서 6시간을 기다리고 비행기를 탔는데도 호놀룰루에 도착한 것은 같은 날 아침 10시 20분이었다. 밖에 나오니 중년 부인이 피켓을 들고 섰다가 나를 맞아주었다. 꽃으로 목걸이를 만든 '레이'를 걸어주고 '알로하'하고 여성이 껴안는데 정말 내가 미국에 온 모양이라는 생각이 들었었다. 짙은 꽃향기가 내 코를 알알하게 했다. 좀 눅눅하면서도 훈훈한 대기가 꽃향기로 가득 차 있는 듯했다. 나는 내가 드디어 꿈꾸던 미국, 하와이에 왔다는 생각으로 희열이 온몸을 한순간 스쳐 지나가는 걸 느꼈다. 드라이브하는 모든 거리는 꽃이었다. 공장지대도 파인애플 냄새로 꽉 차 있었다. 이곳이 유명한 파인애플 공장인 '돌 컴퍼니(Dole Company)'라고 나를 마중 왔던 여인은 말했다. 그녀의 영어는 동양인의 억양이 섞인 듯한 생소한 말투였다. 하와이는 세 가지가 유명한데 설탕과 관광과 파인애플이라고 말했다. 그녀는 자원봉사자였다. 어찌나 친절했는지 하와이 대학 내에 있는 숙소에 닿자 입교 절차를 도와주고 내가 한인교회가 있느냐고 묻던 것을 기억해서 전화번호부에서 번호까지 찾아 적어주고 떠났다.

　방 배정을 받자 처음으로 침대 시트라는 것을 끼워서 침대를 만들었다. 그리고는 쏟아지는 잠을 못 이겨 그곳에 쓰러져 버렸다. 처음 외국 나들이였기 때문에 얼마나 긴장했는지 거의 한숨도 자지 않았었다. 생각해 보니 열아홉 시간을 뜬눈으로 보낸 셈이었다. 잠을 깨자 어스름한 밤이었는데 안경까지 쓴 채 잠이 들어서 어떻게 누워 잤는지 안경다리가 부러져서 쓸 수 없게 되어 있었다. 미국 가면 안경이 비싸서 하나 여분으로 사 가라는 충고를 거절했던 것이 후회되었다. 돈 아끼더니 미제 안경을 써 보겠

　　　　　　　나는 어떻게 기독교인이 되었는가

구나 하고 쓴웃음이 나왔다. 키가 큰 녀석이 방 안으로 들어서더니 인사를 청하였다. 자기는 파키스탄에서 왔다는 것이었다. 내가 잠든 사이에 이 방에 배정된 녀석인 모양이었다. 앞으로 친절하게 지내자고 말하며 나더러 저녁을 먹고 오라고 권했다. 식당엔 작년에 온 한국 학생들이 몇 사람 보였다. 반가워하는 표정도 없이 한 학생이 갑자기 나더러 영화 보러 가지 않겠느냐고 물었다. 이 영화는 너무 좋아서 지금 한 달째 상영을 계속하고 있는데 이제 보지 않으면 기회를 놓친다는 것이었다. 나는 오늘 막 도착했고 이렇게 안경다리가 부러졌기 때문에 아무 정신이 없다고 말했다. 안경다리는 이 밤에 어쩔 수 없지 않으냐, 그러나 이 영화는 이번 기회가 가장 좋다고 했다. 며칠 있으면 여름 첫 학기가 시작되고 또 가고 싶어도 차편이 없어 못 가니 지금 가보는 게 좋을 것이라고 강권하였다. 그날 밤 각자 얼마씩 냈는지 기억은 나지 않는다. 그러나 이것이 내가 미국 영화관에서 본 첫 영화였다. 제목도 모르고 그냥 가서 앉아 있었다. 뮤지컬이었다. 음악과 경치는 퍽 좋은데 그 줄거리는 도저히 머리에 들어오지 않았다. 미국에 오니 반 청각장애인이었다. 남이 웃으면 영문도 모르고 따라 웃어야 했다. 거기다가 안경까지 부러져 반소경이었다. 스스로가 한심스러워 다리가 부러진 안경을 눈에 대고 손으로 붙들고 있다가 또 떼었다가 하고 있는데 불이 환히 켜지며 사람들이 웅성웅성 일어나기 시작했다. 내가 '가자!' 하고 큰소리를 치고 일어나는데 옆에 친구가 지금은 영화가 끝난 것이 아니며 인터미션으로 중간에 쉬는 시간이라고 일러주었다. 앞으로 반절이 또 남았다는 것이다. 우리나라에서는 영화 중간에 쉬는 일이 없었는데 이건 또 처음 겪는 충격이었다. 나는 휴게실에 나가 담배를 한 개비 달라고 해서 피웠다. 그 뒤로는 아예 담배를 사서 다니면서 피게 되었다.

이것이 내가 미국에서 처음으로 받은 문화적 충격이었다. 이때 본 영화가 '사운드 오브 뮤직'이었다.

내 방은 '할레마노아(남자들의 전당이라는 하와이 말)'라는 이름을 가진 13층 건물의 11층이었다. 내 방에서 내려다보이는 호놀룰루의 풍경은 그림처럼 아름다웠다. 그림엽서에서나 볼 수 있는 다이아몬드 헤드를 굽어보고 있으면 그 밑으로 지상의 낙원이라고 불리는 와이키키 해변이 나른하게 누워 있는 여인의 나체처럼 투명하게 보였다. 기숙사 뒤쪽으로는 곱게 깎인 잔디가 구릉을 이루고 있었는데 스프링클러가 신기하게 원을 그리며 물을 주고 있었다. 건너편에 '할레쿠와히네(여자들의 전당이라는 하와이 말)'라는 여자 기숙사가 보이고 그 중간에 남녀 학생들이 휴식할 수 있는 제퍼슨 홀이 자리 잡고 나직이 서 있었다. 나는 그곳 제퍼슨 홀의 널찍한 의자에 앉아서 중앙으로 천장이 뚫린 이 홀의 이 층에 40여 개 외국 국기가 걸려 있는 것을 보면서 기전학교의 이동수업 광경을 회상하였다. 어망에 잡힌 고기들처럼 우글대던 기전학교에 비해 이 홀은 사치스럽게 넓었다. 이 광대함, 이 부유함, 이 여유…. 이것은 기를 죽이는 일이었다. 조무래기 새들이 민주주의 어쩌고 하면서 자기들을 다스릴 왕을 뽑자고 할 때 큰 독수리 한 마리가 억센 발톱을 보이면서 "너희들은 이런 발톱이 있어?" 하고 호통을 치는 격이었다. 동창생도 친구도 없던 나는 무료한 오후를 의자에 앉아 담배 연기를 길게 내뿜으

나는 어떻게 기독교인이 되었는가

며 새로운 문화에 적응하려고 애쓰고 있었다. 이것은 불신사회에서 기전학교의 신앙 공동체로 뛰어든 것보다 더 심한 충격이었다.

미국에 와서 두 번째로 힘들었던 것은 향수병을 이겨내는 일이었다. 문화적 충격에 못지않게 하와이 특유의 감미로운 낭만은 홈씩(Homesick)을 가져왔다. 주말에 와이키키 해변으로 나가려면 아예 숙소에서부터 해수욕복 차림으로 차를 타고 나가는 것이었다. 어떤 한국 학생은 비행기 소리만 나도 갑자기 집이 그리워져 두드러기가 난 것처럼 내장이 가려워지고 미칠 것같이 된다고 했다. 거기다 EWC는 주말마다 여흥 프로그램을 계속 제공하고 있었다. 우쿨렐레(UKLELE: 만돌린 같은 하와이 악기) 강습과 홀라춤 강습, 하와이의 노래, 사교춤 강습 같은 것들이 그중의 하나였다. 동·서가 만나 서로 사귀고 지내는 연습의 일환이었다. 하와이의 노래는 어느 것이나 감미롭지 않은 것이 없었다. 그때 하와이 출신 가수로 유명했던 단호의 〈진주조개〉는 말할 것도 없었거니와 〈하와이 결혼 찬가〉, 〈해변 저 멀리〉 이런 노래도 하와이 특유의 감미로운 음률이 넘치는 것이었다. 홀라춤은 버들가지처럼, 또 흐르는 물을 보는 것처럼 온몸이 유연했다. 어떤 남학생은 허리와 엉덩이가 따로 노는 것 같은 홀라춤에 매료되어 저도 모르게 그 곁에 가서 엉덩이를 정신없이 쳐다보다가 뭘 보느냐고 호통과 함께 탐스러운 엉덩이로 떠밀어서 엉덩방아를 찧은 일도 있었다. 호놀룰루가 있는 이 오아후섬은 공부하는 곳이 아니고 관광의 도시였다. 달콤한 사탕수수와 파인애플 사이에 끼어 관광객이 정신이 몽롱해져서 돌아가는 그런 도시 같왔다. 내가 꿈꾸던 유학이 이것이었는가? 집에 두고 온 가족들이 문득문득 그리워져 견딜 수가 없었다. 이런 향수병은 여러 가지 방법으로 해소되어 갔다. 아내를 데려올 절차를 밟거나, 교회에 나가거나, 술집을 들르거나, 외국 이성에게 데이트를 간혹 신청하거나 하는 방법이었다. 몇 주일이 지난 뒤 아내에게서 편지가 왔다.

1966년 7월 15일

주 은혜 안에 평안하신 모습, 사진으로 뵙고 정말 반갑고 기뻤습니다. 당신은 아주 젊어 뵈더군요. 일 개월 동안에 젊어지기 공부만 하셨나 보죠? 좀 이국적인 인상까지 하는 모습 아주 귀여운 15, 16세 미소년 같았습니다. 지희가 "아빠가 더 예뻐지셨다. 미국 가면 다 예뻐지나 보다"라고 하더군요. 그러나 너무 좋아하지 마십시오. 저는 당신이 예뻐지는 것도 싫답니다. 화요일엔 애들에게 그림엽서를, 그리고 금요일엔 저에게 꼭꼭 편지가 왔었는데 이번에는 사진을 보내느라 늦어졌겠지만, 편지가 늦어 정말 맥이 빠져서 아무것도 손에 잡히지 않았습니다. … 지난주에는 박 장로님이 대예배 때 당신을 위해 기도해 주셨습니다. 당신도 우리 가정과 교회를 위해 꼭 기도해 주서요.

9월 2일 여름 둘째 학기가 끝나고 가을 학기 시작까지 일 주간의 여유를 이용하여 나는 EWC의 남자 기숙사에서 시내에 빌린 아파트(20분 거리)로 이주하였다. 기숙사의 수용 능력이 부족

나는 어떻게 기독교인이 되었는가

하이 희망사는 학교에서 빌린 시내의 아파트에 나갈 수 있어 생활비도 절약할 겸 그렇게 하기로 한 것이다. 사실 한국 학생들은 시내의 아파트 생활을 선호하였다. 그곳에는 냉장고와 오븐이 있어 마음대로 요리를 해먹을 수가 있었다. 교회에 나가면 한국 아주머니들이 담아준 김치를 갖다 먹었는데 대학 남자 기숙사에서는 같이 사는 외국 학생은 김치 냄새를 풍긴다고 한국 사람들이 많이 입주한 11층 기숙사는 게토(Ghetto; 유대인 강제 수용소)라고 우리를 증오했었다. 그러나 우리는 거기서도 개의치 않았다. 김치뿐 아니라, 라면도 끓여 먹고 된장국도 끓여 먹었으며 찌꺼기는 변기에 버렸는데 가끔 변기가 막혀 소동이었다. EWC에서 풍성하게 주는 장학금은 외국 학생과 교제하며 친교 하는 데 써야 하는데 아껴서 한국으로 가져갈 생각뿐이었다.

아파트로 옮기면서 내 룸메이트가 된 학생은 미국인 데이비드(David Honor)였다. 그는 피스코(Peace Corp; 미국 평화 봉사단)로 동양 지방을 다녀서 한국도 비교적 잘 알고 있는 총각으로 나에게 친절하였다. 그러나 잔소리가 심하였다. 세수할 때는 세면기에 떼가 낀다고 물을 틀고 흐르는 물로 세수하라. 밥 먹을 때는 식탁에 팔을 올려놓지 말라. 샤워를 자주 하라는 등등. 하지만 나에게 서양 요리도 잘 가르쳐 주었다. 예를 들면 프렌치토스트, 팬케이크, 에그프라이 만드는 법 등. 그도 한국 음식을 좋아하였다. 김치도 잘 먹었고. 그래서 그와는 헤어진 뒤에도 40여 년이 넘게 친구가 되었다. 그는 결혼 후에도 그의 딸들을 데리고 한국에 방문한 적도 있었다.

# 릴리하의 한인기독교회

내가 이곳에 온 뒤 귀국하
기까지 꾸준히 다녔던 교회
는 릴리하(1832 Liliha St.)에
있는 한인기독교회(Korean
Christian Church)였다. 이는
1937년 10월 3일 착공하여

1938년 4월 24일에 헌당한 교회다. 교회 건물은 입구가 광화문
처럼 만들어졌으며 기와로 된 이 층 누각 아래 아치형으로 되어
있는 일 층 문을 들어가면 그곳이 예배실이었다. 강대상 위에는
좌측에 성조기, 우측에 낡은 태극기가 걸려 있었다. 이 태극기
는 언제부터 걸려 있었는지 때가 끼고 더러워져 보기가 민망했
으나 아무도 별로 관심을 가지고 쳐다보는 사람이 없었다. 한국
에서는 교회 강대상에 국기를 세워 놓으면 우상 숭배라고 난리
가 난다. 그러나 이곳은 독립운동을 한 한인회관에 두 나라 국기
를 세워 둔 관례 때문이었는지 아무 거부감 없이 세워져 있었다.
그러나 누더기가 되어가는 태극기를 그냥 두고 볼 수가 없어 나
는 한국에 같은 크기의 태극기를 주문해서 세워 놓았다. 본당을
바라보고 우측에 꽤 넓은 정원이 있고 깊숙이에 친교실이 있었
다. 이 교회는 일부 예배는 한국 목사가 할머니와 할아버지를 상
대로 한국어로 설교하고 이부는 나이 든 미국 목사가 젊은이들
을 상대로 영어로 설교했는데 젊은이라야 듣는 사람은 2, 30명
이었다. 이민 3, 4세라고나 할까? 아주 젊은 친구들은 거의 나오

나는 어떻게 기독교인이 되었는가

지 않았다. 그들은 자기들은 미국인이라고 생각하고 있었다. 하기는 미국 시민권을 가지고 있으므로 미국인임에는 틀림이 없었다. 그들의 주장은 《한인기독교회》라는 간판에서 '한인'이라는 접두사를 떼지 않은 한, 교회는 성장할 수 없으며 교회는 교회 구실을 못 한다는 것이었다. 교회란 인종과 국경을 초월해서 누구에게나 열려 있어야 한다. '미국장로교회', '백인감리교회' 그런 이름을 들어 본 일이 있는가? 이 교회는 '릴리하 장로교회' 또는 '릴리하 기독교회' 이렇게 이름을 바꾸지 않으면 안 된다고 말했다. 교회는 지역사회 누구에게나 개방되어 있어야 한다는 그들의 주장은 일리가 있었다. 그러나 같은 미국 시민권을 가진 할머니들의 생각은 달랐다. 할머니들은 자기네가 죽은 뒤에 이름을 고치는 일은 상의하라고 결사반대하였다. 돈 주고 우리가 산 땅에 우리가 지은 집인데 왜 한인이라는 이름을 못 붙이는가? 누가 예배 보러 오든 반대하지 않는다. 그러나 이것은 우리 교회다. 이승만 박사가 계실 때는 자기들이 손수 돌을 날라 지은 교회요, 상해의 임시정부에 독립 자금을 보냈던 본거지다. 교인이 없으면 어떻냐? 여러 민족이 사는 다원화된 나라에서 조상 민족 고유의 교회도 가질 수도 있는 것이다. 할머니들의 자부심은 대단했다. 당시 이승만 박사는 미국 교민들의 우상이었다. 조지워싱턴대학, 하버드대학을 거쳐 프린스턴대학에서 1910년 박사 학위를 마쳤을 뿐 아니라 학업 중에도 또 그 후로도 미국 정계의 고관들을 만나 활발히 독립운동을 하고 있었기 때문이었다. 그는 호놀룰루에 와서 한인감리교회의 '한인 기숙학교' 학장으로 있었는데 여기서 '여자학원'을 만들어 독립하고 이것을 기초로

1922년 '한인기독교회'를 세웠다고 한다. 이것이 사실은 최초의 '한인기독교회'였던 것이다.

할머니들은 교회에서 일하는 것이 유일한 낙이었다. 학생들을 보면 그저 "우리 대한 청년들" 하면서 손을 잡고 감격에 넘쳐서 좋아 어쩔 줄을 모르는 것이었다. 병에 김치를 담아 와서 예배가 끝나면 김치를 들려 보내며 교대로 집에 불러 저녁을 먹여 보냈다. 이 호놀룰루에는 한인감리교회가 활발해서 교인이 많았는데 나는 입국할 때 자원봉사자가 적어준 전화번호 때문에 이 교회에 나오면서부터 계속 이 교회의 교인이 되고 또 찬양대원도 되었다. 대부분 학생은 외로움을 달래려고 이곳에 나왔는데 이곳은 교회가 한국처럼 보수적이 아니어서 전혀 부담감이 없었다. 예배를 드린다는 것이 아주 가까운 친척들이 모여 잔치를 하는 그런 기분이었다. 예배가 시작되기 전에 교인들은 깨끗하게 단장하고 와서 손을 흔들고 인사하거나 오랜만에 나온 사람들은 껴안고 수다를 떨며 잔디 위에 널려져 있는 벤치에서 담소했다.

교회를 다니다가 이 섬을 떠난 사람들이 이 섬을 다시 찾으면 화려한 옷을 입고 자랑삼아 친구들을 한 번에 많이 만나보려고 교회에 오는 것 같았다. 교인들은 또 친정에 들리는 식구를 맞는 것처럼 반가워 수다를 떨었다. 들고 온 도넛이나 준비해 놓은 커피를 누구나 먹고, 마시며 자유롭게 담소했으며 애연가들은 담배를 피웠다. 성가대원도 마찬가지였는데 그렇게 지내다가 "자 연습하러 갑시다"하고 지휘자가 손뼉을 쳐 신호하면 모두 담배를 비벼 끄고 연습장으로 들어가 가운을 갈아입었다. 헌금 주머니를 돌리는 일이 없다. 준비된 봉투에 이름을 적어 헌금함에 넣

　　　　　　　　　　　나는 어떻게 기독교인이 되었는가

는 것인데 누가 언제 헌금을 하는지 알 수가 없었다. 그러나 목사는 세금 공제도 있어 연말까지는 다 필요한 헌금을 내준다고 걱정하지 않았다. 한국에서는 교회에 오면 경건해지고 집에 가면 자유로워져서 해방된 것 같은 그런 느낌이 좀 들었는데 여기서는 밖에서의 생활이 긴장되고, 힘들고, 건조하며 교회가 오랜만에 친구를 만나고 쉬고 양로원을 찾아가고 하는 즐거운 잔치 장소 같이 여겨졌다. 그러다 보니 이곳이 세상 같고 교회 같은 생각이 안 들었었다. 성수주일이니, 십일조니, 새벽기도니, 철야기도니, 금식이니 이런 말도 없고 또 수요예배는 아예 없었다. 그러면서 어떻게 교회라고 할 수 있는가? 나는 긴장된 한국의 교회 생활에서 너무나 느슨한 미국의 교회 생활로 바뀌면서 적지 않은 당혹감마저 느꼈다.

이 교회에는 루시(가명)라는 중년 부인이 있었다. 고등학생인 딸을 가진 분이었는데 성격이 명랑하고 한국 학생들에게 그렇게 친절할 수가 없었다. 그녀는 한국 학생들을 보면 너무나 자랑스러운 모양이었다. 노동자가 아닌 학자 한국인을 만나는 게 자랑스러운 것이다. EWC 학생들을 만난 뒤로는 한국인 자체가 자랑스러워지는 듯했다. 직장에서 자기를 돕는 여종업원 수명을 거느리고 있었는데 그녀는 그들을 모아놓고 세계에서 가장 배짱 (Gut)이 좋은 사람은 어느 나라 사람이냐고 물어서 한국 "사람이요" 하면 점심을 사 준다고 말했다. 하와이에서는 한국 사람들이 노름꾼의 자식들이라고 천시당해 왔는데 EWC에 한국 대학생들이 들어온 뒤로 점차 명예 회복이 된 것이다. 특히 지난봄에는 선명회 무용단이 와서 부채춤을 추었는데 얼마나 하와이 사람들이 열광적으로 칭찬했는지 둘째 날에는 국적을 감추고 살던 한국인 2세들이 치마저고리를 입고 나와서 한국인임을 들어냈으며 또 한국 사람들로부터 한복 선물을 받은 외국 사람까지도 모두 한복을 입고 나와 자랑을 해서 적지 않게 국위가 선양되었다.

우리는 교회에 갈 때, 쇼핑하고 싶을 때, 또 외로우면 시간이 어떠냐고 물어서 루시를 끌어냈었다. 미국 독립 기념일에도 그녀는 기꺼이 시간을 내주었다. 우리는 알라모아나 쇼핑센터에서 그녀가 사 준 점심을 먹고 또 싫건 물건을 사러 돌아다녔다. 미제 물건을 좋아했던 때였다. 냉장고, TV, 아이스박스, 녹음기, 그리고 타자기 등 고국을 떠날 때부터 친구나 가족으로부터 여러 가지 주문을 받은 학생들이 많았다. 집으로 사서 들고 귀국할 것을 고르는 사람도 있었다. 대부분 1년이나 2년이면 귀국할 학생이었기 때문에 쇼핑에 흥미가 많았다. 쇼핑이 끝나자 드라이브하며 오아후섬을 일주했다. 민요로, 유행가로, 가곡으로 쉬지 않고 목청을 돋우어 불러댔다. 그녀는 목소리가 참 고왔다. 우리는 〈가고파〉를 가르쳐 주었고 그녀는 〈해변 저 멀리〉를 우리에게 들려주었다.

검고 찬 바다의 해변 저 멀리/ 내 사랑은 가고 꿈은 바랬네// 그러나 울지 않네. 후회하지 않네/ 그는 나를 기억할까? 벌써 잊었을까?// 아! 나는/ 계절풍에 실어 수많은 꽃을 보내리/ 나의 사랑하는 마음도 함께/ 그처럼 나는 사랑하네// 나는 아네/ 그가 다시 내 품에 안길 것을/ 그때까지 내 마음은 표류하네/ 해변 저 멀리를//

루시의 남편은 도박꾼이었다. 돈을 다 날리면 집에 돌아와서 울며 용서를 빌었다. 그러나 빚을 갚아 주면 다시 도박판에 뛰어들고 또 신수가 좋을 때는 여자를 차고 다니곤 했다고 한다. 당시는 라디오 방송에서 호텔 앞에 세워 놓은 차가 시한폭탄으로 날아갔다고 말하면 또 자기 남편이 관련된 것이 아닌가 하고 가슴이 떨렸었다고 말했다. 보통 돈 잃은 도박꾼이 하는 짓이었기 때문이다. 그녀는 남편과 헤어진 지 오래되었었다. 그리고 더는 남편을 기다리는 것 같지도 않았다. 그러나 그녀가 이 〈해변 저 멀리〉라는 하와이 노래를 부르면 감미로우면서도 슬프게 들렸다.

루시와 나는 교회가 끝나고 양로원 방문도 하였다. 한국인의 눈으로 본다면 시원찮은 교회, 교회 같지 않은 교회인데 여러 가지 봉사활동을 하고 있었다. 한적한 시골길을 한 시간쯤 달려서 야자수가 시원하게 솟고 관리가 소홀한 한 판잣집 앞에 차를 세웠다. 그녀는 도넛이 든 상자를 들고 나는 김치가 든 병을 들고 따라갔다. 노크도 없이 판자문을 열고 들어갔다. 앞치마를 두르고 머리가 반백이나 된 뚱뚱한 할머니가 반색하고 나오더니 루시를 안고 어깨를 두들겼다. 그녀가 루시의 어머니였다. 부엌 옆 홀에는 대여섯 분의 할아버지들이 질서 없이 앉아 TV를 보고 있었다. 그들은 출입하는 사람들에게 별로 관심이 없는 모양이었다. 모두 쭈글쭈글 늙은 할아버지들이었다. 루시는 아주 큰 소리를 질렀다.

"안녕하세요 여러분. 오늘은 여러분께 특별한 손님을 모시고 왔습니다. 한국에서 두 달 전에 온 이분은 '미스터 오'입니다."

그러자 방 안 분위기는 바로 변하였다. 모두 일어서서 나를 반기더니 한 노인이 나를 얼싸안았다.

"우리 씩씩한 대한 청년이 왔구먼."

그는 고목처럼 힘이 없었으며 손은 말라버린 나무껍질 같았다. 그들이 1903년 하와이의 설탕 농장으로 이민 온 노동이민자들이었다. 지금은 자녀들이 다 본토로 가버리고 거의 돌아보지 않은 그들을 이 섬에 남아 있는 교인들이 매주 교대로 방문해 주고 있는 것이었다. 젊어서는 어렵게 모은 돈을 독립 자금으로 보내고 멕시코에 노예 상태로 팔린 노동자들을 구해내기 위해 의연금을 냈던 분들이었다. 그러나 지금은 무기력하게 되어 죽음만 기다리고 있는 것처럼 보였다. 역사책에 임시정부에 독립 자금을 댄 재미 교포 어쩌고 하면 투사 같고 거인 같은 그런 모습이 떠오르는데 막상 보고 있는 이 할아버지들은 그런 기상이 전혀 없었다. 다만 '우리 씩씩한 대한 청년'이라는 어귀가 퍽 인상적이었다.

이 교회 성가대원은 20명도 되지 않았는데 크리스마스 때는 메시아 공연도 하였다. 세계에서 가장 배짱 좋은 국민은 한국인인지도 모를 일이었다. 지휘하는 조 씨는 걱정하지 않았다. 그는 하와이 원주민과 별로 구별이 안 되는 피부와 뱃심 좋은 든든한 체격을 가지고 있었다. 그는 우람한 목소리로 말했다.

"이번 크리스마스 시즌에는 와이키키 해변의 일류 호텔에서 메시아 공연을 한 번 해 봅시다."

12월 23일 밤 3개월 가까이 연습한 메시아를 와이키키 해변

일리카이 호텔의 로비에서 공연하였다. 관광객들은 훌륭한 메시아 공연을 보지 못한 사람들이 아니었다. 다만 이국적인 하와이에서 더욱 이국적인 흥분을 원하고 있을 뿐이었다. 그들은 한복을 입고 메시아 공연을 하는 색다른 이민족이 이채로웠을 것이다. 테너와 베이스, 소프라노에는 평소에 라디오 출연을 하는 한인 가수들이었으므로 우리는 그들을 믿고 대담한 모험을 시작하였다. 그러나 〈할렐루야〉 합창의 마지막 클라이맥스인 '할렐루야'에서 주어진 박자를 참아내지 못한 학생 중의 하나가 반 박자 먼저 '할' 소리를 발음했기 때문에 진땀을 뺐지만, 청중들은 모두 박수를 하고 칭찬했다. 미국 교회는 그런 곳이었다. 남에게 기쁜 성탄을 선사하고 우리는 모두 자기 돈으로 저녁을 먹고 자축하였다.

## 하와이 이민 50년사

하와이 대학의 도서관은 지하에 동양서(東洋書) 컬렉션이 따로 있었다. 이북에서 나온 책자나 초등학교 교과서 등도 진열되어 있었는데 그때는 반공교육을 어마어마하게 받던 때가 되어서 그 책들을 열어 보고 있으려면 누군가 보고 있지 않나 돌아보게 되고 오금이 저려서 오래 보고 있을 수가 없었다. 거기서 나는 『재미한인 50년사』라는 책을 보게 되었다. 그 책을 보면서 나는 충격을 받았다. 첫째는 한국 노동자들이 하와이 설탕 농장에 이민

오면서 떠나기 전에 일 인당 100불씩을 선지급해 받은 기록이
있었다. 그런데 그들 대부분은 그 돈을 배 안에서 한 달 이상 항
해하면서 투전으로 몽땅 잃어버린 일이다. 먹을 게 없어 죽으니
이민 간다는 각오로 나라를 잃고 살길을 찾아 떠나오면서 그렇
게 노름을 좋아했다는 게 믿어지지 않은, 어처구니없는 이야기
기였기 때문이다. 둘째는 이 대통령에 대한 새로운 면모였다.

그것은 장인환 사건에 관한 것
이었다. 1900년 초 미국인으로 한
국의 외교 고문이었던 스티븐스
(Durham White Stevens)가 샌프란시
스코에 와서 일본의 한국 지배는
한국에 유리하다는 등등. 침략 정
책을 찬양하는 발언을 지방지(San
Francisco Chronicle)에 발표한 일이
있었다. 이것은 나라를 잃고 노예
처럼 사는 한국인들을 격분시켰다. 이때 장인환은 스티븐스가
패리 정류장에 도착한 기회에 그를 총격 살해하였다. 재판이 열
리자 교포 사회에 장인환 구명 운동이 일어났다. 변호사를 사야
했는데 그때는 영어를 유창하게 하는 한국인이 별로 없었다. 그
래서 수소문하여 찾아낸 것이 '하버드대학에서 석사 학위를 받
은(실제는 재학 중이었음) 이승만을 통역으로 청하였다.'라는 것이
었다. 그런데 그는 '1908년 7월 16일 샌프란시스코에 와서 형편
을 살피고 통역을 거절했는데 그 이유는 …예수교인의 신분으

나는 어떻게 기독교인이 되었는가

로 살인자를 변호하는 재판 통역을 원하지 않는다'라고 기록하고 있었다. 어쩔 수 없이 교포들은 장인환, 전명운 두 의사의 재판을 후원하는 후원회를 만들고 미국 변호사 코그란(Nathan C. Coghlan), 페랄(Robert Ferral), 바렛트(John Barret)를 고용하였는데 코그란은 다음과 같은 변호를 배심원들 앞에서 했다고 기록하고 있었다.

...만일에 우리를 장인환의 처지에 두면 우리는 미칠 것이다. 우리의 부형과 친척이 일인의 손에 죽으며 우리의 강산이 일본 군대의 말먹이는 목장이 되며 세전(世傳) 하며 내려오던 건물들을 일본 통감이 차지하고 음모의 소굴을 만들면 우리 중에 미치지 않을 사람이 누구인가? 장인환도 사람의 마음을 가진 줄 알아야 공정한 판결을 할 수 있을 것이다.

한국의 재원을 일인이 채굴하고 양전옥토(良田沃土)를 일인이 경작하며 한국 사람은 굶어 죽게 되는데 분한 마음이 없으면 한국 사람이 아니오. 혈기 있는 사람으로 그러한 일을 당하고 분하지 않을 수 없을 것이며 그러한 일을 협조하는 사람을 보고 심상히 여길 수 없을 것을 생각하여야 공정한 판단이 있을 것이다.

배심원 여러분! 이 재판에 대하여 생각을 많이 하시오. 만일에 우리가 장인환을 죽이면 그 사람은 공의를 주장한 애국자인 까닭에 죽는 것이니 그것이 어찌 옳은 일인가? 애국자의 생명을 구하는 것이 참으로 의로운 일이 아니겠는가를 생각하여야 할 것이다.

이 변호는 당시 한국인들을 흥분하게 하고 울렸다고 한다. 나라를 구하려고 미국에 온 이승만이 하나님과 조국을 두고 "살인하지 말라."라는 하나님의 말씀 앞에 하나님을 선택한 것이 신앙인의 바른길이었을까 하고 많은 생각을 하게 했다. 황인종인 한국인이 백인을 총살했다는 뉴스는 백인 사회에 큰 충격이었다. 그는 그런 한인을 변호한다면 한미 외교가 어려울 것이라 생각한 것이었을까? 어떻든 그런 그의 결정 때문에 하와이는 의견을 달리한 20여 개의 애국 단체가 생기고 애국하던 노동자들은 일당 65센트씩 번 돈을 쪼개어 어느 단체에 낼지를 몰라 당황하였다. 이런 것들은 내가 전혀 상상하지 못했던 신앙인, 이 대통령에 대한 새로운 면모였다.

이 이민 50년사에는 멕시코 이민에 대한 비참한 이야기도 실려 있다. 1905년 4월까지 하와이, 이민이 계속되고 있는 동안 멕시코 국적인 영국인 상인 마이어스(John Meyers)는 1904년 멕시코의 에네켄(Henequen) 농장에 불법 이민을 추진하고 있었다. 에네켄은 해양업의 각종 선박에 쓰이는 '밧줄'의 주원료로 쓰이고 있어 당시 대호황을 누리고 있는 식물이었다. 그는 한국에서 대륙식산회사(大陸殖産會社)라는 이민 회사를 경영하고 있는 일본인과 결탁하여 5년 계약으로 농장에 사실상 농노로 파는 이민 모집을 하였다. 식산 회사 명의로 대리점이 있는 서울, 인천, 개성, 평양, 진남포, 수원 등 6개 곳을 통해 농부 모집 광고를 냈다. 이렇게 해서 모집한 계약 노동자는 1,033명이었다고 한다. 이들은 한국 집조(執照, 여행권)를 프랑스 공사를 통해 받고 모두 선금 150환씩을 받고 1905년 3월 6일 인천항을 떠나 멕시코 유카탄 베라크루즈에 5월 15일 상륙하였다. 그들은 유카탄, 메리다 지

　　　　　　　　　나는 어떻게 기독교인이 되었는가

방에서 3일을 지나며 멕시코 식민회사의 지시로 24개 농장에 배치되었다고 한다. 다음은 멕시코 메리다 지방을 방문한 인삼 장수의 이야기다.

본인이 멕시코 메리다 지방을 지나다가 한인이 있다는 말을 듣고 중국 사람에게 물으니 한인이 많이 왔으나 통역 두 사람 외에는 모두 농장 주인에게 팔려 온 까닭으로 농장밖에 출입하지 못하며 지극한 고생을 한다고 합니다. 그래서 한인이 있는 농장을 찾아가다가 길에서 한인 세 사람을 만나니 한 사람은 양복을 입었고 다른 사람은 홑 고의적삼에 발 벗고 가는 모양이 불쌍합디다. …이곳에 이민 된 동포들이 낮이면 불같이 뜨거운 가시밭에서 채찍을 맞아가며 일하고 밤이면 토굴에 들어가 밤을 지내며 매일 품값으로 25전씩 받으니 의복은 생각할 여지도 없고 겨우 죽이나 끓여서 연명할 뿐으로 그 처지가 농장 개만도 못하다 합니다. …농장에서 몸을 빨리 놀리지 않는다고 채찍질하며 만일에 몸이 피곤하여 일을 나가지 못하면 창고에 가두는데 그 학대를 견디다 못하여 도망하는 사람이 있으나 말 모르고 길 모르는 까닭에 중로(中路)에서 잡히어 형벌을 받고 금고 되어 있는 사람이 여러 십 명이라고 합니다. 수토불복으로 병 난 사람도 있고 토굴 속에서 자다가 독사에게 물린 사람도 있는데 만일에 중독되어서 오랫동안 병석에 있게 되면 무인지경에 내어다 버리며, 그렇게 되어 버린 사람들의 생사는 알 길이 없다고 합니다. 농장 주인이 일터에 나오는 때는 사방에서 십장(十將)들이 채찍을 들고 소리치는 모양은 소몰이하는 목장과도 같으며 그중에 통역 권병숙은 주인에게 잘 보이려고 공연히 욕질하면서 채찍질하는 것이 본토인보다 심악하니 그놈의 행위가 분하다고 합니다.

통역 권병숙이 다른 지방에서 오는 사람을 살피는데 만일 이민의 소식을 알려고 하는 사람이 있으면 농장 주인에게 보고하여 실정을 조사하지 못하게 합니다. 본인이 와서 있는 것도 권병숙이 보고한 까닭에 농장 주인이 매일 순경을 보내서 언제 가는 것을 묻고 동정을 살피므로 사정을 더 조사하지 못하고 일간에 미국에 가겠습니다.

이것은 인삼 장수 박영순이 북미 한인공립협회에 보낸 서신이다.

이 책을 읽은 뒤로는 이곳에 사는 한국 사람의 모습이 달리 보였다. 교회 할머니들, 루시, 양로원의 할아버지들…. 이들은 모두 역사의 산중인들이며 그 후손들이었다. 이름 없이 독립군을 후원하고 나라를 잃고 농장에 계약이민으로 팔려 온 동포들을 도운 사람들이다. 나는 가슴 아픈 이런 핏줄들이 이역만리에 살고 있다는 것을 깨닫지 못했었다. 이제는 한국에 돌아가도 이들의 모습을 지워버리기는 어려울 것이라는 생각을 하게 되었다.

## 귀국

한국에서는 제6대 박정희 대통령 선거가 끝나고 국회의원 선거유세로 시끄러울 때, 아내에게서 편지가 왔다.

나는 어떻게 기독교인이 되었는가

# 1967년 5월 29일

20일에 띄운 편지와 엽서를 한꺼번에 받은 뒤 아직 다음 소식이 없어 퍽 기다려집니다. 9월 2일에 귀국하신다면 오늘부터 꼭 96일이 남았는데 제대를 기다리는 군인의 심정이 이렇지 않을까 싶습니다. 미국 본토에 가서 한 학기 동안 공부를 한다는데 6월 20일 미시간 대학에 도착하여 숙소를 정하기까지 이제는 소식을 전해드릴 수 없을 것 같습니다. 6월 2일에 또 시험이 있고 4일에 출발하셔야 하고 8월 28일에 하와이에 도착, 그리고 9월 2일에 귀국하시려면 짐도 꾸려야지, 부쳐야지, 여러 가지로 바쁘고 피곤하실 것을 생각하면 걱정스럽습니다. 일생에 다시 있을지 없을지 모르는 본토 여행이므로 보람과 기쁨과 감사함으로 여행을 즐기십시오. 당신은 호기심이 많은 분이므로 너무 욕심을 부리다가 실수하지 않을까 걱정됩니다. 이곳 고등학교 선생들은 과로에 지쳐 병들이 나고 있는데 진단은, 휴양하라고 나온답니다. 전홍덕 선생이 배가 아프고 소화가 안 되어 미음만 마시고 살고 있는데 이건 신경을 너무 써서 생긴 병이므로 산에 가서 한 달만 쉬면 나을 것이랍니다. 김정락 선생도 목이 아프고 춥고 한다는데 이것도 쉬라고 한다지만 사회과목을 맡은 두 사람이 다 쉴 수도 없는 형편이어서 불편한 몸으로 근무를 하고 있답니다. 김준태 선생은 지난 27일 퇴원했는데 매일 택시를 타고 다니면서 치료를 받아야 하고 병원비도 4만 원이 넘어 모두 5만 원 이상을 썼답니다. 당신도 여기 있었다면 그 선생들 이상으로 일을 했을 텐데 하나님께서 뽑아 미국에 보내어 공부시키고 여행을 시키시니 하나님께서 편애하시는 것 같기도 합니다. 여행 중에도 건강에 유의하시며, 시간 나시면 이분들에게 위로의 엽서라도 보내십시오.

참 녹음해서 보내주신 테이프는 잘 받아서 재미있게 들었습니다. 그곳의 흥겹고 즐거운 분위기가 눈에 보이는 듯하였습니다. 특히 배경 음악으로 넣어 주신 하와이 음악은 퍽 아름답고 감미로웠습니다. 이국땅에서 울려오는 아리랑의 가락과 가야금 소리도 마치 내가 미국 땅에 앉아서 듣는 것처럼 애절하고 향수를 불러일으키기도 하였습니다. 특히 그 아름다운 목소리의 주인공이 고생만 하다가 학위도 마치지 못하고 떠나게 되었다니 섭섭했습니다. 당신 룸메이트가 당신과 아이들을 많이 칭찬해 주고 저에게도 정다운 목소리를 보내주어서 퍽 고마웠습니다. 어떻게 생긴 분인지 제가 궁금해한다고, 또 고맙다고 전해 주십시오. 또한, 그의 일본인 여자 친구 아이리스(Iris) 양의 카드도 잘 받았으며 고맙다고 전해 주십시오. 일본말로 직접 내가 회답을 써볼까 생각도 했는데 워낙 오래 안 쓰던 일어이고 또 그녀의 일어 솜씨를 보니 좀 기가 꺾이었습니다.

"この間は 黃い おさいふを 載きまして 有難う ございます。ほんとは そんなにまて して 下さらなかっても よかったのに すみません でした。大變 きれいな おさいふなんで 大切に 使わせで 戴きます。(그 사이, 노란 지갑을 받아서 감사합니다. 사실은 그렇게까지 해주지 않아도 되는데 미안합니다. 대단히 멋있는 지갑이어서 중하게 쓰도록 하겠습니다.)"

96일만 지나면 만날 수 있다는 생각을 하니 몸이 떨리며 기다려집니다.

나는 아내의 편지에서 돌아갈 학교의 모습이 선하게 보이는

나는 어떻게 기독교인이 되었는가

것 같았다.

　하와이 대학에서 두 학기를 보내자 나머지 한 학기는 미국 본토를 답사해 보고 본토에서 한 학기는 대학 공부를 경험하도록 짜인 게 우리 수학·과학 교사 연수 프로그램의 마지막 일정이었다. 이 하와이주는 1960년 미국의 50번째 주로 편입되어서 당시까지 미국 사람도 하와이가 미국이라고 생각하지 않고 있었다. 그래서 아태지역 학생들에게 미 본토를 보고 돌아가게 하자는 프로그램이었다. 먼저 학생들을 인솔하여 미국 서부 지역을 일주일여 답사하고 각각 헤어져 호스트 패밀리(Host Family)를 정해 일 주일여 미국 가정을 탐방하고 다음은 자기가 공부할 대학으로 흩어져 한 학기를 수강한 뒤 3개월 뒤는 하와이 대학으로 귀교하는 과정이었다. 나는 그때 콜로라도의 호스트 패밀리 가정에서 2, 3일 지내다가 미시간 대학(MSU)에 들려 수학 과목, 하나와 컴퓨터 프로그래밍 과정을 수강하고 왔다. 그리고는 그해 8월 28일 한국에 도착했다.

하나님의 그림

# 다시 돌아온 기전학교 (2)

일 년 반 만에 다시 돌아온 기전학교는 그사이 많이 발전되어
큰 학교가 되어 있었다. 내가 하와이로 떠날 때 학교 건물 본관
에 이어 증축하고 있던 '한미성관'도 4층으로 완공되어 일 년 반
사이에 중학교 21학급, 고등학교 18학급의 더 큰 학교가 돼 있
었다. 교직원 수도 늘어나고 내가 모르던 선생도 많이 들어와 있
었다.

그러지 않아도 율법적인 신앙생활에서 풀려 자유분방한 곳
에서 살다 돌아온 나는 처음 한국이 이국땅인 듯한 느낌으로 얼
마 동안 적응하기가 힘들었다. 그러나 나는 외도와 같았던 하와
이에서의 신앙생활이 하나님으로부터 나를 멀게 했다는 것보다
더 내 교회 생활에 깊이를 더했다고 생각한다. 다만 지금까지의

내 기독교 가치관에 수정
이 가해진 걸 부정할 수
는 없었다. 아직 교회에
서 주초를 금하지 못하고
있는 교인을 죄인으로 분
류하지 않게 되었다고나
할까? 교회에 매달리는

심령대부흥회를 마치고, 1966.05.28.

기복신앙과 바리새인처럼 율법에 매달리는 기독교인보다는 세
상에서 예수 그리스도처럼 삶에 본을 보이는 기독교인이 되어야
한다는 생각을 더 많이 하게 되었다.

　내가 없는 동안에 이 학교에는 교목실에 송수석 목사라는 분
이 와 계셨는데 그분 내외는 우리와 가까운 시내에 방을 얻고 통
근하고 있었다. 그런데 송 사모는 내가 돌아온 이듬해에 미국에
있는 둘째 언니의 사망 소식을 듣고 슬픔에 빠졌다. 그래서 처음
으로 송 사모 가정 이야기를 접하게 되었다. 그녀의 부친은 전북
김제시 죽산면 대창리에 있던 대창교회를 섬기던 분인데 이름
없이 그 교회의 새벽종을 치며 교회를 섬기던 분이다. 위로 딸이
넷, 아래로 아들이 셋이었는데 일찍부터 향학열이 높아서 딸도
가르쳐야 한다며 네 딸을 다 대학에 보냈다. 6·25 전란으로 피
폐해진 농촌에서, 농지도 많지 않은 분이 여자를 대학까지 보낸
다는 것은 생각할 수도 없는 일이었다. 첫딸은 고등학교 교육을
마치게 한 뒤 1954년 총회 신학교(현 장로회 신학대학)에 입학시
켰다. 그래서 그 교회 출신인 안경운 목사(1982년 제62회 총회장)
와 그해 12월 21일 결혼을 시켜 목사 사모로 교회를 섬기게 했

다. 둘째 딸은 기전여고를 통해 이화여대 약대에 입학시켰다. 이 때 학자금을 위해 딸을 앞장세우고 농가의 살림 밑천인 소를 김제 장에 내다 팔기 위해 아버지는 그 뒤를 따라가고 있었다. 당시 농민들은 이를 보고 혀를 찼다고 한다. 어린 아들들을 생각해야지 웬 여자를 대학까지 교육하려 소까지 파는가? 하고 한심스러운 표정들이었다. 그러나 그분은 "아들을 잘못 가르치면 내 집만 망하지만, 딸을 잘못 가르치면 내 집뿐 아니라 남의 집까지 망하게 한다."라고 대답했다고 한다. 그 딸이 대학 2학년 때 한 여 선교사가 자기 고향의 플로라맥도날드대학(Flora MacDonald College, NC)에 입학하도록 주선하였다. 이 대학은 신학교로 출발하여 남부 장로교대학으로 음악학교를 겸하고 있었다. 그녀 아버지는 유학한 딸의 학비를 위해 얼마 안 되는 논을 모를 심어 놓은 채 밭떼기로 학비를 위해 내놓았다. 그러나 그해는 극심한 가뭄이 계속되어 팔리지를 않았다. 이 소식을 들은 서울의 감리교 한 선교사가 또 기꺼이 학비를 대주어 미국 유학이 계속되었다고 한다. 이때도 홍 장로는 자기 딸을 김활란 박사처럼 키우겠다는 것이 꿈이라고 했다. 그런데 그런 딸이 오하이오 주립대학으로 옮겨 음악학으로 박사 학위 논문을 준비 중, 같이 알고 지내던 감리교 신학교 신학생과 필라델피아의 한 콘퍼런스에 참석하고 귀가하다가 사고로 사망하여(1968.09.28.) 고향 땅을 밟아 보지도 못하고 오하이오 대학 옆 묘지에 묻히고 말았다. 대학에서 있었던 추모예배에 모아진 조위금을 기전학교 발전에 써달라고 보냈는데 이것이 〈홍선복 장학기금〉이 되어 기전학교는 매년 두 학생에게 장학금을 지급했었다. 그리고 1968년에 기공하여 이듬해에 완공한 4층 벽돌 건물을 기전 여중·고는 〈홍선복 기념관〉이라고 명명하게 되었다. 이 얼마나 아름다운 삶인가? 이 것이야말로 내가 죽고 주 안에서 거듭난 기독교인의 삶이 아니겠는가? 일자무식이었지만 말씀대로 살고, 새로운 눈으로 세상을 꿈꾸고 산 기독교인이었다. 그때 근동 사람들이 그의 행실을 보고 모두 죽산면 일대에 사는 사람들은 예수를 믿었으며 교회를 지을 때는 믿지 않는 분도 쌀가마를 내놓았다고 한다. 홍 장로는 엄격하게 성수주일을 하신 분인데 일제의 학대가 심할 때도 주일에는 일하지 않았다고 한다. 주일에 농사를 지어 수확을 늘려야 일본에 유익한데 농민 중 홍 장로를 닮아 일을 쉬는 사람이 많아서 홍 장로는 그 주동자로 일경에 붙들려 가 경을 치기도 했다.

예수를 믿고 구원받았다는 건 무엇을 말하는가? 또 해외 선교사로 나가고 거리에서 예수를 믿으라고 외치는 건 무엇을 말하는가? 육체로는 사람으로 심판을 받으나 영으로는 하나님을 따라 홍 장로처럼 거듭나 사는 것이 구원받은 천국의 백성이 되는 게 아닐까? 예수를 믿으라고 말하기 전 홍 장로처럼 내 이웃에게 예수그리스도처럼 삶의 본을 보여야 하는 것이 아닐까? 나는 누구든 붙들고 "홍규일 장로를 아십니까?"라고 묻고 싶었다.


내가 이렇게 새로운 환경에 적응하고 있던 어느 날 나는 모교인 대전대학의 교무과장으로부터 한 전화를 받았다. 1969년 첫 학기부터 대전대학 수학 교수로 와 줄 수 없느냐는 이야기였다. 나는 기겁했다. 대학을 갓 졸업하고 석사 학위도 갖지 않은 내가 무슨 교수인가? 그런데 며칠 뒤 전북대학에 재직하고 있던 내 먼 처조카 문승규 박사에게 또 전화가 왔다. 대전대학의 이 박사에게서 교수초청 전화를 받지 않았느냐는 것이었다. 그는 미국 북캐롤라이나 대학에서 함께 공부했던 사이라고 말하며 잘 생각해 보라고 했다. 전국에 수학 교수를 물색했으나 세례교인을 찾을 수 없었다는 것이었다. 학위는 대학에 재직하고 있으면서도 받을 수 있으니 재고해 보라는 것이었다. 대학교수가 되고 싶다는 것은 내 꿈이었다. 그러나 그것은 미국에 유학하여 학위를 받은 뒤의 일이었다. 그리고 또 하나의 걱정은 조 교장에게 기전학교를 그만두겠다는 말을 하는 일이 쉽지 않은 문제였다. 1960년에 처음 기전에 감격스러운 취직을 하고, 삼 년 만에 대전대학으로 떠나고 다시 이 년 뒤 복직하여 일 년 반 만에 하와이 연수를 떠나면서 반 봉급으로 일 년 반 동안 혜택을 누리고 돌아왔다. 그런데 또 일 년 반 만에 떠나겠다는 말을 어떻게 할 수 있겠는가? 이건 은인을 배반하는 패륜아와 같다는 생각이 들게 하는 것이었다. "사람이 마음으로 자기의 길을 계획할지라도 그의 걸음을 인도하시는 이는 여호와시니라"(잠 16:9)라는 성경 구절이 생각났다. 하나님의 뜻은 무엇입니까? 라고 기도해야 하는데 답을 정해 놓고 하는 이기적인 기도 같아서 괴로웠다. 안 가는 게 하나님의 뜻이라고 결정하는 것도 옳지 않다는 생각이 들었다. 나는 용기를 내어 조 교장에게 찾아갔다. 대전대학에서 교수로 채용하고 싶다는 제안이 왔는데 어떻게 했으면 좋겠냐고 물었다. 그는 어떻게 하고 싶냐고 되물었다. 나는 가고 싶다고 내 솔직한 심정을 토로했다. 그런데 그는 선선히 나를 놓아주었다. 잘해 보라고 격려하면서. 그는 내가 6년 전 대전대학 학생으로 떠날 때부터 기전에 붙잡아 두는 걸 포기하고 있었던 것 같다. 그는 꺾을 수 없는 내 꿈을 알고 있었고 또 그런 나를 동생처럼 사랑하고 있었다는 걸 느낄 수 있었다. 그는 하나님께서 보내준 내 평생의 은인이다.

## 대전대학에 전임 교수가 되다

미국에서 돌아와 일 년 반을 기전여고에서 근무한 뒤 나는 내가 다녔던 대전대학으로 옮겼다. 내가 대학교수가 된 것이다. 나는 이래도 되는가? 하고 생각할 겨를도 없이 대학으로 옮겼다. 엄밀히 말해서 나는 그때 대학교수론 자격이 부족한 사람이었다. 석사 학위도 없는데 대학을 갓 나온 사람이 어떻게 대학교수가 된다는 말인가? 마치 세례도 받지 않고 기전여고에 교사가 된 것과도 같은 일이었다. 이런 있을 수 없는 내 삶이 내가 모르는 사이에 내 뒤에서 진행되고 있었다. 하나님은 내 뒤에서 다른 그림을 그리고 계셨다.

아내는 전주에서 세 어린애를 출산했는데 그때 내 초등학교 동창이었던 김 박사가 세 어린애를 출산하기까지 끝까지 예수병원에 있어 주었고 우리가 떠나자 그도 광주 제중병원으로 떠나서 이제는 아내가 시골에 있는 동안 그를 찾아 상담할 수 있게 되기도 했다. 한 교장은 나를 대전대학에 편입시키더니 내가 졸업하기 일 년 전 미국으로 귀국했다. 더욱 이상하게 나를 대학으로 이끌어 준 교무과장 유 박사도 6개월 뒤에 서울로 떠났고, 문 박사도 캐나다의 매니토바 대학의 교수가 되어 떠나버렸었다. 이때 대학의 서무과장으로 있던 사람은 대학에서 같이 공부했던 동기생 Y였다. 그는 내가 신임 교수가 되었다고 내 정착금으로 미리 숙소를 구해놓고 나를 기다린다고 편지를 써 보냈다. 그런데 그도 내가 취직한 지 일 년 뒤에 대학을 떠났다. 그는 떠나기 전에 한 가지 더 귀한 선물을 내게 안기고 갔는데 나에게 새 집터를 제공한 것이다. 그는 대학 캠퍼스와 붙어 있는 외국인 학교 앞의 낮은 둔덕으로 되어 있는 임야를 사서 대지로 지목변경을 하고 정지 작업을 하였다. 그러면서 나더러 내가 원하는 어느 지점이든지 선택만 하면 그곳을 떼어 내 집을 짓도록 해주겠다고 말했다. 내 집을 갖는다는 것은 상상도 못 하고 있을 때였다. 그러나 그는 대지 대금은 언제 주어도 상관없다는 것이었다. 그렇게 해서 그가 대지로 정지 작업한 둔덕의 제일 높은 곳, 그리고 교회에 가장 가까운 곳에 집터를 잡게 되었는데 그곳에 지은 집이 내 평생에 처음으로 가져 본 내 집이다. 이분들이 다 내 주변에는 나를 위해 계셨던 분들이었다. 이 모든 것은 내 장래를 위해 내가 그린 그림이 아니었다.

대전대학은 내가 2년 동안이나 학생으로 있던 곳이어서 낯선데는 아니었다. 그러나 교수로 있게 된다는 것은, 위상이 달라서 두려웠다. 처음 대학교수로 채용해 달라고 원서를 내면서 내 스승이었던 수학과 과장을 만났다. 그의 첫마디는 "수학을 소설처럼 가르치면 안 됩니다."라는 것이었다. 과학적이고 논리적인 수학과 참말 같은 거짓말을 하는 소설과는 차원이 다르다는 이야기였다. 그는 연세대 대학원을 나온 젊은 교수였다. 그런데 그때부터 나는 늘 내가 석사 학위도 갖지 못했다는 것으로 주눅 들어 있었다. 제일 힘들었던 것은 입학식 때와 졸업식 때였다.

입장과 퇴장 때 전 교수가 가운을 입고 입장하는데 나는 박사나 석사의 후드가 없어 졸업생과 똑같은 복장으로 식장에 들어가는 것이 너무 창피하였다. 그런데 그것은 졸업식, 입학식 때마다 계속되

졸업식 사진

는 행사였다. 세상에서 기골이 장대하고 힘이 센 골리앗과 예쁘장한 어린애 같은 다윗을 세워 놓고 "너는 세상에서 누구를 지휘관으로 모시겠느냐?"고 묻는다면 나는 하나님을 얼마나 잘 믿는 것과는 상관없이 당장은 힘센 골리앗 뒤에 숨고 싶다고 생각했다. 솔직히 나는 안 보이는 하나님보다 보이는 세상이 두려웠다. 내가 1963년 학생으로 입학했던 대전대학과 1969년 전임강사로 임용되어 들어온 학교는 전혀 다른 학교였다. 당시는 입학정원은 90명으로 실제 내가 졸업할 때의 졸업생 수는 26명에 불과했는데, 그에 비하면 지금은 거인이 되어 있었다. 수·물과가 수학과 물리로 분리되었고 성문과(聖文科, Sacred Literature)는 폐과

되어(특수학과는 폐과하라는 교육부의 명령) 국문과가 생겼으며 인기 학과인 전자공학과가 내가 임용된 다음 학기에 생겨서 입학정원이 130명이 되고 등록한 학생 수가 월등 많아졌었다. 입학 학생을 늘이기 위해 세례증명서 첨부는 완화되었고 따라서 불신 학생이 많아졌다. 성문과(聖文科)를 잃어버린 학과장인 모요한(John V. Moore) 목사는 자기가 가르쳐 내보낸 90여 명의 졸업생 사진을 자기 집 서재 앞에 걸어놓고 그들을 위해 계속 눈물로 기도하다 교수직을 잃고 귀국했다는 말도 들었다. 당시 미국 선교사들은 거의 소환되어 귀국했고 타요한 학장과 학위를 가진 몇몇 교육 선교사가 남아 있었다. 매일 있었던 채플(예배)은 월·수·금, 격일로 줄어들고 이제 이 작은 규모의 대학으로는 살아남을 수 없다는 생각으로 한국에 있는 장로교 대학들이 통합해야 하는 것 아니냐고 각 이사회는 고민하고 있다는 말도 들렸다. 당시 대전대학은 대학 운영의 80%를 미국 선교부 고등교육국 재단에서 부담하고 있어서 그 교육 지원을 받지 않으면 대학은 유지할 수 없는 때였다. 학장 타요한은 남장로교 본부가 앞으로 5년 동안 지원할 금액을 일시에 지원하고 이제는 대학 지원을 그만둘 것이라는 말도 했다는 심각한 이야기들이 들리고 있었다. 전국 기독교 4개 대학이 앞으로의 진로를 위해 함께 협의했으나 특별한 대책은 찾지 못한 모양이었다. 이 혼란한 시기에 나는 학위 없는 치욕을 면키 위해 충남대학의 수학과에 석사 학위 등록을 하였다.

이렇게 숭실대학과 대전대학의 통합논의가 진행 중일 때 나는 충대 대학원에 다니며 내 집을 지어야 했다. 내 친구 유 총무의 권유로 대지는 불하받았으나 그는 미국 유학을 준비하고 있어서 그가 떠나기 전에 대금을 지불해야 했다. 나는 조부 대로부터 우리 가족 집이라고는 소유하고 살지 못했던 가문이었다. 당시 대전의 셋집도 학교에서 빌려준 돈을 갚아가야 하는 처지에 있었는데 어떻게 집을 짓는다는 말인가? 그런데 다행스럽게도 당시 주택은행 대전 지점의 대리와 절친한 내 친구가 광주의 일신방직에 간부로 근무하고 있었는데 어떻게 대전으로 출장 근무를 나와 있어서 집을 담보로 주택은행에서 융자를 알선해 줄 테니 집을 지어보라고 부추기는 것이었다. 또 나는 교회에서 우연히 외국인 학교의 건축소장으로 학교의 부속 건물과 한남대학 선교 사촌 주변의 건물들을 짓고 있던 건축기사를 잘 알고 있었는데 그가 내 집 건축을 맡아줄 테니 집을 지으라는 것이었다. 나는 떠밀리는 느낌으로 얼결에 집을 짓게 되었다. 건축을 맡은 오 기사는 아주 튼튼한 집 설계를 해주었는데, 나는 경험이 없어 설계 대금도 낸 기억이 없다. 아무튼, 나는 대학에 인접해 있는 오정 교회의 바로 옆에 50평 땅을 측량하여 집을 짓게 되어 1970년 9월에 이주하였다. 내 삶에 이 도움이 어디서 오는 것인지 얼떨떨할 뿐이었다.

내 집을 짓고 처음으로 하고 싶었던 일은 집 현관에 내 이름이 들어간 문패를 다는 것이었다. 그래서 대리석으로 내 이름과 아내 이름을 나란히 새겨서 달아 놓았다. 우리 가정에서 문패를 달아보기는 내가 처음이었다. 그 뒤로 우리 집을 찾는 사람은 "아, 그 두 사람 이름을 문패로 달아 놓은 집?" 하고 안내하기도 했다.

이 집은 6년 뒤 내가 미국으로 공부를 하러 떠난 뒤는 은퇴한 부모님이 와 계신 곳이다.

드디어 숭실과 대전의 두 대학은 통합을 결의하고 1971년 1월 문교부(앞으로는 교육부로 표기)의 인가를 받아 대전대학과 숭실대학은 통합하여 '숭전대학'이 되고 김형남 이사장이 초대 학장으로 취임하였다. 김형남 학장이 맨 처음 한 일은 대전대학의 유망주였던 전자공학과를 서울로 옮긴 일이다. 학교가 커져야 대전대학은 살 수 있다고 2년 전 연말에 힘겹게 교육부에서 신설 승인을 받은 학과였다. 그러나 시설을 다 갖춘 공학부가 서울에 있어서 대전에 새로 공학부 시설을 할 필요가 없다며 한 대학이니 서울로 옮기겠다는 게 학과를 옮기는 이유였다. 그런데 대전대학의 어떤 구성원도 이에 불만이 없었다. 서울로 옮기면 학생들은 자연 선망의 서울 지역 대학생이 되고 교수는 서울로 옮겨 서울 교수가 되기 때문이었다. 거기에 더해 한 대학이라는 명목으로 대전의 물리 전공 교수도 서울을 희망해서 옮겼으며 대전대학의 혜택으로 미국에서 영어학으로 학위를 받은 교수도 서울로 옮겨갔다. 과연 잘하고 있는 것일까?

애초 통합 당시 두 대학이 한 대학이 되려면 한쪽 대학을 다른 대학으로 옮겨 병합하든지, 아니면 제3의 위치에 학교를 세워야 한다고 의견을 모았었다. 따라서 캠퍼스는 하나로 하되 서울이나 서울 근교로 하자고 잠정적으로 합의했으나 양 대학 다 위치를 옮기는 것을 반대했다. 따라서 이름은 숭전대학 하나이지만 캠퍼스는 서울과 대전에 당분간 따로 두기로 하였다. 이렇게

　　　　　　　　　　　나는 어떻게 기독교인이 되었는가

해서 숭전대학에 두 캠퍼스 제도가 생겼다. 당시에는 '한 대학 두 캠퍼스' 제도가 없는 때였다. 서울은 대전이 서울로 옮겨 오기를 바랐지만, 대전의 유지들이나 교수들은 그럴 생각이 없었다. 건물은 서울 측이 많았지만, 대지와 교수 주택 등은 대전이 앞서 있었다. 그런데 대전 측의 더 심각한 불만은 대전에 인가학과였던 전자공학과를 같은 대학이라고 옮겨갈 뿐 아니라 대전대학에서 은행에 예치해 놓고 재단에서 쓰고 있던 정기 예금을 서울 측에서 빼간다는 소문이 조흥은행에 근무하던 대전대 졸업생의 입에서 나왔기 때문이었다. 그는 은행의 대리였다. 이유는 서울은 사채를 쓰고 높은 이율의 이자를 주어야 하는데 대전은 미련하게 정기 예금을 하고 적은 이자를 받기 때문이라는 것이었다. 이제 한 대학인데 이런 경영은 불합리하다는 것이었다. 당시 대전일보의 기자로 있던 윤 동문은 지역사회 유지들과 상의하고 대전대학은 숭실대학과의 통합을 반대한다는 성명을 신문에 냈다. 또 학생들도 통합을 분리하여 대전대학으로 환원하라는 요구조건을 내걸고 농성에 들어갔다. 두 대학의 통합절차의 총책임을 맡은 전권위원은 한경직, 김형남(서울) 김형모, 타요한(대전)이었는데, 이 일로 한경직 목사가 김형남 학장과 대전으로 내려와 상황 설명을 하려 했다. 그러나 젊은 윤 기자는 한경직 목사의 명성을 알지 못하고 있었다. 각종 욕설로 맞서서 한 목사는 평생 이런 수모를 받아본 적이 없다고 말했을 정도였다. 그뿐 아니라 대전대학 교수도 통합하더라도 대전대학의 장학 제도와 도미 유학을 통한 교수의 자질 향상 등 많은 좋은 제도는 대전대학에서 유지돼야 한다는 강한 발언을 했다.

결국, 두 대학은 한 캠퍼스로 통합하지 않고 서울과 대전에 두 캠퍼스를 유지하며 각 대학의 특색을 살려 운영키로 굳혔다. 이 사회는 정관을 개정하여 대전 캠퍼스를 존치 운영하며 양 캠퍼스의 행정기관에 동등한 권한을 주어 행정을 겸행토록 하기로 하였다. 이에 1971년 5월 10일 학생들은 드디어 정상 수업에 들어갔다. 이렇게 세상의 골리앗이 대학을 쥐락펴락하고 있으면 나는 어떻게 해야 하는가? 하고 생각했다. 하나님께 기도하고 그 음성을 들어야 하는데 나는 이 대학에서 새내기고 아직 자격 미달인 사람이어서 허둥대고 있었다.

그러는 동안에 나는 현대문학이나 월간문학, 한국문학 등에 발표한 단편들을 취합하여 『아시아제』라는 단편집을 출판하였다. 책의 발문은 평론가 김현 선생이었다. 나 같은 초년생이 어떻게 당대에 이름을 날리고 있던 평론가의 발문(跋文)을 받아 책을 출판할 수 있었겠는가? 무식하면 용감하다고 나는 그가 당시 4K라고 하는 네 김 씨가 계간지 『문학과 지성』을 창간하여 발간하는 일로 한창 바쁠 때였다는 것도 모르고 있었다. 다만 나는 그가 1968년 현대문학 10월호에 발표한 내 단편 〈아시아제〉를 읽고 그가 주간조선 10월 27일 자의 신문에 〈10월의 문단〉이라는 제호 아래 내 작품 평을 잘해주었다는 것만 믿고 부탁한 것이다. 뒤돌아보면 그것은 하나님의 은혜였다. 그는 발문에서 내가 문학과 과학 사이의 간극(間隙)을 뼈저리게 느끼고 헤매며 글을 쓰고 있는 것 같다고 말하며 내가 주초를 못 하는 직장에 있다고 들었다며 그러나 이 책이 출판되면 나를 대취하게 하고 싶다고 말했다. 그리고 나면 내 내부의 앙금이 무너질지도 모른다고 말

나는 어떻게 기독교인이 되었는가

했는데 그가 말년에 술을 못 마셔서 문병하러 온 친구에게 용돈
을 주며 자기 대신 술 좀 마셔달라고 부탁했다는 그 좋아하는 술
자리를 나는 한 번도 갖지 못하고 그를 떠나보냈다. 여기 주간조
선 10월의 문단에 실린 그의 글을 참고로 올린다.

### 아시아제 — 사회의 단면 부각 성공

있는 그대로의 사회의 한 단
면을 자르면서 그것으로 상징
적인 의미를 부여하는 어려운
일을 성공적으로 해치운 작품
으로 나는 오승재 씨의 〈아시
아祭〉를 들고 싶다. 이 작품은
하와이에 유학 온 한 떼의 한
국 학생들을 주인공으로 삼고
있다. 한 사람의 운명의 기복을
그림으로써 풍속의 전모를 파

악하겠다는 재래적인 태도를 작자는 과감하게 버리고 여러 명의 학
생을 동시에 등장시킴으로써 하와이에 온 한국 학생의 풍속을 그대
로 재현시키려 하고 있는데, 그 의도는 한국의 상황으로 그것이 완
전히 축소될 수 있다는 점에서 퍽 행복한 결론을 얻는다. 사실상 이
작품에 등장하는 여러 학생들, 특히 〈망나니패〉로 알려진 몇몇과
‘나’라는 화자, 바를 경영하는 미세스 徐 등의 모든 인물들은 각자
자신의 섬세한 배려에 의하여 거의 완전한 同價를 얻고 생생하게

살아 있다.

이 한 떼의 학생들이 EWC가 해마다 연례행사로 마련하는 아시아祭를 둘러싸고 벌이는 소란이 이 작품의 줄거리를 이루는 것이지만, 그것이 역시 주인공의 심적 변모를 유도하지 못한다는 점에서 사건이랄 수도 없다. 주인공다운 주인공도 없이, 사건다운 사건도 없이 작품은 구축되어 있다. 그러나 이곳저곳의 사투리가 기초가 되어 있는 이 일군의 주인공들의 대화와 하찮은 행위를 뒤따라가다가, 독자들은 갑자기 미묘한 거북살스러움을 느끼게 되는데, 그것은 아마도 그러란 비개성적인 인물들이 내뱉는 어휘들과 그 어휘 속에 감추어져 있는 열등콤프렉스가 바로 자신이라는 것에 대한 확인 때문일 것이다.

열성적으로 달려들다가도 돈 문제만 나오면 금방 빠져버리는 얍삽한 태도, 너희들이 협조 안 하면 나도 모르겠다는 배짱, 그래도 한국인들의 머리는 좋다는 희극적인 자만, 되는대로 해나가자는 비합리적인 태도, 그러면서도 체면은 차려야겠다는 오기, 한국인의 정신적인 여러 가지 패턴은 하나도 빠지지 않고 나열돼 있는 이 작품의 기조는 그렇지만 열등콤프렉스와 고향상실에서 오는 허탈감이다. 일본 계집을 처치하느냐 못하느냐를 둘러싼 대화, 한국에 한 번 갔다 온 뒤론 물건이 아까와 헌 물건도 버릴 수 없더란 미스 김, 돈을 벌어야 고향에 가겠다는 미스 김- 그중에서도 高가의 고백은 아주 상징적이다. 〈그는 자다가 갑자기 고향이 그리워지고 친구가 보고 싶어지면 눈을 뜨는데 견딜 수 없어진다는 것이다. 살갗 속으로 두드러기가 생긴 것처럼 온 몸이 근질대고 숨이 막힐 것처럼 답답해져 찬물을 벌컥벌컥 들이키고 웃옷을 벗어 젖히지만 그것도 안

나는 어떻게 기독교인이 되었는가

되면 밖을 마구 뛰어다니거나 한없이 걸어야 한다〉고 했다 그렇다고 무엇이 해결되는 것은 아니다. 그래서 그는 〈밑바닥까지 흘러 내려가버리고〉 싶은 충동을 잘 느낀다. 이런 열등 콤프렉스와 허탈감 때문에 학생들의 태도는 난폭하고 거칠고 소란스럽다. 작가가 하와이의 한국 유학생들을 빌어 내보여주고 있는 이런 한국적인 풍속은 자신과 부끄러운 점이 밖에서 밝혀질 때 더욱 부끄러워지듯이 한국 안에서 그것을 읽는 사람을 거북스럽게 만드는데 아마도 작가가 노리고 있는 것 역시 그러한 것일 것이다.

1968년 10월 27일

김현, 문학 평론가

참으로 하나님은 나를 위해 큰 그림을 그리시며 나에게 여러 번 손짓하셨다. 신춘문예에 당선되고 1년 만에 1960년 현대문학 1월호에 해고라는 작품을 실었는데 바로 신문에 〈다시 인간 조건에 실망 ― 1월 작품 베스트의 순위〉에 내 작품을 언급하며 사르트르의 벽의 끝 장면을 연상케 한다고 극찬하셨다.

그리고 문총회관에서 2월 11일 작품합평회를 갖겠다고 강신재, 서기원, 최정순, 양영호, 그리  고 내 작품을 끼워 넣어 주셨는데 나는 감사하다는 편지나 전화도 드리지 못하고 학교와 교회 일에 내 생사를 걸고 있었다. 대

학에서 문학개론도 들어보지 못한 내게 하나님께서는 자리를 깔아주셨는데 그렇게 주신 은사를 까맣게 깨닫지도 못하고 살고 있었다. 그래서 나는 원하시는 토기로 빚어지지 못한 것이다.

나는 또 그때까지 대전의 문인들과도 별 교제가 없었다. 그러나 평론하던 송하섭 교수의 주선으로 출판 기념회를 하게 되어 처음으로 충남 문인들을 만나보게 된 것이다. 그때 내가 문학 선배들의 가르침을 받고 함께 모임에 참석하고 서로 교제하고 지냈다면 내 일생은 어떻게 되었을까를 생각해 본다. 생활과 사고 패턴이 많이 달라졌을 것이다. 그러나 지금의 내가 나 된 것은 결국, 하나님의 뜻이라고 생각하고 감사한다.

김형남 학장은 두 캠퍼스지만 한 대학이라는 이미지를 심기 위해 노력하였다. 그는 두 캠퍼스가 한 대학이라는 가시적인 무엇인가가 있어야 한다고 생각했다. 그래서 생각해 낸 것이 두 캠퍼스에서 발행하고 있는 대학신문을 하나의 이름으로 발행하는 일이었다. 대학이 하나인데 어떻게 다른 이름의 두 신문을 발행할 수 있는가? 따라서 〈숭실대학보〉와 〈대전대신문〉을 하나로 만들어 통합신문을 발행하는 일이었다. 초대 신문사 주간을 내가 맡았다. 대전 캠퍼스 황희영 부학장은 내가 대학에 다닐 때 대학신문의 맥을 이어 제4호부터 6호까지 내가 주간으로 신문을 발행한 경험이 있는 것을 알고 추천한 것 같았다. 그러자 김 학장도 나를 통합신문 초대 주간으로 정하여 발표하였다. 김 학장은 대전 캠퍼스에 주간을 맡기면 아마 서울 캠퍼스와의 마찰이 완화되지 않을까 하고 약체인 대전에 주간을 맡긴 듯하다. 이

나는 어떻게 기독교인이 되었는가

렇게 해서 수학과 전임 강사가 통합신문사의 주간이 되었다. 이상하게도 그때 대전의 편집부장도 수학과의 신기영 학생이었다. 당시 서울 캠퍼스에도 신문사 전문위원, 주간, 편집국장 가지들이 엄연히 존재했었다. 그

〈숭실대학보〉와 〈대전대신문〉을 처음으로 통합해 발행한 〈숭전대학신문〉, 1971.05.25.

런데 대학신문에 주간 두 사람 이름이 오를 수 없어서 내 이름을 넣자는 것이었다. 이건 내게 큰 부담이었다. 통합신문의 제호를 무엇으로 하느냐도 문제였다. 〈숭실대학보〉의 지령 132호(대전은 46호)의 역사성을 고려하여 어떻게든 신문에는 '숭실'의 이름을 넣자는 의견이 있었으나 대전 측이 찬성할 리가 없었다. 드디어 제호를 〈숭전대학신문〉이라고 정하고 두 캠퍼스에 유일한 신문 제179호(1971.05.21.)를 발행하기로 했다. 인쇄는 서울이 시설이 우수해서 서울에서 하기로 하고 기사를 믹스(섞어)해 신문에 올리기 위해 나는 대전 편집국장과 기자들을 인솔하여 서울 캠퍼스로 갔다. 2박 3일의 합숙이었다. 그런데 서울 캠퍼스의 전문위원과 주간과는 전화로 잘 약속이 되었는데 그쪽 기자들과 편집국장이 나를 인정하지 못하겠다고 우리를 거부했다. 서울 측 신문 전문위원이 기자들을 따로 불러 총장의 뜻을 전하며 겨우 학생들을 무마하였다. 그런데 기사를 믹스하는 것이 또 문제였다. 예를 들어 각 캠퍼스의 행사기사가 있을 때 서울 기사를

먼저 쓰고 뒤에 '한편, 대전은…' 이렇게 쓰면 대전이 반발하였
다. 기사가 넘칠 때는 빼고 넣는 것도, 서로 싸움이었다. 이런 진
통을 겪으면서 기자들이 매회 교대로 서울과 대전을 오가며 합
숙하는 고비용(高費用) 통합신문을 2년 반을 버티며 주간 노릇을
했다. 다행히 양교의 신문 지도위원은 신사분이어서 큰 도움이
되었다.

그러는 가운데 김형남 학장은 두 대학을 통합한 뒤 온갖 노력
끝에 이해 12월 숭전대학교로 교육부 승인을 받아 이듬해에 총
장으로 취임하였다. 그리고 두 캠퍼스 제도를 대등하게 유지하
기 위해 대전에 황희영 부학장을 두고 두 캠퍼스에 각각 교목실
장, 교무처장, 학생처장, 총무처장을 한 명씩 임명하였다. 결국,
한 대학에 동등한 자격을 가진 실장, 처장 2명씩을 각 캠퍼스에
임명한 것이다. 이 때문에 곤혹스러운 것은 교육부(문교부)였다.
한 대학에 공문을 보낼 때 두 캠퍼스에 따로 보낼 수가 없었다.
그래서, 서울로 공문을 보내면 서울에서 대전으로 공문을 이첩
하였다. 전국 학생처장 회의가 있으면 대전에 알리지도 않고 서
울 처장이 참석하고 대전에는 회의 결과만 연락하가도 했다. 그
래서 대전의 다른 지방 대학 처장은 "너는 학생처장이라더니 왜
회의에 나오지도 않니?"라고 대전 캠퍼스 처장에게 핀잔을 주기
도 했다. 졸업 시기에 교육부에서 그해 숭전대학교 졸업생 명단
을 제출하라고 지시하면 서울에서 대전에 연락하고 그 자료를
받아 서울에서 이 자료를 종합해서 교육부에 졸업생 명단을 제
출하는 이중적인, 비효율적 행정 업무를 해야 했다. 도서관은 도

　　　　　　　　나는 어떻게 기독교인이 되었는가

서관대로 아우성쳤다. 매월 국립도서관에서 보내온 정기 간행물이 대전 캠퍼스에는 갑자기 끊겨버렸기 때문이다. 국립도서관에서는 한 대학인데 자료를 두 곳에 보낼 수 없다는 것이었다. 대전은 사람을 국립도서관에 보내어 정기적으로 보내주던 귀중한 자료들은 보내 달라고 구걸해야 했다. 차라리 서울 캠퍼스를 본교, 대전 캠퍼스를 분교라고 해야 하지 않겠냐는 말도 있었지만, 대전 캠퍼스 사람들은 말도 안 된다고 분개했다.


## 교회 활동


나는 그 혼란 가운데서도 교회의 평신도회에 심취했다. 당시 한국에는 평신도 운동 바람이 강하게 불고 있던 때였다. 나는 1971년 8월 대구 계명대학에서 있었던 당시의 제14대 평신도 전국 연합회 회장이었던 노정현 박사의 특강에 압도당했다. 특강 후 분과 토의 때는 우리 대학에서 같이 갔던 신 교수가 '교회 혁신의 역할'이라는 주제로 분과 토의를 진행했고 내가 기록을 맡았었다. 노 교수는 1959년에서 1962년까지 미국 뉴욕에 유학해 뉴욕대학원에서 행정학 박사 학위를 마치고 귀국, 연세대에서 교무처장을 하고 있을 때였다. 그해의 평신도대회의 주제는 〈사회로 향한 평신도〉였고 여기서 그는 "평신도는 이제 교회에서 목사의 설교를 통해서 나온 메시지를 품고 사회에 나가서 전하는 그리스도의 참다운 메신저가 되어야 할 것이다. 평신도는 말씀을 전하는 메신저뿐 아니라 그리스도의 사랑을 몸소 실천하는 종이 되어야 할 것이다."라고 외쳤다. 이것은 내가 기독교인이 되어 교인들을 향해 외치고 싶었던 바로 그 말이었다. 나는 뒤늦게라도 이 평신도회의 필요성을 깨닫고 1971년 초 내가 다니던 대전 제일교회의 전도부를 평신도회로 개명하고 대전대학의 교수였던 친구, 김 집사를 평신도회장에 추대해서 처음으로 우리 교회가 대전에서 평신도회 조직을 마친 교회가 되었다. 이어서 대전지구 연합회를 조직하여 이웃에 살고 있던 오정교회의 남 장로를 초대 연합회 회장으로 추대했다. 회장은 장로라야 한다는 생각 때문이었다. 내가 부회장, 당시 대전신학교 학생이었던 박영○을 총무, 기독공보사 기자 겸 지사장이었던 고재○ 집사를 회계로 선임하여 대전노회 평신도 연합회를 결성하였다. 평신도회를 가진 교회가 몇 되지 않아 거창한 창립총회를 가질 필요도 없이 대전노회 연합회가 먼저 결성되고 그 뒤는 교회마다 다니며 평신도회를 조직하라고 홍보하고 다녔다. 수요일 밤 예배에 내가 간증 설교를 하게 해 달라고 사정하고 허락된 교회는 임원들이 참여하여 평신도회의 필요성을 강조하고 평신도회 조직을 독려하였다.

"교회는 하나님으로부터 지상명령을 수행하도록 부름을 받고 세상으로 보냄을 받았다. 교회는 건물이 아니며 주 예수의 부름을 받은 사람들의 모임이다. 믿고 주의 지체가 된 나는 교회에 대하여 세상에 대하여 어떤 부름을 받았는가? 죄의 굴레를 벗고 자유롭게 된 우리, 모두는 택하신 족속이요 왕 같은 제사장이요 거룩한 나라다. 예배당에 모이면 목사의 설교를 통해 하나님의 백성이 되는, 기쁨이 넘치는 모이는 교회가 되며 가정과 직장, 세상에 나가면 몸소 예수님의 삶의 본을 보이는 흩어진 교회가 되어 살아야 한다. 교회라는 구원의 방주에 앉아 세상의 홍수 속에서 허우적거리는 영혼을 보고 빨리 이 방주 속으로 들어오라고 손짓하는 것이, 구원받은 평신도의 모습이 아니다. 또 나와 함께 십자가에 못 박히신 주님이 원하시는 바도 아니다.”라고 외쳤다.

　1972년부터 1975년 초까지 3년 동안은 내가 대전노회 평신도 연합회장을 맡았다. 아무도 원하지 않고 싫어했기 때문이다. 이 모임은 언제부턴지 남선교회로 바뀌었다. 지금은 노회 남선교회장을 하려면 장로라야 하지만 선거운동이 보통이 아니다. 그러나 그때는 아무도 회장이 되고 싶어 하지 않았다. 따라서 나는 집사로서 유례가 없는 초대 회장을 3년이나 연임하였다. 어떻게 집사가 회장을 할 수 있느냐고 항의하는 사람도 없었다. 아무튼, 그동안 나는 각 교회에 다니면서 평신도회를 조직하라고 역설하고 다녔다.

　먼저 각 교회에서의 평신도에 대한 인식의 혼란을 불식하는 일이었다. 평신도는 종교개혁 당시 마틴 루터가 “기독교인은 왕 같은 제사장이요 거룩한 겨레로 부르심을 받았다.”라는 만인 제사론에 기조를 둔 것이다. 그런데 목사는 “내가 제사장인데 평신도인 너희도 제사장이라니 말이 되느냐?”라고 반박했다. 지금 말하는 제사장은 구약시대에 하나님 앞에서 제사를 집전하는, 그리고 제물을 바치는 그런 제사장이 아니고, 하나님께서 이스라엘 백성에게 “너희가 내게 대하여 제사장 나라가 되며 거룩한 백성이 되리라."라고 말씀하신 그 제사장으로 모든 평신도는 세상에 대해 하나님과 세상 사람들 사이를 중보(仲保) 하는 제사장이라고 가능한 설명을 했지만, 이 모임은 목사에 대한 도전이라고 거부당하였다.

다음은 평신도가 자기는 제사장이라고 세상에 나가 무엇을 하겠다는 것이냐라는 것이었다. 세상에 나가 전도하는 거라면 각 교회에 이미 전도부가 있고 연합으로는 남자는 청·장년면려회가 있으며 여자 쪽은 전국 여전도연합회가 있는데 교회 안에 또 하나의 평신도회를 조직할 이유가 없다는 것이었다. 평신도의 역할은 교회로 불신자를 인도하여 오게 하는 전도가 아니고 평신도 각자가 세상으로 나가 하나님의 사랑을 실천하며 하나님께 순종하며 사는 삶을 보임으로 하나님의 나라가 지상에 이루어지도록 불신자에게 제사장의 역할을 하는 일이다. 주일은 목사의 영도하에 모이는 교회이고 나머지 6일은 흩어진 교회가 되는 것이라고 열변을 토했다.

다행히 전국 신학교에서는 교과목에 '평신도학(平信徒學)'을 개설해서 신학생들을 개도하고 또 지역에 평신도 훈련원을 두어 교인들에게 평신도의 필요성을 강조하고 있었다. 나는 연합회가 지교회를 지원하고 지교회가 실천할 수 있는 유익한 프로그램을 제공하는 일을 찾았다. 대부분 참여 교회가 농촌 교회였기 때문에 계간으로 모임을 하고, 과수 재배, 약초 재배, 비닐하우스, 양봉, 기타 영농 경영 일반에 관해 한 가지씩이라도 전문인을 초청하여 기술 전수를 하는 일을 하였다. 평신도회 운영기금을 마련하기가 어려웠기 때문이었다. 매월 둘째 주 오후 3시에는 지 교회 임원들이 모여 월례회를 갖고 평신도 활동 보고 등을 통해 정보교환을 하며 이 활동에 부합한 사례보고를 듣는 일이었다. 이 외에도 한시적이었지만, 교회 연합활동을 강조하여 1973년 12월 6일에는 성탄 축하 연합음악 예배를 대전의 13 교회가 드리기도 했다. 연습은 각각 교회에서 하고 연합으로는 대전 제일예배당에 모여 연습했고 지휘는 숭전대학교의 합창단 지휘자였던 이경우 선생이 맡았었다. 피아노 반주는 대전신학교 교장이었던 이디모데 목사의 부인이셨던 이계숙(Kay, C. Lee) 사모가 맡아주셨는데 이 합창 활동에 목사님은 물심양면으로 많은 도움을 주셨다. 그날 가톨릭 문화회관에는 430여 명의 청중이 모여서 120여 명의 연합 성가대로부터 많은 은혜를 받은 바 있다. 이런 활동은 개교회주의를 벗어나기 위한 것이었다. 특기할 만한 것은 1974년 1월 8일부터 10일까지 2박 3일간 충남, 충북, 대전 3개 노회가 연합으로 대전신학교에서 평신도 세미나를 개최한 일이다. 참가 인원은 29명으로 비록 수는 적었지만 "내일터에서 복음을 증거하자."라는 주제의 성령 충만한 집회였다. 이 일에는 평신도 훈련원장이신 김형준 목사와 대전신학교 교장이셨던 이디모데 목사의 큰 도움이 있었다.

## 이한빈 총장

1973년 김형남 총장은 이제 두 대학이 통합되고 종합대학에 되어 발전의 터전이 완성되었다고 생각하여 이사회를 통해 제2대 총장으로 이한빈 박사를 추대하고 총장직을 고사하였다. 이한빈 총장은 우리 대학교에 과분한 분이었다.

숭전대학교 제 3대 이한빈 총장

그는 1951년 서울대를 거쳐 미 하버드대학교에서 석사를 마치고 다시 1967년 서울대에서 철학박사를 마친 분으로 학계, 정계에 많은 활동을 하는 분이었다. 교육부 장관 비서, 제11대 재무부 정무차관, 주제네바 대표부 공사, 주스위스 대사 겸 오스트리아, 바티칸 대사, 하와이 EWC 기술 및 발전연구소 소장, 하와이대 총장 특별고문을 역임했을 뿐 아니라 한국 미래학회와 자유지성 300인회 등에서 활발하게 활동하고 있는 분이었다. 그는 총장 취임사에서 "숭전인은 기독교적인 인생관과 봉사 정신을 체득하여 사회에 적극적으로 공헌하려고 하는 마음의 자세를 갖춘 사람"이라고 말한 뒤 "숭전인은 전문지식을 길러 자연과 사회환경 속에서 일어나는 문제를 해결하는 능력을 갖춘 사람"이라야 한다고 말하며 재임 기간 중 이러한 '숭전인'의 육성을 위해 노력할 것을, 다짐하였다. 실제로 대전에는 당시 이름도 생소한 〈지역개발 연구소〉를 설치하여 지역사회와 기업의 연구과제를 대학이 연구하고 그 결과에 대한 지역사회와 기업의 반응을 다시 대학의 교과과정에 반영함으로써 대학의 기능을 활성화하겠다는 의지를 밝혔다.

나는 어떻게 기독교인이 되었는가

그는 하와이 대학에서의 경험을 이 대학에서도 살리고 싶어 하는 것 같았다. 그는 하와이 대학에서 만났던 교수를 여러 명 대전에 영입하고 또 그곳에서 대학과 지역사회가 협력 개발했던 프로젝트를 모방해서 우리 대학에 '지역개발학과' 신설을 추진했다. 당시 지역개발학과는 우리나라에 처음 도입된 학과여서 우리는 이 학과가 지역사회에 어떻게 이바지하는 학과인지 아무도 알지 못했다. 또 그 약자는 〈지개과〉여서 무슨 대학에 '지개과'가 있느냐고 조소하기도 했다. 어떻든 그는 참신한 새 계획을 많이 시도했다. 두 캠퍼스의 불균형을 감지한 그는 본부나 분교 의식을 없애기 위해 매주 한 번씩 대전에 내려와 교무위원회를 주관했다. 그리고 총장이 대전에 거주할 총장공관을 세웠는데 그것이 가정교육과 생활관이 되었다가 지금은 디자인 팩토리로 바뀌었다. 그는 양교가 본부, 분교의 생각을 버리라고 말하며 총장이 기거하는 곳이, 본부라고 말했다. 그리고 부총장제를 폐지하고 양 캠퍼스에 학감(Provost)제도를 두어 학감은 총장 부재 시에 그 캠퍼스의 총장을 대신한다며 학감에게 많은 전결권을 이양했다. 두 캠퍼스에 공통된 문제를 해결하기 위해서는 '합동 교무위원회' 또 때로는 '확대 교무위원회'를 열어 의견을 종합했다. 예산은 각 캠퍼스에서 독자적으로 운영하되 서울 캠퍼스의 총장실과 기독교 박물관 등 두 대학의 상징적인 기구(Overhead)의 운영 자금은 양 캠퍼스에서 재학생 비율로 부담하기로 했다. 대전 캠퍼스와 서울 캠퍼스의 통합 당시는 재학생 비율이 180:400이었으나 이 총장 취임 때는 260:440 그리고 정부의 지방 대학 육성책으로 대전은 학생 수가 점차 증가하여 1978년에는 730:620으로 역전되었다.

그는 두 캠퍼스가 이질 집단이 아니고 동질 집단인 것을 의식하도록 많이 노력했다. 예를 들면 〈숭전대학교〉의 개교기념일은 언제 어떻게 해야 하는가 하는 문제에서도 역사가 깊은 숭실대학의 개교기념일인 10월 10일로 하자고 설득하고 1974년 10월 10일 개교 77주년 기념식을 서울에서 거행했다. 양 캠퍼스 교무위원과 주임급 인사는 다 참석하게 하고 양 캠퍼스의 연합 합창단이 축가를 불렀다. 대신 대전의 개교기념일인 4월 15일에는 '청림 축전'을 하여 전교생이 체육대회로 그날을 기념하였다. 그가 외친 "2000년대의 어귀에서 미리 가서 기다리자"라는 구호는 모든 숭전인의 가슴을 뛰게 했다. 그가 떠나기 전 1976년 9월에 나는 미국으로 유학을 떠났지만, 그는 이 큰 노력에도 불구하고 〈숭전대학교〉의 총장을 연임하지 못하고 한 표 차로 숭실대학의 동문에게 넘겼다고 한다.

나는 어떻게 기독교인이 되었는가

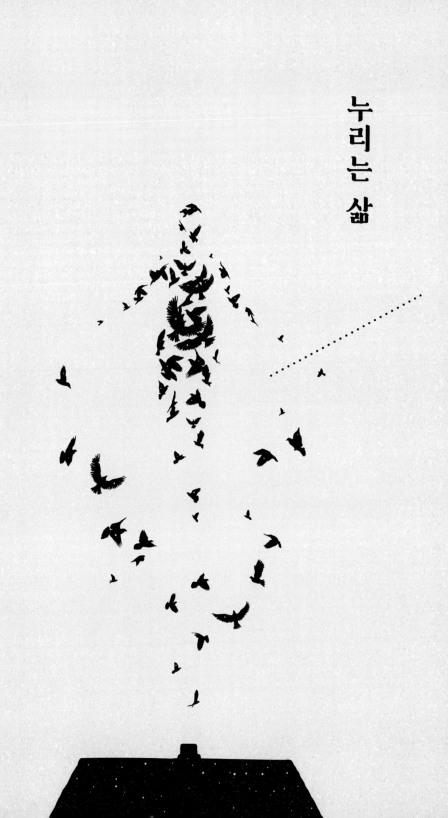

누리는 삶

나는 기독교인으로 변신하여 하나님을 만난 뒤 삶의 가치관이 변하였다. 하나님이 보여주신 새로운 세상을 보게 된 것이다. 찬송가 작사자이며 영국태생 존 뉴턴(John Newton; 1725-1807)은 지중해에서 노예 상선에서 일하면서 온갖 나쁜 짓만 하는 잔인한 사람이었는데 배 안에서 토마스 아캠피스의 『그리스도를 본받아』란 책을 읽고 눈물을 흘리며 무릎을 꿇고 하나님께 회개했다고 한다. 그 후 목사가 되어 회개한 지 29년 되는 1779년 합동찬송가 305장 '나 같은 죄인 살리신 그 은혜 놀라워'를 작사하여 이는 모든 미국인의 애창곡이 되었다. 하나님의 은혜는 사람을 변화시키고 마음의 평안을 주는 원천이다. 그리스도를 박해하던 바울도 "…내가 나 된 것은 하나님의 은혜… (고전 15:10)"라고 말하고 있다. 또 그는 "우리 주의 은혜가 그리스도 예수 안에 있는 믿음과 사랑과 함께 넘치도록 풍성하였다(딤전 1:14)"라고 말한다. 그 은혜를 나도 누리고 살았다. 하나님의 은혜는 새벽기도를 나가고, 기도원에 가서 철야기도를 해서 내게 임한 것이 아니었다. 예수님께서 십자가에 돌아가셔서 내 원죄를 사해 주셨기 때문이라고 성경 말씀을 읽어서 얻은 것이 아니다. 하나님의 음성을 듣고 문을 열었더니 주님은 나와 더불어 먹고 마시며 주님께서 동행해 주심으로 내가 생각지도 못한 순간에 때를 따라 돕는 은혜를 주신 것이다. 나는 놀라고 감사하며 주와 함께 그 평안을 누릴 뿐이었다. 나는 어느 때부터인지 그렇게 살았다. 그래서 여기 내가 살아온 여정에 주께서 주신 은혜를 한 토막씩 정리해 나가려고 한다.

# 미국 유학

　이한빈 총장이 임기를 마치기 전 나는 소망하던 미국 유학을 떠났다. 그때는 대학교수의 자질을 향상하기 위해 모든 대학교수는 박사 학위를 가지도록 교육부는 독려하고, 만일 학위를 갖지 못한 사람은 구제(救濟) 박사 학위 제도를 두어 논문만 쓰면 학위를 국내에서 받을 수 있게 허용하기도 했다. 나는 겨우 석사 학위를 받았기 때문에 국내에서 박사 학위를 받을 것인지 외국으로 나가 학위를 마치고 와야 할 것인지 고민하지 않을 수 없었다. 평소 나는 해외 유학을 원했기 때문에 외국으로 나가고 싶었으나 재정적으로 그것이 허락되지 않았다. 그러나 외국 대학에서 장학금을 받으면 이 대학에서는 2년간 반 봉급을 주게 되어 있었으므로 외국에 장학금 신청을 했다. 한 대학은 내가 하와이에 가 있을 때 여름 한 학기 전산과에서 공부한 일이 있던 미시

　　　　　　　　　나는 어떻게 기독교인이 되었는가

간 주립대학이었고 다른 한 곳은 한국에 와서 세미나를 해주신 수학 교수가 재직하고 있는 앨라배마 주립대학이었다.

무슨 행운인지 두 대학에서 다 초청장이 왔다. 그러나 한 번 갔던 미시간 대학이 마음에 끌려 원서를 냈더니 수학과 조교(Teaching Assistant) 허락을 받았다. 그것이 1976년 가을의 일이었다. 그때 내 나이 43세였으므로 말리는 동료가 많았다. 학교에서 신문사 주간, 교무위원, 중앙도서관장 등을 역임해서 이제 다른 보직도 맡아 일할 나이에 왜 외국에 공부하러 가느냐는 것이었다. 그러나 나는 늘 작은 대학, 지방 대학 출신이라는 일종의 열등콤플렉스에 시달리고 있던 때였다. 나는 미국 유학을 선택하고 수속한 후 9월 13일 워싱턴주(Spokane, Washington)에 있는 국제 학생처(International Student Office)에 근무하는 데이비드를 가는 길에 만나보았다. 1963년 하와이 대학에서 만나 한방에서 지냈던 룸메이트였다. 또 거기서 우연히 그 대학에 공부하러 와있던 숭전대학교에 재직했던 장영욱 교수 내외도 만나게 되었다. 이제 새롭게 또 유학 생활이 시작되는 것을 실감했다. 따뜻한 대접을 받고 미시간 주립대학(Michigan State University)에 오니 대학 직원이 마중 나왔다. 이 대학은 1855년에 주 정부에서 1,500만 평이 넘는 땅을 허용하여 세운 당시는 농과 대학이었다(Land Grant Agricultural College). 그런데 120년 사이에 학교 이름도 미시간 주립대학(Michigan State University)으로 바뀌고 학생 수도 50,000명을 바라보게 되었으며 미국의 큰 대학이었다. 겨우 입학정원 90명의 대전대학이나 통합 당시 130명을 자랑하던 대전 캠퍼스의 대학과는 비교가 안 되는 곳이었다.

내가 들어간 기숙사는 동관과 서관으로 나뉘어 600여 명의 기숙사생이 살고 있었는데 내 룸메이트는 인도 애였다. 개인이 소지한 소 냉장고도 있으며 자기의 애인은 미국의 의사라고 했다. 9월 20일 등록을 마치자 조교들은 각각 수학과에 방 배치를 받았다. 조교들은 두 사람씩 같은 연구실을 쓰는데 온냉방 시설이 잘되어 있었고 불편이 없었다. 조교 급료는 월 $450으로 9개월 간이었다. 임무는 각 대학의 수학 기초를 필요로 하는 학생들을 30명씩 2반을 맡아 문제를 풀어주고 상담 시간(Office Hour)을 두어 도와주는 일이었다.

수학을 이수해야 하는 그런 학생이 2,000명도 넘어 한 교수가 250명씩을 모아 대단위로 수업을 하고 그 학생들을 조교들에게 나누어 소그룹으로 돕게 하는 일이었다. 이것은 내가 기전

MSU, 수학과 사무실이 있던 WELLS HALL

학교에서 하고자 하다가 실패한 대단위 수업 형태였다. 시험은 2,000명을 한 날에 조교 여러 명을 감독관으로 해서 치르고 채점한 성적을 나누어 주는 것인데 학생들은 자기네 조교가 영어가 서툴고 잘 못 가르쳐 성적이 떨어졌다고 학과장에 불평 신고를 하는 것이었다. 따라서 각 조교는 자기 지위를 확보하기 위해 시험에 나올 만한 문제를 간추려 학관 선생처럼 자기네 학생들 관리를 해야 했다.

이 대학에는 한국 학생들이 꽤 많이 와서 살고 있었다. 혼자

기숙사 생활을 하는 애들도 있었지만, 부부 아파트가 있어 부부는 따로 집을 얻어 살 수가 있었다. 가끔 한국 학생과 어울렸는데 어떤 학생이 나더러 "오 형"이라고 부르자 "오 선생님"이라고 부르라고 옆에서 주의를 시켰다. 아저씨 뻘인 나를 그렇게 친구 부르듯 하면 안 된다는 것이었다. 그들은 대부분 서울대, 연대, 고대, 이대, 숙대 출신들로 학교를 졸업하고 바로 석사나 박사 학위를 하러 온 학생들이었다. 그런데 나는 야, 자 하는 처지가 못 되어 많이 불편했다.

교회는 학교 가까운 교회(People's Church)에 나갔는데 250명쯤 모이며 파이프 오르간도 있는 웅장한 교회였다. 그러나 바로 랜싱 한인침례교회로 옮겼다. 인원은 적었지만, 목사님이 좋았다. 나는 거기서 처음으로 송용필 목사를 만났다. 그는 수원에서 양아치 소굴에 끌려가고, 미군들 구두 닦기를 하고 지냈다는 유명한 분이다. 김장환 목사님의 도움으로 밥 존스 대학을 마치고 미시간의 그랜드래피즈 신학대학원을 마친 분이었다. 신학생일 때부터 랜싱 한인교회를 개척했다가 1975년 남침례교회에서 목사안수를 받고 계속 목사로 시무하고 있는 분이었다. 그분은 내가 아내를 초청하는 데 큰 도움을 주신 분이다.

아내는 나이가 든 남편을 보내고 나서 걱정이 되었는지 미국으로 오겠다고 말했다. 내가 미국으로 떠날 때 부모님은 내 집에 오셔서 애들과 함께 계셨다. 그래 고1, 중2, 중3, 초등학교 5학년의 네 자녀를 부모님께 맡기고 있었는데 아내가 미국으로 오겠다고 하자 어머니는 "내가 도울 수 없으니 너나 가서 도와라. 애들은 우리가 돌보겠다."라고 은퇴하신 부모님은 허락하신 모양이다. 문제는 내 재학 증명서와 $3,000 이상의 은행 잔액 증명, 아니면 재정 보증인을 세워야 했다. 먼저 기숙사비를 줄이기 위해 나는 한국 기혼 학생이 있는 방에 방세 반을 내고 함께 살기로 했다. 그는 아내가 먼 곳에서 모발 가게를 하고 있고 자녀도 있어 별거하고 있었다. 그는 주말에는 아내 집으로 가서 주말에 나는 넓은 방을 혼자 썼다.

  문제는 누군가에게 재정 보증을 받는 일이었다. 교회에 부자 의사들이 있었지만, 선뜻 재정 보증을 해줄 사람은 없었다. 교회의 송 목사는 자기가 잘 아는 김장환 목사의 처남에게 재정 보증을 서달라고 부탁하겠다고 걱정하지 말라고 했다. 그러나 그의 친구 허브(Herbert Stephen)는 부탁했다는 데도 쉬 서류를 보내주지 않았다. 그는 무척 바쁜 분이라고 했다. 모텔을 7개나 가지고 있고 아파트도 여러 개 있어서 정신이 없는 데다 어린애는 15살부터 1살 까지 8명이나 되어 말을 해도 잘 기억 못 할 수도 있다고 했다. 어찌 되었든 나는 초조했지만, 재정 보증서는 쉽게 도착하지 않고 있었다. 그래서 성격이 급한 송 목사는 자기도 유치원생 큰딸과 둘째 그리고 갓난애까지 애 셋을 데리고 있었는데 그들과 사모를 데리고 나와 함께 허브가 사는 미시간 최북단에 있는 수세인 마리(Sault Ste. Marie)까지 가자고 했다. 거기까지는 승용차로 6시간도 더 걸리는 거리였다. 나는 사모님이 불평하지 않고 따라와 준 것도 이해가 되지 않았다. 그런데 휴게실에서 쉰 다음에 나머지 길은 나더러 운전하고 가자는 것이었다. 그는 나에게 운전을 가르치고 있을 때였다. 그러나 나는 아직 운전면허도 없을 때여서 내가 고속도로에서 어떻게 운전대를 잡으며 그

나는 어떻게 기독교인이 되었는가

가족들의 안전을 책임질 수 있는 그런 처지는 전혀 아니었다.

그는 그렇게 겁이 없었다. 한때 그들이 이사하게 되었을 때 허브가 잘 되었다고 자기가 마침 자기용 비행기를 샀는데 시험 삼아 자기네 이삿짐을 날라 주겠다고 온 일이 있었다고 한다. 이삿짐을 싣고 떠 올랐는데 어찌 가슴이 떨렸는지 무사히 도착하기까지 송 사모는 계속 기도만 하고 있었다고 했다. 그가 사귀는 허브도 그렇게 겁이 없는 사람인 것 같았다. 어떻든 나는 운전을 사양하고 송 목사가 계속 운전해서 허브네 집에서 하룻밤을 지낸 후 그가 재정 보증인이 되어주어 아내를 초청하게 되었다.

드디어 10월 1일 아내가 디트로이트 공항에 도착한다는 소식이 왔다. 이때는 나를 아끼는 박사 학위 과정에 있는 박 선생이 자기가 직접 공항까지 나가 모셔 오겠다고 친절을 베풀어 주었다, 후에 들으니 그는 주차 공간이 없어 주차를 위반하고 위반 티켓을 받았다는 말을 들었다. 미안한 일이었다. 특히 같이 교회에 다니는 학생들이 많이 수고하였다. 아내는 해외여행이 처음이었고 영어도 잘 모르는데 초등학교 4학년의 막내아들까지 데리고 미아가 되지 않고 무사히 도착한 것은 감사한 일이었다. 그녀는 미시간의 환상적인 가을 풍경에 넋을 잃었다. 10월 10일 아직 미국 생활에 익숙해 있지도 않은데 우리는 랜싱 한인침례교회의 의사인 장 박사 댁에서 이른 저녁 초대를 받았다. 식사후 대학 음대 강당에서 '빈 소년합창단' 23명의 공연을 관람하기 위해서였다. 모두 한국에서는 경험할 수 없는 황홀한 광경들이었다. 특히 장 박사 댁 저녁 초대에는 참석 교인마다 선물을 가지고 모였는데 그것이 다 우리 새살림을 돕기 위한 선물들이었다. 그것은 '이사 샤워'라고 했다. 흔히 미국에서는 결혼하는 사람이 받고 싶은 선물이 있으면 백화점에 그 물품을 알려 놓으면 백화점은 이 선물들을 전시하고 친구들이 다 하나씩 사주는 일이 있는데 이것을 '결혼 샤워(Wedding Shower)'라고 한다. 그런데 한인교회의 송 목사님은 있지도 않은 '이사 샤워'를 만들어 우리 부부를 도우려고 이런 이벤트를 꾸몄다. 우리는 그렇게 이웃 학생들과 교회 교인들로부터 환대를 받고 하나님의 은혜를 누리는 삶을 살았다. 이렇게 아내와 나는 막내아들을 데리고 부부 아파트에서 새 유학생 생활을 시작하였다.

미국에서 유학생인 나는 새살림을 시작하기는 했지만, 한 사람의 장학금으로 세 식구가 살기는 터무니없이 부족한 돈이었다. 얼마 동안은 아내가 가지고 온 돈으로 꾸려갔지만 얼마나 계속될지 알 수 없는 일이었다. 아내가 할 수 있는 부업은 없을까 하고 궁리했지만, 학생 배우자 비자(F-2)로 노동하는 것은 불법이었고 또 신고하지 않은 허드렛일로 베이비시터(Babysitter; 아기 봐주기)나, 가사도우미 등은 보수도 빈약하거니와 또 영어가 되어야 했다. 거기다 내 수학 성적은 계속 저조했다. 사실 나는 대학에서 수학의 기초를 튼튼히 쌓지 못하고 다른 활동을 너무 많이 했다. 첫 번째 박사 자격시험에 실패하고 다시 두 번째에 도전했으나 거기서도 낙방이었다. 이제는 다시 한국에서 받았던 석사를 또 받고 귀국할 수밖에 없게 되었다.

나는 내 능력이 되지 못하니 일 년간 미국 생활을 함께하고 귀국하자고 아내에게 말했다. 고국에서는 패잔병으로 돌아오는 나를 어떻게 받아 줄 것인가? 또 아내는 나를 돕는다고 와서 귀

나는 어떻게 기독교인이 되었는가

국하면 무슨 체면이 서겠는가? 그동안 나는 하나님의 은혜를 누리는 형통한 삶을 살았다. 하나님은 계속 나에게 열린 문을 주셔서 승승장구하였다. 이제 문이 닫히자 나는 그동안 하나님께 기도하는 생활을 게을리했던 것을 기억했다. 교회의 땅만 밟고 다니며 교인인 체하며 살았지 주님 뜻을 항상 묻지 않고 오만하게 살았다. "내게 능력 주시는 자 안에서 내가 모든 것을 할 수 있다."라는 오만이었다. 2년이면 개선장군으로 귀국할 수 있다는 오만은 나를 모르고 세상과 대적하려던 오만이었다. 하나님께서 치시면 패잔병이라도 부끄러워하지 않고 귀국하겠다고 회개했다.

난감한 상태로 귀국을 두고 기도하고 있을 때 텍사스에 있는 댈러스가 우리를 향해 손짓을 해왔다. 한국에서 치과 의사 친구로 있다가 댈러스에 이민해서 사는 민 집사와 전화 연락이 되었는데 그녀는 댈러스에 오면 여성이 일할 기회가 많으며 학위를 마치는 데 어려움이 없으리라는 것이었다. 한 달에 $1,000 수입은 보장하겠다고 했다. 그것은 믿을 수 없는 액수였다. 그때 내 조교 장학금은 월 $450이었다. 아내는 이것은 분명 하나님의 손짓이라고 말했다. 이곳에서의 어려움은 두뇌 문제가 아니고 하나님의 뜻이었다. 하잘것없는 개나리꽃도 추운 겨울이 없는 온대 지방에서는 꽃망울 맺지 않는다. 시련 없는 성공은 없다고 아내는 나를 격려하였다. 장기전을 하자. 애들의 학비와 생활비는 자기가 벌어 보겠다. 패잔병으로 돌아가는 부끄러움을 생각하면 무슨 일은 못 하겠느냐 이런 단호한 신념이었다. 아내는 믿기지 않으면 자기가 직접 댈러스에 가서 그 정보의 허실을 진단해 보고 오겠다고 말했다. 그러나 그러다간 우리는 돌아갈 여비까지 써버릴지도 모르는 일이었다. 나는 믿지 않았다. 더구나 언어 소통도 충분하지 못한 아내가. 그러나 아내는 포기하지 않았다. 우리의 결론은 미시간에서 석사 과정을 마치고 이삿짐을 싸서 댈러스로 가는 것이었다. 가서 그쪽 사정을 알아보고 여의찮으면 거기서 귀국하자는 것이었다. 우리는 떠날 준비를 서둘렀다.

나에게 늘 친절하던 인류학을 공부하러 온 김 양이 형부에게서 물려받은 포드의 매버릭(Maverick) 차를 꼭 나에게 주고 싶다고 말했다. 자기는 차 유지하기만 힘드니 이사할 때 써 달라는 부탁이었다. 나는 그 마음씨 때문에 정말 감사했지만, 마음이 좀 뒤틀려 있었다. 실패하고 떠나는 나를 동정하는 것 같았기 때문이었다. 우리는 그때 랜싱 한인 침례교회의 집사였던 의사로부터 중고차, 지엠의 올즈모빌(Oldsmobile)을 살 계획을 하고 있을 때였다. 아내도 거저 주는 차는 받기 싫다고 윤 양의 차는 거절했지만, 결국 이삿짐을 싣기 위해서는 두 차가 필요했다. 학위를 마치고 귀국하기로 되어있던 박 박사가 윤양의 매버릭 차로 우리를 댈러스까지 이삿짐을 실어다 주고 귀국하겠다고 자원해 주었기 때문이었다. 그는 귀국해서 대전의 KAIST에 교수로 있었는데 나는 그의 은혜를 계속 잊을 수가 없었다. 오스틴에 매형이 있어 귀국 길에 매형을 만나보고 가겠다고 했지만 그런 결심은 쉽게 할 수 있는 일이 아니었다.

박 박사는 에어컨도 없는 매버릭으로 막내아들과 함께 이삿짐을 나누어 싣고 길을 안내하며 떠났고 나는 의사 집사로부터 싸게 산 올즈모빌에 짐을 싣고 서툰 운전으로 처음 장거리 여행을

나는 어떻게 기독교인이 되었는가

시작하였다. 6월 말의 한더위가 시작되고 있을 때였다. 그러나 박 박사는 미국 와서 여행도 못 했을 텐데 가는 길에 시카고 관광도 하고 가자고 여유 있는 말을 했다. 나는 그가 안내하는 대로 따라가겠다고 했다. 그래서 3박 4일의 일정으로 댈러스를 향해 출발했다. 사실 나는 그때 무엇을 관광했는지 잘 기억이 안 난다. 박 박사는 참 친절한 총각이었다. 나는 이틀째 밤에 처음으로 집에서 뜯어보지도 못하고 들고나온 두 통의 편지가 생각났다. 하나는 별로 편지를 주지 않던 내 큰동생이 보낸 것이었고 또 하나는 어머니가 보낸 편지였다. 그 두 편지는 충격적이었다. 동생이 보낸 것은 대략 다음과 같았다.

아버지의 병세가 나빠지고 있는데 애들이 셋이나 고등학교에 다니고 있어 어머니는 너무 힘드신 것 같다. 걱정이 될까 봐 형에게는 편지를 않고 계시는 것 같은데 꼭 학위를 마쳐야만 하겠는가? 집으로 돌아와 큰아들의 의무와 자녀들 돌보는 일을 해주었으면 좋겠다. 지금 형의 나이는 자신보다는 자녀를 위해 살 때인 것 같다. 자녀 교육이 얼마나 중요하며 대학 입학 경쟁이 얼마나 심각한지 멀리서는 실감하지 못할 것이다.

이런 내용이었는데 동생은 여러 번 망설이고 주저하다가 용기를 내어 대담하게 하고 싶었던 이야기를 써 보낸 것 같았다. 애들은 아내가 떠난 뒤 부모님께서 함께 사시며 돌봐 주고 계셨다. 어머니의 편지는 조금 더 조심스러운 투로 써 내려가고 있었다.

…내가 애들은 책임지겠다고 했으나 결국 내 아들이 아니고 너희들 아들인데 행여나 잘못되지 않을까 걱정이다. 고등학교는 좀 잘못 들어갔다 할지라도 괜찮을지 모르지만, 이제는 대학을 가야 할 때가 되었다. 그런데 어느 학교를 어떻게 지원을 시켜야 좋을지, 행여나 내가 잘못해서 너희들에게 평생 원망하는 소리를 듣지 않을지 걱정이 된다. 특히 저희(큰딸)는 고3이 되어선지 잠을 제대로 못 자고 집에서도 가끔 졸도하는데 지난번에는 학교에 가다가 졸도하여 업혀 돌아온 일이 있다. 이러다 무슨 일이 있을지 누가 아느냐? 만일 미국에서 공부가 더 오래 계속되어야 한다면 너(아내)라도 귀국하면 어떻겠니? 여자가 밤늦게 다니는 것도 조심스럽고 해서 지희가 귀가할 때는 내가 버스 정류장에 나가 기다리곤 하는데, 기다리는 것은 문제가 아니지만 이러다 무슨 일이 생기지 않을지 걱정이다.…

내가 이 편지를 떠나기 전에 받았더라면 댈러스로 떠나지 않고 바로 귀국했을지도 모른다고 생각하였다. 나는 패잔병으로 귀가하는 내 초라한 모습이 떠올라 더욱 비참하였다. 윤 양의 친절과 박 박사의 친절이 불쌍한 내 처지의 동정으로 가슴 아프게 다가왔다. 나는 댈러스에 가서 모든 것이 여의치 않으면 곧 귀가하고 이 모든 쓰라림을 감수하겠다고 주께 맹세하였다. 여기까지 인도하신 분도 하나님이요 앞으로 인도하실 분도 하나님이다. 나는 그분에게 자신을 맡겨야 한다는 생각을 하였다. 그러자 마음이 좀 안정되었다. 윤 양의 친절도 박 박사의 친절도 순수하게 받자는 대담한 생각이 들었다. 그들에게 사랑하는 마음을 심

나는 어떻게 기독교인이 되었는가

어 준 것도 하나님이다. 그들을 시켜 내가 댈러스에 무사히 도착하도록 그들을 권고하여 주신 것이다. 하나님이 하시는 일을 왜 내가 변론하는가? 나는 순종하기만 하자고 생각하였다.

1978년 6월 20일, 미시간 주립대학이 위치한 이스트 랜싱을 떠나 도중에 3박을 하고 우리는 무사히 댈러스에 도착하였다. 박 박사는 오스틴으로 떠나고 우리는 민 집사의 환대를 받고 2주 가까이 그 집에서 묵었다. 민 집사의 남편 김 집사는 내가 한 교회에 있으면서 교회의 초대 평신도회장으로 추천하여 함께 일했던 친구였다. 그들은 내가 유학 오기 전부터 이민 와서 이곳에서 살고 있었다. 김 집사는 UTA에서 영문학 석사를 마치고 미국에 눌러앉아 이제는 차 보험회사 대리인으로 있었다. 이곳은 북쪽과는 달리 한국 사람들이 무더기로 살고 있었다. 만 오천 명은 된다고 했다. 한인교회도 여러 개 있었고 한국 식료품상을 비롯한 샌드위치, 도넛상, 세탁소, 봉제, 옷 가게, 구두수선, 자동차 정비, 한약방, 이발사, 사진관, 심지어는 용접공, 빌딩 청소부까지 온갖 업종에 한국인들은 종사하고 있었다. 화이트칼라와 학생들만 있던 북쪽과는 판이한 현상이었다. 댈러스는 우리가 살던 학교 촌인 이스트 랜싱과는 다른 인구 95만의 대도시였다. 그리고 모두 흩어져 살아서 그렇지 하나의 작은 한국촌이었다. 북쪽 사람들은 남쪽은 덥고 사람 못살 곳으로 알고 있었으나 이곳은 품팔이 일군들이 모여든 서울처럼 북적거리고 있었다. 우리가 도착하던 때가 금요일이었으므로 주말을 보내고 월요일부터 학교와 직장을 알아보기로 하였다.

나는 내가 공부를 계속할 대학을 알아보는 것이 급선무였다. 내가 학교를 알아보는 동안 전동식 재봉틀에 익숙하지 않은 아내는 댈러스 한인교회의 송 목사 댁에서 전동식 재봉틀로 시간이 나는 대로 연습을 했다. 공교롭게도 송 목사 내외는 기전여고에서 우리가 존경했고 또 잘 지내던 사이였다. 목사 사모는 이제 한국 갈 생각하지 말고 이곳에서 같이 살자고 아주 좋아하였다. 나는 댈러스를 중심으로 반경 80마일을 잡고 그 안이 있는 대학들을 탐색해야 했다. 그러나 그것은 단순했다. 수학에 학위과정을 할만한 대학은 하나밖에 없었기 때문이었다. 그 대학에서는 새 학기 지원접수가 끝났기 때문에 장학금을 줄 수 없다고 잘라서 말했다. 한 학기 동안 채점 조교로 일할 수 있게 해주고 다음 학기에 장학금을 고려하겠다는 것이었다. 채점 조교도 등록금을 면제해 준다니 그것도 큰 혜택이었다. 댈러스에서 45마일쯤 떨어진 곳이었다. 나는 그곳에 먼저 원서를 냈다.

다음은 직장을 찾는 일이었다. 한국인이 경영하는 곳을 다 돌고 신문을 뒤져서 우리가 찾아간 곳은 미국인이 경영하는 미스터 파인(Mr. Fine)이라는 재봉회사였다. 공장장은 우리를 면접하고 우리를 쓰겠다고 환영하였다. 아내는 재봉사로 나는 창고의 재고 정리를 하는 노동자로 쓰겠다는 이야기였다. 민 집사는 이곳에 오래 사는 사람도 미국인 공장에는 취직이 잘 안 되는데 와서 얼마 안 되어 취직되었다고 기뻐하였다. 하나님이 구름 기둥으로 우리를 인도하시는 것처럼 일이 순조로웠다. 바로 그 근처의 어빙 카운티(Irbing County)에 집을 구하고 매일 출퇴근할 때마다 카드에 펀치를 하고 일을 시작하였다. 우리가 매 주일 집으

나는 어떻게 기독교인이 되었는가

로 가지고 돌아오는 돈은 $260이었다. 이렇게 해서 나는 학업을 계속할 수 있을지 앞날은 알 수 없었다. 그러나 온전히 하나님께 맡기고 어느새 우리는 한국에 두고 온 애들을 위해 기도하고 있었다. 그리고 큰딸에게 편지를 썼다.

　…지희야. 대학 입학 때문에 너무 신경을 쓰지 말고 평안한 마음으로 공부하도록 해라. 학교 성적과 관계없이 원하는 대학, 원하는 학과를 지망하도록 해라. 불합격을 탓할 사람은 아무도 없다. 떨어지면 미국에 와서 우리와 함께 공부하자. 부모 밑에 있으면 신경이 안정되어 모든 것은 정상적인 상태로 돌아가게 될 것이다.

그 애를 한국에 두고 송금하는 것보다는 곁에 두고 함께 공부시키는 것이 낫다고 생각했기 때문이었다.

직장을 갖게 되자 아내는 하나님께 모든 것을 맡겨 버리고 태평하였다. 그때 우리가 느꼈던 것은 우리는 하나님의 보호를 분명 받고 있다는 생각이었다. 하나님이 이스라엘 백성을 이집트의 노예 생활에서 해방하여 광야로 인도하셨다. 그때 뒤로는 추격하는 이집트 병사요 앞으로는 요단강이 가로막혀 있을 때 구름 기둥으로 하나님이 이스라엘 백성을 인도하시는 느낌이었다. 댈러스에서 무의무탁한 신세로 동그마니 서 있을 줄 알았는데 한국에서 같이 살던 민 집사 내외와 송 목사 내외가 우리를 돕기 위해 미리 와 있었다.

아내가 시작한 봉제와 내가 맡은 노동은 참으로 힘에 겨운 것이었다. 그러나 일거리를 찾지 못하고 2년 동안 헤맸던 아내와 나는 낯선 지역에 와서 방학 동안 일할 수 있는 자리를 쉽게 찾을 수 있었다는 것이 마냥 기뻤다. 내가 일하는 창고에는 여성용 드레스가 가뜩 걸려 있었다. 패턴대로 주문을 맡아 만들어 보내온 것이었지만 언제나 재고가 쌓이게 마련이었다. 또한, 하청을 주어 만들어 온 옷들도 순서대로 걸려 있어야 했다. 내가 하는 일은 이 옷들을 출고하기 쉽게 차례대로 정리하는 일이었다. 따라서 이쪽 옷걸이에 걸렸던 것을 다른 쪽 줄의 옷걸이에 옮긴다던가 또 걸려 있는 순서를 치수를 따라 바꾸어 정돈해 놓는 일이었다. 그러나 이것은 한꺼번에 옮기는 일이 되어 한두 개의 옷을 집는 것이 아니고 20, 30개를 한꺼번에 두 팔로 안아 다른 쇠줄 위에 거는 일이었다. 한 무더기를 양팔로 안으면 가운데서 옷이 빠져나가고 어쩌다 용케 잘 안고 옮기게 되었다고 생각하고 옷을 걸려 하면 키가 작아 잘 들어 올려지지 못하고 무너져 내렸다. 이런 짓을 온종일 하고 나면 허리, 다리, 목이 쑤시고 무너져 내릴 것만 같았다. 한 달쯤 했을까 이제는 이 일에 좀 익숙해졌다 싶을 때 공장장이 나를 불러, 옷을 옮기기가 힘이 들 테니 패턴을 찍어내는 일을 해주었으면 좋겠다고 했다. 패턴은 아주 넓고 큰 종이에 찍어내야 했다. 키 큰 미국 애들이 표준이었기 때문이었다. 롤러를 통해 기계가 돌아가는데 얇고 넓은 종이를 쫙 펴서 그 롤러 사이에 끼워 넣는 것인데 처음이 잘 못 들어가면 복사 용지가 꾸겨져 망치곤 했다. 옆에서 가르치던 깡마른 여인은 신경질이 보통이 아니었다. 만일 내가 평생을 이런 일을 해야 했다면 나는 아마 미치고 말았을 것이다.

아내와 나는 주말이면 임금으로 받은 수표를 은행에 저금하는 것이 즐거움이었다. 그러나 한 번도 쌓이는 일이 없이 들어오는 대로 집세로, 기름값으로, 채솟값으로 나갔다. 마치 광야에 있던 이스라엘 백성들이 매일 하루분 만나를 주워 가지고 들어와서 먹고 나면 없어지는 그런 꼴이었다.

개학하자 나는 직장을 그만두고 학교에 통학하였다. 막내는 초등학교를 걸어서 다녔고 나는 버스로 댈러스의 한 쇼핑센터에 차를 주차하고 거기서 대학까지 가는 셔틀버스를 탔다. 여기서 통학하는 학생이 많아 학기별로 패스를 사면 셔틀버스가 학교까지 데려다주었다. 아침 일찍이 아내를 직장으로 출근시키고 또 아내의 퇴근 시간에 맞추어 돌아와 아내의 직장으로 달려가는 분주한 일과였다. 공부가 위주인지 일이 위주인지 알 수 없는 바쁜 한 학기였다. 미스터 파인에는 한국 부인들이 몇 사람 일하고 있었는데 어떤 남편은 으레 저녁밥을 안쳐 놓고 아내를 맞으러 오는 것 같았다. 온종일 재봉에 지친 여인들의 얼굴은 모두 유령같이 회색이었다. 그래도 남편을 보면 생기가 나는지 안색이 환해지며 소리를 질렀다.

"자기 밥 안쳐 놓았어?"

집에 가서 또 밥을 해야 하는 일만 없어도 공순이들은 기쁜 모양이었다. 하나님께서 칠 일째에 쉬게 하신 것이 그렇게 감사할 수가 없었다.


우리가 어빙의 맥아더 거리에 이사한 지 얼마 안 되어 송 목사 내외가 심방을 왔다. 오면서 풀 사이즈 매트리스를 승용차 위에 싣고 왔다. 매트리스를 싣고 온다는 것은 얼마나 위험한 일인지 모른다. 아마 경찰이 보았으면 벌금을 물렸을지도 모른다. 매트리스를 승용차 위에 매달고 오면 풍속이 가속되어 차가 휘청거리고 사고 위험이 커지기 때문이다. 이 매트리스는 새것도 아니었으며 그들도 남에게서 물려받은 것이었다. 그런 매트리스를 스스럼없이 줄 수 있다는 것은 보통 우정으로는 설명이 될 수 없다. 우리는 이 얼룩진 매트리스를 받을 때 감개가 무량하였다. 침대가 없으면 양탄자 위에 매트리스라도 깔아야 한다. 이런 배려는 가난하게 살아 본 사람이 아니면 생각할 수도 없고 이 사랑의 행위는 우리가 무엇이나 이해하는 동지라는 생각이 없으면 할 수 없는 일이었다. 우리의 우정 사이에 무엇인가가 하나라도 끼어서 주고 욕먹을지도 모른다는 생각을 하게 된다면 어떻게 이런 사랑의 행위를 할 수 있겠는가? 그보다도 내가 기뻤던 것은 나에게도 목사 친구가 있다는 것이었다. 권위를 내세우고 거드름을 피워도, 또 설교를 잘못해도 한 마디도 충고할 수 없이 듣고 있어야만 한다면 얼마나 답답한 일인가? 그런데 이 목사는 내 친구여서 할 말을 할 수 있는 처지였다. 우리는 옛날 한 학교의 동료 선생이었던 목사 내외를 만나서 정말 기뻤다. 그들은 이민 목회의 어려움을 털어놓았다. 한국에서 손님이 오면 으레 공항에 마중을 나가야 하며, 자기 집은 손님들의 임시 숙소라고 말하였다. 이민 온 사람들의 아파트를 찾아 주는 일, 집 사는 것을 돌보는 일, 사업 상담, 개업 예배, 심지어는 건물 청소 자리까지 찾아 주는 것이 이민 교회의 목사가 하는 일이라고 말하였다. 어떤 날은 길에서 차가 섰다고 전화가 와서 곧 가겠다고 말은 했으나 교회 일이 밀려 이일 저일 처리하고 있으면 다시 왜 빨리 오

나는 어떻게 기독교인이 되었는가

지 않느냐고 짜증을 내는 교인도 있다고 했다. 주중에는 모두 자기 일에 바빠 시간을 내어 도와줄 사람이 목사밖에는 없다는 것이었다. 그러나 그는 이런 시중이 즐거운 모양이었다. 시종 싱글벙글하였다. 늦게까지 심방을 다니다 돌아오면 애들은 집 앞에서 기다리다가 잠들어 있는 경우도 많다고 했다. 섬긴다는 것은 기쁜 일이다. 그러나 이 기쁜 마음을 누가 주었는가? 예수님이 동기 부여를 하면 다른 모든 일에 이 동기가 앞선다. 그는 예수님을 본받고 섬기는 삶을 사는 목사였다. 예수는 우리가 닮아가려 하는 모범이다. 그러나 우리는 눈에 보이지 않은, 이야기로만 듣는 예수보다도 우리 곁에 있는 지도자의 모습에서 더 많은 모범을 본다. 우리도 이처럼 살아야겠다는 생각을 시시각각 하며 자기의 삶을 반성한다. 이런 순간들을 통해 우리는 기독교인으로 성숙해지는 것이 아닐까? 그는 애들을 위해 거의 의복도 장난감도 사지 않는다고 말했다. 교인들이 헌 옷을 많이 갖다주며 또 크리스마스 같은 때는 교인들이 자기 애들 선물을 고를 때는 꼭 목사 자녀들도 생각하고 새 옷이나 장난감을 사서 가져오기 때문이라고 말했다. 마치 긴 젓가락만 있는 천국에서 자기 입에는 넣지 못하고 남의 입에만 서로 음식을 넣어 주는 모습을 보는 것 같았다. 남을 위해 살며 자기는 하나님께서 채워 주시는 것을 누리고 산다면 그보다 더 바랄 게 무엇이 있겠는가? 나는 교회의 요식행위를 많이 싫어했었다. 아무리 힘들어도 하루는 새벽기도로 시작해야 한다든가, 기독교인은 술 담배는 입에 대서는 안 된다든가, 십일조를 안 하고 하나님의 돈을 도둑질하면 안 된다는 말은 율법주의자가 하는 말이라고 잘 듣지도 않았다. 랜싱에서 아내와 처음 교회에 나갔을 때 내가 학생이라고 $1짜리 헌금을 하는 것을 보고 아내는 매우 놀라며 나를 꾸중하였다. 그것은 정직한 십일조가 아니라는 것이었다. 그런데 이제 요식행위가 나를 훈련하는 막대기임을 깨달았다. 기전학교에서 술 담배를 안 하던 내가 랜싱에서처럼 술 담배를 한다면 나는 분명 이중인격자였다. 예수님과 함께 산다는 것은, 율법주의라고 비난하지 말고 요식행위도 존중하며, 교회 헌법도 잘 지켜서 다른 기독교인을 존경하는 생각을 가져야 마음의 평안을 얻는 길이 되지 않을까 하고 생각하게 되었다.

한 학기를 지내자 나는 학교에서 조교 장학금을 받을 수 있게 되었다. 그리고 아내도 능숙해져서 다른 일감도 맡아 더 할 수 있게 되었다. 그래서 우리는 한국에 있는 딸을 이곳 송 목사의 재정 보증을 받고 초청하였다. 아내는 먼저 걱정하였다. 딸이 오면 미국 생활은 화려하고, 아름다운 거로 알 텐데 바닥에서 침대도 없이 이런 매트리스로 생활하는 것을 보면 얼마나 실망하겠는가 하는 것이었다. 그것은 하나님께 대한 응석이었다. 딸이 온다고 우리가 어떻게 잘 사는 것처럼 거드름을 피울 수 있겠는가? 이제 겨우 숨을 돌리게 해 놓으니 욕심을 부리는 꼴이었다. 그러나 우리는 더 좋은 환경을 달라고 기도하고 있었다. 학교를 매일 통근하는 것도 힘 드는 일이었다. 또 딸이 오면 대학을 다녀야 할 것이었다. 그러나 내가 다니는 대학촌은 인구도 5만여 명밖에 되지 않았으며 일감도 없는 곳이었다.

내가 다니던 북 택사스주립대학(NTSU, 현재는 UNT)에는 김 박

　　　　　　　　나는 어떻게 기독교인이 되었는가

사라는 한국 분이 오래전부터 교수로 계셨다. 이분은 대학이 있는 덴턴(Denton) 지역의 미국 교회에 출석하고 있었다. 그는 한국에 대해 알고 싶은 호기심이 많았고 나와는 같은 연배여서 학교에서 자주 만났다. 미국에서 오래 살면 한국에서 갓 들어온 사람에게 피해를 받을까 봐 개인 정보를 숨기고 산다는데 그는 내가 보기론 전혀 그런 것 같지 않았다. 그는 어떤 한국 사람보다 친절했다. 또한, 남을 도와주는 걸 아주 좋아했다. 그를 사귀어 본 사람은 누구나 영어 잘하고, 미식가이며, 남의 일 도와주길 좋아하는 사람이라고 말하지 않은 사람은 없을 것이다. 어느 날 그는 자기 집을 다음 학기부터 반년 동안 우리더러 쓰라고 말했다. 자기네는 집을 하나 새로 샀는데 반년은 매입한 사람이 새집에서 살아야 한다는 것이었다. 그러니 부담을 갖지 말라고 말했다. 처음에 그래도 되는 거냐고 당황해서 물었지만 싫지 않으면 그렇게 하라는 것이었다.

그런데 지희는 복 있는 애 같았다. 우리가 김 박사댁에 이사하기로 된 날 낮에 포트워스(D/FW) 공항에 도착하였다. 우연이었을까? 그래서 우리는 이사를 도와주겠다는 전도사가 빌려 온 유홀 트레일러(U Haul Trailer)에 짐을 실어놓은 상태였다. 우리가 살던 곳은 댈러스와 공항 사이의 어빙 지역이어서 그리 멀지 않은 곳에서 딸을 데려올 수 있게 되었었다. 딸이 오자 우리는 바로 김 박사 댁으로 달렸다. 그래서 그녀는 입국하자마자 바로 호화로운 주택 생활을 하게 되었다. 그것은 지희의 복이기도 했다. 짐을 풀고 기도하면서 하나님께서 우리를 사랑해 주시고 이끌어 주신 것을 감사했다. 지희는 이곳에서 고등학교 졸업 후 대학에 가는 것이 좋겠다고 해서 미국의 12학년에 편입을 시켰다.

김 박사의 부인도 남 돌보기를 좋아하는 분이었다. 아내가 학생 촌에 와서 일감이 없으면 어떻게 하느냐고 애가 타, 매일 신문을 계속 뒤지더니 학교 촌에 있는 〈러셀 뉴먼〉이라는 회사를 소개하였다. 이제 아내의 근무지는 그 회사가 되었다. 이번에는 의상의 샘플을 만드는 회사였다. 디자이너가 디자인한 샘플을 만드는 곳으로 공장은 크지 않았지만 여러 가지 기계를 다 다룰 줄 알아야 했다. 아내는 평소에 옷 만드는 것을 좋아하는 성미였다. 그래서 그녀는 그것도 만족스럽고 감사했다. 오랫동안 떼어 놓은 딸이 오고, 좋은 주택에서 살게 되고, 나는 먼 거리를 통학하지 않아도 되며 조교 장학금도 받게 되어 그때부터는 행복이 시작되는 것 같았다. 하나님은 우리의 응석에 가까운 기도도 들어 주시는 것 같았다.

나는 1979년 1월부터는 나 자신을 의심할 만큼 모든 일이 순조롭게 풀렸다. 미시간에서의 고난을 통해 하나님은 우리를 연단시키신 것이다. 고등학교 12학년에 들어간 지희는 5월에 있을 TOEFL 시험 준비를 하였다. 대학 입학의 스트레스는 사라지고 수학이 미국에서는 제일 쉬운 과목이 되었다. 나는 나대로 아내는 아내대로 제 자리를 찾고 있었다. 다만 교회가 한 시간 가까이 걸리는 거리여서 문제였지만 즐거움으로 참석하였다. 그런데 교회는 평화롭지 못했다. 교회가 분열 위기에 처하게 된 것이다.

목사가 설교를 못 하면 교인들은 떠나간다. TV의 채널을 바꾸듯 딴 곳으로 옮겨간다. 오라는 교회가 많기 때문이다. 설교

　　　　　　　나는 어떻게 기독교인이 되었는가

를 하나님의 말씀으로 듣는 것이 아니고 자기 듣고 싶은 말만 골라 들으며 "은혜스럽다."거나 "오늘 설교 죽 쑤었다."라고 화를 내며 교인들은 집으로 돌아간다. 이민 사회는 잘난 사람이 많다. 비록 설교를 잘하는 목사라 할지라도 성경만 잘 풀어 이야기하면 무슨 소용이 있느냐고 말한다. 목사는 한 손에는 성경, 한 손에는 신문을 들고 지금 삶에 맞게 성경을 재해석하라고 말한다. 또 말은 잘하는데 섬기는 삶이 본이 되지 못한다고 말한다. "나라에 반역이 일면 통치자가 자주 바뀐다."(잠 28:2 전반)라는 말이 있는데 이런 불평이 쌓이면 교회는 수렁에 빠지기 마련이다. 같은 절에 "총명하고 지식 있는 지도자가 있으면 나라가 오랫동안 안정을 유지한다.(잠 28:2 후반)"라고 했는데 주님의 말씀에 순종하는 총명한 지도자가 부족했던 것 같다. 댈러스 한인장로교회는 드디어 분열되었다. 교회를 새로 사서 옮기자는 데는 아무 이견(異見)이 없었다. 모두가 미국 교회를 빌려서 쓰는 일에 싫증을 내고 있었기 때문이다. 한국인이 쓰고 간 자리에서는 김치 냄새가 난다고 장소를 빌려준 미국 교회에서는 항의해 왔었다. 그러나 한국 사람은 김치 안 먹고 고기 굽지 않으면 먹는 맛이 없었다. 또 한국 애들은 유난했다. 학교에 가면 미국 교사의 말은 잘 듣는데 교회만 오면 큰 소리로 떠들고 방방 뛰며 어디나 쓰레기를 버리곤 했다. 그래서 우리에게 교회를 빌려준 미국 교회 학생들은 큰 전시판에다 "교회를 깨끗이 합시다."라고 쓴 뒤 온갖 버려진 잡동사니 쓰레기를 주어서 모아놓고 한국인들이 보라고 교회 통로에 탁자를 놓고 전시하는 것이었다. 우리만의 교회를 하나 가져야 한다는 건 모든 교인의 염원이었다. 또한, 자금도 어느 정도 적립되어 있었다. 물망에 오른 교회는 매물로 내놓은 한인 중앙장로교회였다. 이 교회를 답사하고 온 건축위원장이 공동의회에서 이 교회의 입지 설명을 하였다. 그러나 좀 더 두고 물색해 보자는 이야기로 회의는 끝났다. 얼마 뒤에 갈랜드에 있는 미국 교회가 매물로 나왔는데 그곳은 대지도 넓고 또 우리가 산다면 교회가 미국 노회에 정식으로 가입하는 경우 10만 불을 도와줄 수 있다는 것이었다. 의견은 대립했다. 한인교회를 사자는 쪽과 갈랜드의 미국 교회를 사자는 두 쪽이었다. 목사는 갈랜드교회 쪽이고 건축위원장은 한인교회 편이었다. 건축위원장 편은 갈랜드교회는 미국 노회에 정식 가입해야 혜택이 있는데 이것은 있을 수 없는 일이라고 했다. 미국 장로교에 가입하는 것은 교회 재산 전체를 주고 미국 노회에 의존해서 살자는 것인데 한국 사람이 왜 그래야 하는가? 독립 교단이 좋다. 미국 교단에 들어가려 하는 것은 주체성이 없는 짓이다. 이것은 목사의 사례가 부족하므로 보조를 받아 더 많은 사례금을 받기 위한 수단이다. 그러자 한 편에서는 더 나은 교회를 사는 것이 앞날을 위해 좋지 않겠는가? 미국에 있는 교회가 미국 노회에 가입했다고 주체성이 없어질 만한 이유도 없다고 맞섰다.

4월 초부터 교회의 분열 양상은 구체화 되어 대화로는 해결하기 어려운 상태가 되었다. 송 목사는 교회를 사서 이전하는 문제보다는 미국 노회에 가입하느냐 마느냐가 더 근본적인 문제라고 생각한다며 모든 일에 앞서 이 교회가 미국 노회에 가입할 것인가 아닌가를 먼저 결정하자고 공동의회를 열었다. 갑론을박 끝에 공동의회는 노회 가입을 찬성하기로 결의하였다. 드디어 교

나는 어떻게 기독교인이 되었는가

회는 둘로 갈라지고 말았다. 이 교회 교인들은 1975년 연합교회에서 나와 송 목사를 모시고 장로교회를 세우자고 분리되어 나온 창립 멤버들이었다. 갈라져 나온 이유는 연합교회는 교회가 사교(社交) 모임 같아 교회답지 않다는 것이었다. 송 목사와 뜻을 같이했던 그 그룹이 다시 4년 만에 갈라지게 된 것이다. 건축위원장을 비롯한 한 무리는 맹목적으로 목사를 추종하는 돈 있는 떼거리들이 주체성 없게 그런 결의를 하였다고 분개했다. 독립교회가 왜 주체성 없이 미국 노회에 속하려고 기를 쓰느냐는 것이었다. 여러 가지 협상에도 불구하고 그들은 반대를 선언하고 교회 재산을 반분하자고 주장하였다. 그러나 목사는 교회의 자산을 나누는 것에 앞서 뜻을 같이했던 성도들을 잃어버리는 아픔이 더 컸으리라고 교회 출석 일 년도 안 되는 나는 친구인 목사가 힘들겠다는 생각만 했다.

공동의회에 찬성한 교인들은 댈러스 북부 갈랜드(Jupiter Rd. Garland)에 있는 미국 교회를 사기로 했다. 땅도 넓었지만, 예배당도 꽤 컸다. 몇 사람 안 되는 교인이 텅 빈 예배당에서 5월 말 첫 예배를 드렸다. 개선장군도 아니며 패잔병도 아닌 우리는 마음이 아팠다. 친한 친구들을 잃은 안타까움도 있고 옆자리가 비어, 뒤에서 무슨 소리만 나도 혹 옛 교인이 오는 것이 아닌가 하고 뒤돌아보곤 했다.

7월에 들어 세 사람의 장로와 여섯 사람의 집사를 세운 뒤, 교회는 미국 노회 가입 절차를 밟았다. 이때 장로로 피선된 한 분이 덴턴에서 교수로 있는 김 박사였다. 김 박사는 영어가 유창하여 가입된 노회와 교회의 원활한 관계 유지에 큰 힘이 되었다.

11월 노회에 가입 후, 송 수석 목사는 미국 노회(Grace Presbytery)에서 목사 안수를 받고 또 교회에서는 노회 절차를 따라 교인들은 공동의회를 하고 위임 절차를 마치고 목사 위임을 받았다. 여성들의 참여가 많이 요구되었고 교회의 체제도 많이 바뀌었다. 먼저 제직회 회장은 집사 중에서 선거하여 그 임무를 맡기고 당회와 제직회 임원이 갖는 합동회의를 하는 등 많은 생소한 제도가 도입되었다. 노회는 소속 교회가 가난하여 목회자 대우를 제대로 하지 못할 때는 사례금을 보조해 주는 제도가 있었다. 그러나 송 목사는 이를 거절하였다. 그는 사례의 문제가 아니라 교회가 선교의 사명을 다하려면 든든한 총회와 노회가 있어서 그 노선에 따라 협동해서 활동할 수 있다고 생각해서 노회 소속을 원했던 것이었다. 그래서 노회에서 주관하는 연수나 선교 프로그램에는 적극적으로 참여하였다. 덴턴에서 교회까지는 1시간이 더 걸리는 거리였다. 그래도 가끔 학생 중엔 나를 따라 교회에 가보고 싶다는 학생이 있었다. 75번과 635번 고속도로는 남북과 동서를 잇는 아주 급한 고가 교차로였는데 한 학생은 나를 따라오려다 속도를 줄이지 못해 사고가 날 뻔했다는 말도 했다. 그 뒤로 우리는 유학생들을 모아 덴턴 대학의 교실을 빌려 성경 공부를 시작했다. 송 목사는 사모와 함께 일 주일에 한 번씩 음식도 싸 와서 성경 공부를 인도했다. 그 뒤, 임 무광 강도사가 뒤를 이었는데 그것이 덴턴교회의 시작이 되었다고 생각한다. 이것이 이민 교회와 유학생들의 현주소였다. 당시 전주 기전여학교에서 나와 같이 근무했던 박화자 선생은 이곳 덴턴대학(NTSU)의 학생으로 와 있었는데 유학생들의 어머니였다. 그 후, 귀국해

나는 어떻게 기독교인이 되었는가

서도 그녀를 잊은 사람은 많지 않다. 후에 전국 여전도회 연합회 총무로 한국에서 많은 이바지를 한 분이다.

나는 과거를 생각하지 않기로 했다. 또 미래도 걱정하지 않기로 했다. 내가 걱정한다고 뭐가 달라질 것도 없었다. 내가 해결해야 한다는 생각을 내려놓고 하나님께서 인도하는 대로 따라가기로 한 이상 맡겨진 일에 충성하고 매사에 하나님께 감사할 따름이었다. 김 박사 집에서 6개월을 지낸 뒤 나는 대학가로 집을 얻어 옮겼다. 1979년 6월의 일이었다. 6월 4일부터 7월 6일까지가 여름학기였다. 나는 3월부터 정식 조교가 되었는데 학과장은 내가 딸까지 데려와 있는 것을 알고 여름학기에도 학생을 가르치도록 한 반을 맡겨주었다. 그때 내 일과는 너무 꽉 차 있었다.

고단했지만 이제는 나를 남과 비교하지 않고, 남들처럼 되려고 노력하지도 않고, 주어진 자리에서 하나님께서 유일하게 만들어 주신 '나'를 찾아 평안하게 살고 있었다. 고국에는 첫째 아들이 고3, 둘째가 고2로 대학 입학 준비를 해야 할 때가 되었고, 첫째 딸, 지희는 여기서 대학 입시를 위해 TOEFL 준비를 하고 있었다. 숭전대학에서 받는 내 반 봉급은 8월 말을 마지막으로 끊어질 상황에 놓여 있었다. 그러나 이전 같으면 내게는 닥치는 미래의 걱정 때문에 괴로워 하루도 버티기 힘들었을 것이다. 그러나 아내도 나도 이제는 우리 힘으로는 어떻게 할 수도 없는 일이어서 만나와 메추라기로 먹이시는 하나님을 의지하고 매일 충성스럽게 사는 일만 하고 있을 뿐이었다.

다행히 큰딸은 자기가 받은 TOEFL 성적으로 내 대학 수학과에 입학 허가가 났다. 그녀는 내 딸이어서 등록금이 면제되었으며 9월부터 미국의 대학생이 된 것이다. 여기 큰아들 철에게 보낸 아내의 편지를 발췌해 적는다

1979년 11월 6일

철에게.

철아, 너희 예비고사 날에는 멀리서 온 식구가 모여 앉아 위하여 기도드렸다. 전화했더니 할머니께서 시험도 잘 보았고 건강하여 잠도 잘 잔다고 해서 퍽 기뻤다. 너는 갓난애 때부터 잘 자고, 잘 먹고, 잘 놀고 하더니 커서 공부까지 잘하니 하나님 축복인 줄 알고 감사할 뿐이다. 할아버지 할머니께서 온 정성을 너희 형제들에게 기울이고 계시니 그 은혜에도 감사해야 하겠다.…

1979년 11월 20일

…아빠는 네가 예시를 잘 봐서 전국 1위를 하는 것이 아닐까 하고 기대가 크시다. 아무튼, 장하고 감사하다. 너는 이렇게 좋은 결과로 우리 가족과 선생님들 모두에게 보답한 셈인데 엄마, 아빠는 뭣으로 보답을 할까? 우선 $1,000을 송금한다. 내가 할 수 있는 일이다. 할머니 겨울 오버 $100, 1, 2, 3학년 담임 선생 선물 $120, 대학생이 된 네 양복 기타 $200, 동생 옷 $80, 계 $500. 그리고 나머지는 생활

나는 어떻게 기독교인이 되었는가

비로 비축해라. 다음부터는 아버지 봉급이 안 나오기 때문에 3개월
에 한 번씩 이렇게 보내겠다.…

철이는 서울대학의 본고사에 합격했고 대전고등학교 재학 중
동문회에서 준 장학금은 고등학교 3년의 장학금일 뿐 아니라 서
울대학에 진학하는 경우는 일정 성적을 유지하는 동안 계속 주
어지는 장학금이었다. 우리는 하나님께서 이렇게 먹여 주셨다.

학위과정 2년째 1980년 6월 8일 아버지는 한국에서 돌아가셨
다. 한국에서 아무 연락이 없었는데 돌아가신 지 두 주 후에 우
연히 문안 전화를 드렸다가 아버지가 돌아가신 것을 알게 된 것
이다. 나는 그때야 미국에서 송 목사님 집례로 내가 사는 집에서
추도예배를 드리며 울음을 삼켰다. 내 아버지는 한의사가 왕진
후 바로 돌아가셔서 유언하지 않으셨다고 한다.

그러나 나는 그분의 마지막 말씀이 유언이었다고 지금도 생
각하고 있다. 어머니께서 내게 들려주
신 아버지의 마지막 말씀은 "보고 싶
은 사람"이라고 그리운 모습으로 한마
디 하신 것뿐이라는 것이었다. 어떻게
받아들여야 하는가? 아버지는 끝내 나
에게 귀국하라는 말은 하지 말라고 하
신 것이다. 어렸을 때의 추억이 떠올
랐다.

나는 크는 동안 두 번 죽을 고비를
넘겼는데 첫째는 내가 초등학생 때 학

철의 서울대 합격증. 아버지가 돌
아가시기까지 벽에 붙여놓았던 것

교 귀갓길에 홍수에 덮인 길을 걷다가 익사해서 죽을 뻔했다. 그 때 길가를 흐르던 개울가에서 자라던 나무에 걸려 있다가 살아난 것이다. 아버님은 함평 대화국민학교(함평초등학교)에서 1년간 근무하다가 1941년 학교면 월송리(鶴橋面 月松里, 1973년부터 대동면에 편입됨)에 새로 시작하는 작은 초등학교를 개척하여 운영하고 계셨다. 내가 2학년 때 그 학교는 1학년으로 시작하여 점차 2, 3학년으로 커가는 학교였다. 따라서 나는 그 학교에 다니지 못하고 십리 길을 걸어 2학년부터 졸업까지 함평 초등학교에 다니고 있었다. 그런데 하루는 학교에 가 있는 동안 폭우가 쏟아져 귀갓길이 물로 덮인 것이다. 그것이 물세례였다면 나는 너무 어마어마한 세례를 받은 것이다. 그 속에 빠져 죽었는데 나무에 걸려 떠 있는 모자 때문에 학교 소사(小使; 사환)가 그걸 보고 날 구원해 주었다

두 번째는 내가 중학생일 때 전신주에 올라가 변압기를 잘못 건드려 감전되어 실신해 땅으로 떨어진 일이었다. 그때는 자주 정전이 될 때였다. 전력이 부족해서 그럴 수도 있었지만, 전신주에 놓인 변압기에서 퓨즈가 끊기거나 진동으로 접촉이 끊기어 정전될 때가 많았다. 나는 겁 없이 그곳에 올라가 잘 고치곤 했다. 그곳 전압은 2,200V였다. 그런데 그때는 비가 온 날이었는데 정전이 되어 고무장갑도 없는 때 그냥 올라가 만지다가 감전이 되어 땅에 떨어졌다. 아마 아버지는 나를 저승 문 앞에서 두 번 건진 아이라고 생각하셨을 것이다. 불세례치고는 너무 엄청난 것으로 나는 그때 또 한 번 죽었다 살아났다. 그래선지 아버지는 내가 특별한 생명을 가지고 태어났다고 생각하셨는지 나를

나는 어떻게 기독교인이 되었는가

많이 사랑하셨다.

성경에는 "자녀들아 주 안에서 너희 부모에게 순종하라."라는 말이 있다. 아마 아버지가 "너는 이 가정을 이끌 장자다. 너는 어떻게든 살아야 한다."라고 그때 말씀하셨던 것 같다. 나는 아버지를 좋아했고 아버지가 하는 대로 따라 했다. 아버지는 시골 교장으로 학교의 정원을 만들며 우물가에 수양버들을 심으셨다. 나는 그분이 학교 동산을 조경할 때 나무들을 전정하는 것을 보아서 우물가에 심은 수양버들 가지까지 전정 가위로 잘라버렸다. 많이 화가 나셨을 텐데 그때도 나를 꾸중하지 않으시고 용서하셨다. 그래서 "아버지, 하나님"이라고 기도할 때 거부감이 없으며 하나님께서도 아버지처럼 나를 조건 없이 사랑하신다고 생각하고 기도한다. 그런 아버지가 병상에서 한 번도 "내가 힘들다. 제발 학위를 빨리 마치고 돌아오라."라는 말을 하고 싶지 않았겠는가? 라는 생각을 한다. 병원을 가지 못하고 한의사만 의지하던 아버지가 한 번은 진료를 받으러 갔더니 새파랗게 젊은 의사가 "술 끊어!"라고 했다는 것이다. 어머니가 귀갓길에 못된 의사라고 했더니 "후레자식이라 그러지."라고 했으나 당장 다음날부터 술을 끊었다는 것이다. 그렇게라도 해서 연명하여 귀국하는 아들을 보고 싶으셨을 것이라고 나는 생각한다. 나는 "보고 싶은 사람."이라고 말씀하신 말을 유언이라고 지금도 생각한다.

누리는 삶

# 하워드패인(Howard Payne)대학

하워드패인대학이 어떤 대학인가? 한국에 있는 사람뿐 아니라 미국에 사는 사람도 잘 모르는 대학이다. 그러나 역사가 90년이 넘은 침례교 대학이다. 이 시골 브라운우드

하워드패인대학(HPU Brownwood, TX)

(Brownwood) 지역의 제일침례교 목사가 처남 에드워드(Edward Howard Payne)의 투자로 1890년에 이 학교를 세웠는데 1981년 내가 들어간 당시는 6개 대학에 400여 과목을 개설한 대학교로 발전하고 있었다.

내가 1981년 학위과정을 다 마치고 논문만 남겨 놓게 된 7월 여름방학 때였다. 갑자기 침례교 대학의 부총장이라는 분이 나를 면접하고 싶다고 전화로 연락해 와서 나는 깜짝 놀랐다. 미국 전역의 20여 군데 대학에 가르치는 자리를 찾아 원서를 냈지만 아무 소식이 없어, 거의 포기하고 있는 때였다. 당시 나는 박사 학위 과정에 있었으며, 영주권 소지자가 아니었다. 그런데 전화 연락을 받은 것이다. 덴턴의 한 모텔에 가서 만났다. 그는 수학 교수를 찾고 있는데 올 수 있겠느냐는 것이었다. 전혀 예상하지 않던 질문이어서 나는 어리둥절하면서 2, 3일간만 여유를 주면 지도 교수와 상의해서 연락해 주겠다고 대답했다. 그는 지도 교수가 누구냐고 묻고 바로 연락해 주지 않으면 안된다고 말했

나는 어떻게 기독교인이 되었는가

다. 그렇게 간단하게 나는 덴턴에서 170마일 떨어진 하워드패인이라는 대학에 취직했다. 미국에서 처음으로 고용계약서라는 것을 써 보았다. 내 이름이 적히고 수학과의 조교수로 8월부터 이듬해 5월까지 연봉 18,000불로 고용하겠다는 것이었다. 그것은 적은 봉급일지도 모른다. 그러나 일 년 8,000불의 조교 봉급보다는 월등히 많은 것이었다. 그 밑으로는 13가지 조건이 나열되어 있었는데 이 학교는 기독교 사립대학이라는 것을 알고 이 대학이 추구하는 기독교 원리와 이상에 합당하게 개인적인, 그리고 공적인 품위를 유지해야 한다는 것도 들어있었다. 나는 다시 한번 "왜 '나'인가?"라는 생각을 하였다. 하나님의 은혜란 이런 것인가 하고 생각했다. 또 한 번 하나님의 은혜를 누리게 된 것이다. 미시간에서 두 번이나 박사 자격시험에 떨어졌는데 여기서는 두 번도 아니며 단번에 모든 과목을 통과한 것이다. 미시간의 고난이 내게 약이 된 것이다. UNT의 수학과 과장은 내게 아주 친절했다. 두 과목 밖에는 학생 지도를 맡기지 않던 규례를 깨뜨리고 나에겐 3과목을 가르치게 해서 내 경제난을 덜어 주었다. 이제 학위과정을 마치고 논문만 남았는데 혹 직장이 있을까 해서 전국 각지에 원서를 냈던 것인데 또 먼 곳에서 초청을 받았다면 어쩔 뻔했는가? 하워드패인대학은 운전으로 3시간 정도의 거리였다. 하나님은 이 직장이 필요하다고 나에게 예비해 주신 것이다.

나는 처음으로 미국 대학에서 학생을 가르칠 수 있게 되었다. 온 가족이 차를 몰고 170마일이 되는 침례교 대학을 찾아가 그 대학 선을 보았다. 작지만 아담하고 정감이 가는 대학이었다. 캠퍼스에는 밤 경기 시설이 있는 테니스장 두 개가 놓여 있고 피칸 나무가 우거진 뜰이 있는 집이 하나 보였는데 그것이 우리가 살 수 있는 학교 소유 집이었다. 하나님께서는 우리에게 이런 직장 과 집까지 준 것이다. 고용계약서에 서명하여 제출하자 부총장 은 어떻게 해서 내가 채용된 것인지 아느냐고 물었다. 고개를 내 젓자 다음 학기를 위한 수학 교수 채용에 여섯 사람이 응모했는 데 나를 빼고 다 학위를 가진 미국 사람들이었다고 했다. 그래서 채용 결정을 벌써 했는데 채용된 사람이 갑자기 다른 곳으로 가 게 되어 다시 채용 광고를 낼까 아니면 과거 지원자들을 다시 한 번 접촉해 볼까 하고 있는데 내 서류가 자기 책상 위에 놓여 있 는 것을 발견했다고 했다. 먼저 나를 만나보고 다른 조처를 할 셈이었는데 그냥 마음에 들어 쓰게 되었다고 말했다. 기전여고 에 들어간 것만큼, 또 대전대학에 취직된 것만큼 기적적인 일이 었다. 나는 "하나님 감사합니다."라고 외쳤다. 내가 간절히 기도 해서 얻은 직장이 아니었다. "하나님 감사합니다."라고 생각하 며 살았는데 은혜로 베풀어 주신 것이다. 이제 하나님과 동행하 는 기쁨을 누리고 살면 되는 것이었다.

나는 이 시골 대학에서 학위 논문을 준비하며 2년을 지냈다. 집은 허술하지만 넓고 좋았다, 뒤뜰에는 피칸 나무가 우거지고 뜰에는 붓꽃이 보라색 자태를 자랑하고 있었다. 아내는 꽃을 좋 아해서 그 뜰을 가꾸는 일을 좋아했다. 애들은 다 나를 따라 이 사했다. 막내가 얼마나 많이 학교를 옮겼는지 모른다. 미시간에 서 초등학교 댈러스로 와서 어빙의 초등학교, 덴턴의 김 박사 집 으로 옮겨 또 다른 초등학교, 6개월 뒤 대학촌으로 옮겨 덴턴 중학교, 이제 또 브라운우드로 옮겨 또 다른 중학교다. 그런데 불평을 하지 않았다. 너무 잘 순종하는 아들이었다. 덴턴에서는 그렇게 많이 옮겨 다녔는데도 수학 경시대회에 늘 뽑혀 다녔고 학급에서는 우수학생(Honor Student)으로 부모도 불려 가서 선서식에 참여했었다. 이제 이 브라운우드에서는 매 주일 3시간 가까운 댈러스 교회까지 참석하느라 베개를 가지고 아침 일찍부터 뒷자리에 앉아 있었다. 11시 예배에 참석하려면 집에서 8시에 출발해야 했는데 아침 먹을 시간도 없어 도넛과 커피를 사서 차에 들고 들어가 운전하며 갔었다. 오후에 돌아올 때는 졸리기도 해서 찬송도 부르고 성경 암송 카드로 성경 암송도 하고, 또 막내는 가끔 부모가 견해차로 큰 소리를 내는 것도 다 보고 듣고 지냈다. 왜 막내는 맘대로 살아보지도 못하고 부모를 따라다니며 이렇게 살아야 했는가? 내가 늘 미안해하고 안타까워한 애다. 한인교회를 안 나가고 브라운우드의 지방 미국 교회를 나가고 지낼 수도 있지 않았냐고 물을 수 있다. 그러나 내 대학 봉급으로는 한국에 송금하며 살 수 있는 처지가 못 되었다. 우리는 댈러스 교회에 참석해 그곳에서 일감을 가져와 여기서 아내가 봉제 일을 해야 했다.

댈러스에서 대학을 다니던 큰딸은 이곳으로 대학을 옮겼으나 수학과가 마음에 안 든 것 같았다. 미술을 부전공으로 택해 공부하고 있더니 한 학기를 마치고 다시 따로 학교 촌에 집을 얻어 덴턴으로 떠났다.

교회에서는 내가 세계적으로 가장 먼 거리에서 교회에 출석하는 교인일 것이라고 댈러스의 나이 많은 손 권사님과 함께 송 목사가 심방을 왔다. 손 권사는 멀다지만 이렇게 먼 곳에서 교회에 운전하고 온다는 것은 믿기지 않는다면서 혀를 내둘렀다. 차도 중고차인데 오가는 길에 멈춰 서면 어떻게 하느냐고 그 뒤부터는 매일 우리를 위해 기도하겠다고 말씀하셨다. 송 목사는 내가 이 학교에 취직되어 오게 된 경우를 듣고 정말 하나님께서 은혜로 함께 하신 일이라고 한번 교회에서 간증을 해주었으면 좋겠다고 했는데 나는 사양하였다. 예수를 믿으면 언제나 이런 행운이 온다고 그 이유로 하나님을 믿게 되면 기복신앙이 될 수 있다고 나는 생각했기 때문이었다.

이곳에는 한국전쟁 때 미국에 나가 데리고 온 두 미군 부대 기지촌 부인이 사는 미국 가정이 있었는데 그 부인들은 한국 동족이 대학교수로 왔다고 얼마나 자랑스러워하는지 몰랐다. 집에 놀러 와 이야기의 꽃을 피우고 가끔 파마도 해주고, 또 우리가 교회에 나갈 때는 따라와 댈러스에서 쇼핑도 하곤 했으나 그것은 그리 흔치 않은 일이었다. 우리는 어떨 때는 토요일에 떠나 송 목사 집에서 자며 교회 나가는 일도 많았기 때문이다.

이 당시에 교회 소식지 〈만남〉에 실었던 콩트를 이곳에 올린다.


## 바치고 싶은 마음 ― 콩트


우리 집(집이라야 셋집이지만) 뒤뜰에 배꽃과 붓꽃이 탐스럽게 피기 시작했다. 아내는 다음 주 교회의 강대상은 붓꽃으로 장식하자고 제안했다. 이 아름다움은 우리를 위한 것이 아니고 영광

나는 어떻게 기독교인이 되었는가

을 받을 분이 따로 있다고 생각한 모양이었다. 나는 몇 가지 일이 걱정되었다. 붓꽃으로 양쪽 강대상을 다 채우려면 꽤 많은 꽃이 필요하고 또 교회까지는 세 시간 남짓 운전해야 갈 거리였기 때문에

우리가 살고 있던 캠퍼스 내 뒷마당

계속 꽃을 안고 가기도 힘드는 일이며 또 행여나 꺾이거나 시들어 교인들이 탐탁하게 여기지 않는다면 낭패일 것이기 때문이었다. 내가 걱정했더니 아내는 별걱정을 다 한다는 듯이 나를 쳐다보았다.

"하나님은 중심을 보신다는 것을 모르세요? 바치고 싶은 마음을 보시는 거예요."

그러면서 계속 종알댔다.

"시들지 않을 거예요. 식탁 위에 꽂아놓은 꽃 안 보셨어요?"

그녀는 벌써 모든 것을 계획하고 시험 삼아 꽃도 식탁에 꽂아본 모양이었다. 계획대로 장거리 전화로 교회의 꽃 당번을 불러서 우리가 꽃을 가지고 가겠노라고 당부하는 중이었다.

우리는 가위와 플라스틱 물통을 들고 밖으로 나왔다. 꽤 바람이 심하게 부는 날이었다. 막 요염하게 피어오른 꽃봉오리를 자르는 인간은 잔인하다고 생각했다. 그러나 내심 내 생명까지도 바치고 싶다는 그런 마음이 소담스러운 꽃들을 아낌없이 자르게 하는 것 같았다.

나는 꽃을 꺾고 있는 아내의 모습을 물끄러미 쳐다보고 있었

다. 밤에는 쓰러지다시피 침상에 들고 아침에는 자명종 소리에 깨어나 저임금의 공순이 노릇을 하고 있던 아내는 지금은 눈물로 뿌린 씨앗을 웃음으로 거두고 있다고 생각하는 것 같았다.

"왜 그렇게 쳐다보세요?"

"아냐 그냥 하나님께서 기뻐하실 것 같아서."

"왜요?"

"꺾는 모습을 보고 있으니 그런 생각이 드는군요."

"참 싱겁기두."

아내는 허리가 아픈지 손을 허리에 대고 일어섰다.

"이렇게 준비했다가 딴 꽃이 준비되어 못쓰게 되면 어떡하지?"

"참 걱정도 많으셔. 그래서 우리가 꽃 당번에게 연락했잖아요?"

물을 반쯤 채운 물통에 꽃을 담아 차 뒷좌석에 놓고 막내가 이 통이 쓰러지지 않게 붙들기로 하고 우리는 토요일 오후 좀 늦게 교회를 향해 출발했다.

우리 집 막내는 교회에 갈 때 아예 베개를 하나 가지고 타면서 늘어지게 한 잠자게 마련인데 이날은 꽃 때문에 그리할 수 없게 되었다. 차 안은 꽃향기로 가득 찼다.

교회가 너무 멀었다. 그러나 아내는 미국 교회의 하나님을 믿지 않았다. 교통사고에서 구해주신 분, 건강을 주신 분, 직장을 주신 분, 한국에 두고 온 아이들을 지켜주시는 분은 한국 교회의 하나님이셨다. 한국에 계시는 어머님은 또 학위를 마치고 귀국할 때는 미국에서 도와주신 하나님을 모시고 오라고 하신다. 그

나는 어떻게 기독교인이 되었는가

러나 미국에 있는 한국 교회는 너무 먼 거리에 있었다. 우리 집에 심방을 오셨던 한 권사님은

"아이구, 끔찍해. 여기서 교회를 다니다니."

하고 몇 번이나 혀를 내두르셨다. 하긴 대전에서 부산 교회를 다니는 꼴이 되어 미국에서도 가장 먼 교회를 다니는 사람 중 하나였다.

세 시간은 그리 짧은 시간은 아니다. 차 속의 갇힌 공간 속에서 우리 부부는 고향에 7년 가까이 떼어놓은 아들들 이야기를 한다. 우리가 걸어온 과거를 되돌아보기도 한다. 교회 이야기도 하게 된다. 밤길을 달릴 때는 졸음을 쫓기 위하여 깊이 잠든 시골 자정의 마을들을 찬송가를 소리높이 부르며 지나기도 한다. 성구가 적힌 카드를 꺼내어 암송하기도 한다. 때로는 탄식하며 고국을 그리며 때로는 언성을 높여 견해차를 드러내기도 하지만 나그네 중의 나그네인 이 생활에 우리가 의지할 수 있는 이는 가깝게는 부부이며 멀리는 하나님임을 다시 확인한다.

"붓꽃이 볼품 있고 괜찮을까?"

나는 강대상에 장식될 붓꽃을 떠올리며 말했다.

"붓꽃은 난초에 가깝잖아요? 난초는 사군자에 드는 꽃이란 말이에요."

아내는 차가 빨리 달려서 금방 교회에 가져다 대놓지 않은 것이 안타까운 모양이었다.

나는 우리가 한국으로 곧 떠날 것을 생각하며 이것이 우리 정성으로 강대상을 장식할 마지막 기회일지도 모른다고 생각했다.

"우리가 기른 꽃이기 때문에 더 뜻이 있지요. 뭐."

누리는 삶

교회에 닿은 것은 해가 지고 어두워서였다. 그때까지도 교회 증축을 위해 수고하시는 장로님들과 집사님들 그리고 몇몇 교우들을 볼 수 있었다. 우리는 인사보다도 먼저 교회 강대상부터 살펴보았다. 그러나 어찌 된 영문인가? 강대상 위에는 꽃집에서 막 장식하여 가져온 것 같은 화려한 꽃 두 바구니가 벌써 제 자리에 놓여 있었다.

"엄마, 꽃 있잖아!"

막내는 물통을 마룻바닥에 땅 놓으며 비명에 가까운 소리를 지르고 밖으로 나갔다. 나는 먼저 아내의 표정을 살펴보고 또 우리가 가져온 꽃을 내려다보았다.

말없이 의자에 앉아 묵상기도를 드리고 있는 아내의 모습에서 감정을 억누르려고 애를 쓰는 것이 전해졌다.

"이 꽃은 어떻게 하지?"

나는 힘없이 말했다.

"오르간 위에라도 하나쯤 올려놓지요. 뭐."

아내는 애써 침착하게 말했다.

"우리가 너무 늦으니까 걱정이 되어 시켜온 거 아니요? 하긴 저 꽃이 더 아름답게 보일지도 몰라."

아내는 대구도 하지 않고 친교실 안에 있는 부엌에서 꽃꽂이 받침을 꺼내 와서 꽃을 다듬어 꽂기 시작했다. 그리고 하나는 오르간 위에 또 하나는 목사님 방 테이블에 올려놓았다.

다음 날 아침이었다.

우리는 예배실에 들어가면서 그 꽃이 과연 오르간 위에라도 남아 있을 것인지 가슴 조이며 들어갔다. 먼저 나는 오르간 위를 처다보았다. 그러나 꽃이 보이지 않았다. 아예 치워버린 것이었다. 나는 고개를 떨어뜨리고 눈을 감았다. 강대상에 헌화하려면 꽃 당번에게 이번 주에 자기가 20불을 내겠다고 하면 당번이 꽃집에 전화하는 일로 강대상 미화는 끝나는 것이었다. 그런데 뒤뜰에 핀 난초로 강대상을 장식하겠다고 세 시간 이상을 달려 꽃을 가져온 정성이 무참히 깨지는 서글픔을 극복할 수 있게 해달라고 기도하였다. 무엇보다 아내가 깊은 상처를 받지 않게 해달라고 기도하였다.

눈을 뜨고 나는 강대상 위의 십자가를 바라보다가 깜짝 놀랐다. 강대상 중앙 성찬(聖餐)상 위에 십자가가 크게 눈에 들어오고 그 밑 양옆에 놓인 붓꽃이 너무 선명하게 보였기 때문이었다. 누군가가 목사님 방에 갖다 놓은 화분까지 가져와 평소에 올라갈 수 없는 성찬상 위에 두 붓꽃이 나란히 놓여 있는 것이었다.

바치고 싶은 마음이 받아지는 기쁨 때문에 온몸에 전율이 왔다. 나는 옆에 앉은 아내를 돌아보았다. 그녀도 벌써 보고 너무 감격했음인지 아직도 고개를 못 들고 기도하고 있었다.


그해 11월에 교회에서 장로를 세우는 일이 있었다. 내게도 장로 추천이 있었으나 나는 굳이 사양하였다. 이렇게 먼 곳에서 다니는 사람은 교회를 잘 섬길 수 없었기 때문이었다. 우리 집에 같이 오셨던 손 권사의 큰아들과 이철남 장로 두 분이 피택되었다. 다음 해 성전 건축 및 교육관 확장 공사를 마치고 또 장로, 권사, 안수집사를 뽑았는데 나는 먼 곳에 있으면서 한 번도 교회에 빠지는 일이 없으며 오히려 30분 먼저 교회에 나와 있는 사람이라고 장로로 뽑아 주어서 그해 박사 학위를 받기 일주일 전 12월 12일 댈러스 한인장로교회의 장로가 되었다.

　미국 대학에서 정식으로 직장을 가지려면 학생비자로는 안 되었다. 그래서 변호사를 통해 노동 허가서(Labor Certificate)를 받았는데 학교에서는 아예 영주권을 신청하는 것이 어떻겠냐고 해서 그렇게 하기로 했다.

　학교생활은 그런대로 즐거웠다. 학생들은 친절했고 잘 순종했는데 문제는 그들이 몸집이 크고 나는 작아서 가끔 길에서 마주치면 Dr. Oh하고 내 곁에 와서 어깨를 '탁' 치면 나는 왜소해지고 더구나 아직 박사 학위도 갖지 않았는데 그렇게 불리면 변명하기도 어렵고 괴로웠다. 이듬해 1981~1982년 대학 사진첩이 나왔는데 거기서 나는 박사가 아닌 것이 밝혀졌다. 그때부터는 학생들은 계속 Mr. Oh라고 불렀다. 그해 겨울 나는 박사 학위를 받았는데도 그들은 계속 나를 Mr. Oh라고 불러서 어쩔 수 없이 미리 존칭을 받았으니 이제는 하대를 받을 수밖에 없다고 체념했다. 학과의 교수들도 친절했다. 그들은 학구적이라기보다 브라운우드 토박이 신사들이었다. 운동경기를 좋아했고, 추수감사절에는 총을 들고 터키 사냥에 갔었다. 사냥 금지 기간이 아닐 때는 사슴이나 다른 짐승도 잡아 집의 통으로 된 냉동고에 넣어놓고 먹곤 하는 것 같았다.

　나는 주민들과 거의 접촉을 않고 살아서 브라운우드 동네를 잘 모르지만, 주일에 댈러스까지 운전하다 보면 브라운우드 시청이 나오고 얼마 지나면 또 코만치 시청이 나온다. 코만치 원

　　　　　　　　나는 어떻게 기독교인이 되었는가

주민은 미 남부 대평원의 승마 유목민으로 서부 오클라호마주로 쫓겨와 그곳에 본부가 있었는데 이곳 브라운우드 쪽에도 살고 있었던 것 같다. 브라운우드 시청인지 코만치 시청인지 기억이 분명하지 않은데 그 광장에 주일이면 늘 한국처럼 시장이 열려 농산물들을 팔고 있어서 한국 시장을 보는 것처럼 반갑고 신기했었다. 말하자면 나는 미국의 아주 시골에 살고 있었던 셈이다. 봄철 뱀이 많이 나오는 계절에는 1년에 한 번씩 전 시민이 뱀 잡기 대회(Snake Round Up)로 요란을 떨었다. 뱀이 많은 고장에서는 뱀을 두려워하면 살 수가 없어서 그런 풍습이 생긴 것 같았다. 댈러스에 있는 한국인 중에는 몸에 좋다고 뱀 고기를 좋아하는 사람이 있어 몇 번 도시락에 넣어서 냉동해 놓은 뱀 고기를 사다 준 적도 있다.

브라운우드에 살면서 더 욕심이 생긴 것은 내가 영주권을 받으면 애들도 영주권을 받아 미국에 데려올 수 있을 거라는 그런 솔깃한 탐욕이었다. 미국 사람들은 백인 제일주의로 타민족의 이주를 싫어하면서도 가족이 떨어져 산다는 것은 비극이라고 애들을 들여와서 함께 살라고 안타까운 표정을 하는 것이었다. 그래서 우리는 먼저 애들을 학생으로 이 대학에 초청해서 데려온 뒤 영주권을 받아 공부를 시키면 내국인으로 등록금도 덜 내고 다닐 수 있을 것이라는 생각을 하게 되었다. 그래서 먼저 서울대학에 다니고 있는 큰아들을 데려오려 학생 초청장(I-20 Form)을 보냈다. 물론 아들은 서울대학보다 미국에 간다는 것이 신기해서 절차를 밟기 시작했다. 그러나 미국대사관 면접에서 그는 거부를 당했다. 아버지가 영주권 절차를 밟고 있으므로 이것은 대학에 들어가는 것이 아니고 영주하기 위한 꼼수라는 것이었다. 그러나 우리는 물러서지 않았다. 먼저 대학 총장을 통해 가족이 떨어져 있는 것은 비극이라고 만나서 함께 살 수 있게 해달라는 총장 명의 청원서를 한국 주재 미·대사관에 보냈으며, 텍사스주 상원의원이었던 벤슨 씨를 통하여 또 같은 내용의 청원서를 제출하였다. 그러나 결과는 마찬가지였다.

나는 뒤 늦게 하나님께서 우리의 계획을 막아 주신 것을 감사했다. 그들은 후에 영주권을 받았지만, 지금 미국에서 학부부터 시작하는 것보다 대학원부터 시작하는 게 장학금도 받고 훨씬 쉽다는 것을 알았기 때문이다. 우리는 그냥 하나님의 은혜를 누리고 살면 되었던 것이다.


## 생소한 이름, 한남대학


1982년 12월 12일 나는 댈러스의 한인장로교회에서 장로로 장립(將立)하고 일주일 후인 12월 18일 북텍사스 주립대학에서 드디어 학위를 마쳤다. 긴장이 풀려서였는지, 너무 힘들어서였는지 학위수여식이 끝날 무렵부터 배가 아파서 견딜 수가 없었다. 나에게 많은 친절을 베풀었고 친한 친구였던 김 박사 집에 학우들이 축하하러 모였을 때 나는 기쁜 모습을 보여주지 못했다. 그것이 내 만성 담낭염의 초기 단계인 것을 나는 모르고 있었다. 왜 배가 아픈지 몸이 무언가 잘못된 게 아닐까 하고 가족

나는 어떻게 기독교인이 되었는가

들도 걱정하였다.

이 걱정은 이제는 귀국할 걱정으로 이어졌다. 생각해 보면 하루하루 열심히 성실하게 살았다. 과거도 미래도 걱정하지 않고 매일 하나님만 의지하고 만나를 먹으며 현재

NT 졸업, 1982.12.19.

만 생각하고 살았다. 하워드패인대학은 1년마다 연장 계약하였는데 1983년 6월이면 떠날 때가 되었다. 그러나 영주권 신청까지 해준 대학을 떠나겠다고 말하기가 어려웠다. 학사 부총장은 봉급의 인상까지 제안해 왔지만, 나는 그에 응할 수가 없었다. 한남대학(韓南大學)과의 약속 때문이었다. 당시 숭전대학교는 숭실과 대전이 다시 분리하여 숭전대학교 대전캠퍼스는 이름도 생소한 한남대학으로 바뀌어 초대 학장으로 오해진 학장이 취임한 때였다. 원래의 이름 대전대학으로 돌아가야 하는데 그동안 대전대학이 하나 생겼었다. 그는 나더러 빨리 돌아와서 대학 일을 같이하자고 권하고 있었다. 우리는 내외가 대전에 있을 때부터 여러 해 동안 Y's man 활동을 같이해서 아주 가까운 사이였다. 9월에 시작하는 2학기까지 기다리지 말고 귀교하라는 것이었다. 우리도 여기서 애들에게 송금하며 나의 영주권 절차 등 큰 비용을 써서 귀국할 여비도 갖고 있지 않을 때였다. 한남대학에 당시 재직하고 있던 서의필 목사는 댈러스의 제일장로교회에 들

렀다가 나를 만나고 그 교회에 이야기해서 한남대학을 위해 일할 교수라며 재정지원을 해 달라고 호소해서 나에게 여비를 만들어 주고 떠났다. 댈러스 한인장로교회에서 수고하던 황인복 전도사는 내가 떠나는 것이 확정되자 우리 두 사람 항공권 살 돈을 한 교인이 내놓았다고 나에게 가져왔다. 나는 지금도 그분이 누구인지 알지 못한다. 워낙 입을 다물고 있기 때문이다. 다만 교회에서 봉제업을 하는 집사일 거라고 짐작만 하고 있을 뿐이었다. 이렇게 많은 사람에게 나는 사랑의 빚을 졌다. 나는 이렇게 하나님의 은혜를 누리고 살고 있었다.

1983년 6월 한남대학에 복교한 나는 여름방학 중이었는데 그때부터 근무하기 시작하였다. 그리고 새 학기가 시작할 때 중앙도서관장으로 임명을 받았다. 1976년에 떠나 실로 7년 만의 귀환이었다. 그동안 학교가 너무 많이 변해 있었다. 입학정원 30명이던 수학과는 주간 수학과가 40명, 이부(야간) 계열의 수학과가 40명으로 80명이 되고 각종 학과가 신설되어 4개 학부(문학, 이공, 경상, 법정)와 이부 야간 학과를 합해 총 32개 학과에 입학정원 2,100명의 큰 대학이 되어있었다. 입학정원이 늘었다는 것은 재정적인 여유가 생겼다는 말도 된다. 따라서 그동안 많은 부속 건물들이 들어서 있었다. 첫째 1977년도에 시작한 중앙도서관이 4층까지 완공되었고, 가정교육과가 들어 있는 제3 교사가 완공되고 그 곁에 문리과 대학 건물이 들어섰으며 경상대학인 사회 과학관이 들어서 종합대학의 면모를 갖추고 있었다. 그런데 대학은 구심점을 잃고 왠지 어수선한 느낌이었다. 원래 작은 대학이었던 대전캠퍼스에 큰 인물이 있을 턱이 없었다. 외국에서 유학하고 학위를 받고 온 교수들은 다 타 대학으로 옮겼고 현재 남아 있는 오랜 교수들은 5명뿐이었다. 그들이 숭전대학교일 때 각종 보직을 맡고 있다가 갑자기 그중 한 사람인 오해진 교수가 초대 학장이 되고 또 종합대학이 되면 초대 총장이 되는 것인데 다른 친구에게는 배가 아픈 일이었다.

1983년 오 교수는 학장으로 취임하자마자 종합대학 신청에 총력을 기울이고 있었다. 대전 간호전문대학을 인수한 뒤 4개 학부(문학, 이공(理工), 경상, 법정)와 2부 계열을 대학으로 격상하고 철학, 정치외교, 건축공학… 등 몇 개학과 신설을 포함해서 종합대학 신청을 했는데 그해 9월 교육부는 몇 개학과 신

〈한남대학 제7대 학장, 오해진〉

설만 허락하고 종합대학은 하락하지 않았다. 오 학장은 분리 후 처음 시도였던 종합대학 신청이 좌절되자 교수를 더 충원하고, 교육 시설 확장으로 '성지관(聖志館, 대학교회)'을 착공, 이공학관을 준공하는 등 최선의 노력을 다한 뒤 1984년 초 다시 종합대학 인가 신청을 하였다. 그러나 학생회는 오 학장의 능력이 미숙하다고 종합대학 인가가 나는 것을 믿지 않았다. 당시는 학생회나 교수회는 대학 자율화를 외치며 대학 행정에 과감히 간여하고 있을 때였다. 정치적으로 5공 독재정권은 유화정책으로 중·고교생의 두발과 교복을 자율화하고, 퇴직 교수와 제적되었던 학생들을 대학으로 돌려보내는 때여서 국가를 상대로 하는 데모

외에는 교내 문제는 자체 해결하도록 정부는 어느 정도 방관하고 있는 때이기도 했다. 특히 한남대의 학생과 평교수들은 "서울이 '주', 대전이 '종'이 되는 주종관계를 단절해야 한다."라고 서울까지 가서 농성하며 분리 투쟁한 개선장군들이었다. 그들은 이 사회가 같은 재단 산하에 '대전 숭전대학교'를 따로 두는 정관 개정안을 통과시키고 교육부에 두 캠퍼스의 분립 독립 신청서를 제출하게까지 압력을 가한 장본인들이었다. 하지만, 교육부가 한 재단 아래 있는 두 캠퍼스의 독립은 인정하지 않는다고 개정안을 반려하자 "같은 재단 하 2개교 운영안"을 "재단 분리를 전제로 한 분리"로 수정하여 교육부가 승인하게 한 개선장군들이었다. 그 결과 대전캠퍼스가 '학교법인 대전기독학원'으로 분리된 것이다. 한남대학이라고 이름을 바꾸고 분리를 쟁취한 그들이 이 대학의 행정에 간여하지 않을 단체들이 아니었다. "파행적인 보직 인사를 자행하여 학내를 소란케 하는 학장은 물러나라. 숭실과 통합 옹호자였던 오 학장은 물러나라." 이렇게 외치며 드디어 1984년 5월 말에 학생들은 학장실 복도를 메우고 농성을 시작했다. 오 학장이 통합 옹호자라는 말은 숭전대학교의 고범서 총장이 물러나고 아직 후임 총장이 없을 때 서울캠퍼스는 대학원장이던 김주○ 교수가 총장직무대행을 한 일이 있었다. 그때 김주○ 대행이 갑자기 대전캠퍼스의 부총장으로 있던 박종민 이하 교무위원 전원의 사표를 수리하고 오해진 교수를 부총장으로 임명하였다. 그래서 오 학장은 숭전대학교의 높은 보직은 도맡아 하며 통합에 동조하고 있었다는 뜻이다. 대전캠퍼스에 보직을 맡길 사람은 몇 사람 안 되었고 그들은 다 돌아가며 보직을 말았다. 따라서 군이 오 학장만 통합 지지자였다고 말할 수도 없는 형편이었다. 긴급 교수회가 소집되었지만 요란한 소리는 잠잠해지지 않았다. 교수 중에도 오 학장을 반대하는 사람이 있었기 때문이다. 서정운 교목실장은 10년 이상 재직한 교수들을 모아 대학을 구할 대책 마련을 하자고 했다. 그러나 무성한 목소리만 있을 뿐이었다. 아무도 하나님의 음성을 들어 보자고 말하는 사람은 없었다. 한남대학은 옛날의 기독교 대학이 아니었다. 1976년에 40여 명이던 교수요원은 1984년에는 150여 명으로 늘어 교수 채용은 목사의 추천만으로 취직하고 세례는 취직 후 천천히 받기로 한 분들이 많았다. 어떤 분은 자기가 교회에 나가는 날보다 목사가 자기 집 심방 오는 날이 더 많다고 자랑할 정도였다. 학생 소요 문제는 교수들이 설득해서 해결될 문제가 아니었다. 오 학장은 나에게 말했었다. 학생들이 떠나라고 하면 자기는 모든 걸 내려놓고 떠나고 싶다고. 나는 잘한 생각이라고 칭찬하며 그렇게 하라고 했다. 그런데 훗날 후회했다. 그는 그만두지 않았다. 자기는 떠나기 전 누명을 벗고 싶고, 또 떠난다면 자기를 모함한 교수도 자기와 같은 벌을 받아야 한다고 생각한 것 같았다.

　오해진 학장이 수난을 당하고 있는 동안 나는 무엇을 하였는가? 나는 나 자신이 부끄러워, 할 말이 없다. 나는 한남대학을 발판으로 나 자신의 유익만 꿈꾸고 있었기 때문이다. 나는 미국의 하워드페인대학에 1984년 가을 학기부터 출근하겠다고 약속하고 왔다. 그래야 나는 영주권을 받고 애들에게도 영주권을 받게 해서 미국 유학을 시킬 수 있었기 때문이다. 성경에 나오는 야

곱은 형의 장자권(長者權)을 팥죽 한 그릇으로 빼앗고 눈이 잘 안 보이는 아버지에게 장자의 축복을 가로챈 뒤 하란의 외삼촌 댁에 피해 산 적이 있다. 물론 그는 그 밑에서 속기도 하고 품삯도 제대로 받지 못했지만, 그도 외삼촌을 속여 재산을 불려 야반도주했다. 나는 나 자신이 자기 유익을 좇은 야곱 같다는 생각으로 매우 괴로웠다. 그러나 오 학장이 그렇게 힘들 때 나는 내 집을 수리하였다. 내가 지어서 그대로 부모님께 맡기고 떠난 집은 7년 동안에 낡을 대로 낡아 있었다. 입식 부엌도 아니어서 매우 불편했다. 그래서 대대적으로 수리한 것이다. 돈이 있어서가 아니었다. 은행에 이 집을 담보로 빌린 부채가 더 쌓였다. 그러나 나는 그런 건 상관하지 않았다. 나는 학교보다 낡은, 내 집부터 챙기고 있었다. 또 외국에 두고 온 대학 졸업반에 다니는 딸과 고등학교에 다니는 아들 생각을 먼저 했고 한국에 있는 두 아들에게 영주권을 완전히 만들어 주는 일이 우선이었다. 겨울 방학이 닥치자 나와 아내는 미국으로 떠나 그곳에 남겨둔 자녀의 숙소를 정비하고 아내는 그곳에 남아 애들을 돌보게 한 뒤 나만 한국으로 귀국했다.

4월 초에 하워드패인대학에서 다음 학기 출근을 위해 계약서에 서명하여 보내 달라는 편지가 왔다. 나는 그 서류를 보내면서 대학은 웅성거리는데 어떻게 하나 하고 괴로웠다. 대학은 종합대학 승인 신청서를 제출하고 있으니 데모하는 학생들에게도 협력해 달라고 부탁하는데 고분고분 말을 들을 애들이 아니었다. 나는 학생들을 설득하고 오 학장을 도와야 했다. 그런데 어떻게? 학생들의 손에 무엇인가를 쥐어 주어야 하는 데 아무것도 없었다. 당시 그들은 무슨 목표든 투쟁해서 쟁취하는 것만이 목표였다.

나는 첫 학기가 끝나가자 망설였으나 오 학장을 만나 다음 학기부터 일 년간 휴직을 허락해 달라고 조심스럽게 사정했다. 학장이 승인하지 않으면 안 되는 휴직이었다. 오 학장은 6개월만 연기할 수 없느냐고 말했다. 벌써 약속한 것이라고 애걸하는 나와 꼭 그래야 하겠느냐고 쳐다보던 오 학장을 나는 잊을 수가 없다. 야곱이 얍복강가에서 어떤 사람과 날이 새도록 씨름했다고 성경은 쓰고 있는데 거기서 말하는 어떤 사람은 하나님?, 마귀?, 자기 자신? 그 중 어느 쪽이었을까? 나는 그때 나 자신과 이길 수도 질 수도 없는 씨름을 하고 있었다는 생각이 든다.


# 송수석 목사


나는 기어코 하워드페인대학에 와서 1984년 9월부터 근무하기 시작했다. 아내는 덴턴의 Singing Oak 아파트에서 애들과 함께 살고, 나는 하워드페인대학 기숙사에서 홀로 살며 주말 부부로 덴턴의 아파트로 출퇴근하였다. 물론 주일에는 장로로 시무하고 있는 댈러스 한인장로교회에 출석했다. 1984년 11월 4일이었다. 내가 교회에 가까운 갈랜드 커뮤니티 병원에 도착한 것은, 6시가 넘어서였다. 목사가 입원했기 때문이었다. 입원실에 들어서자 벌써 많은 문병객이 와 있었다. 그런데 내가 그때 섬뜩

했던 것은 병실을 꽉 매운 노란색 그리 고 흰색의 국화 화환이었다. 오전 중 장로, 안수집사 임직 식 때 썼던 화환 이 다 이곳으로 옮겨져 있었는데 그것 은 꼭 장례식장과 같은 느낌을 주는 것 이었다. 병실에 왜 이렇게 많은 꽃을 장례식장처럼 갖다 놓았을까?

열정적으로 설교하던 송수석 목사

목사는 피로해 보인 모습이었지만 임직 식을 집례할 때 휘청거리던 때보다는 한결 나아 보였다. 그 는 웃는 얼굴로 나를 맞아주며 우리는 많은 대화를 나누었다. 사 모는 최근 목사가 너무 무리하였다고 말했다. 월초부터 소화가 잘 안되어 유동식만 들었는데 10월 25일부터 28일까지 있었던 캔톤 오하이오주의 부흥사경회는 모처럼의 부탁이었기 때문에 거절할 수가 없었다고 했다. 무리하고 갔던 집회에서 10회의 설 교와 성경 공부를 진통제를 맞아 가며 진행했다 한다. 그는 귀 가하자 28일 저녁, 사택에 장로들을 모아놓고 10월 정기 당회를 2시간 반 동안 진행하였다. 그리고 다음 날 바로 오스틴에서 열 린 3박 4일의 평신도를 위한 지도자 수련회에 참석하였다. 거기 서는 계단을 제대로 걸어 내려오지 못했다고 한다. 왜 그렇게 모 든 일을 마무리하고 먼 여행이라도 떠날 사람처럼 서둘러 무리 해야 했는가? 그리고 임직식 날도 진통제를 맞고 식을 집례했다 고 말했다. 그의 목회자로서의 사명감은 '만일 복음을 전하지, 아니하면 내게 화가 있으리로다(고전 9:16)'라고 하는 바로 그런 것이었을 것이다. 그러나 이런 모습을 보고 있는 나는 안타까웠

나는 어떻게 기독교인이 되었는가

다. 물론 그는 완전히 자기를 주께 맡기고 자신을 주의 도구로만써 달라고 서원했을 것이다. 그러나 하나님은 사랑하는 아들이 그렇게 무리하는 것을 원하지 않으신다. 여러 가지 방법으로 그에게 신호를 보내셨다. 다만 그가 이를 무시하고 죽도록 충성하고 싶었을 뿐이다. 그는 평소 '짧고 굵게 살겠다'라고 말하며 주어진 주의 일은 사양하지 않았다 한다. 따라서 그의 가족들도 그가 하는 일을 말릴 수가 없었다. 나는 여러 가지 이야기를 종합해서 그가 아예 죽으려고 기를 쓴 것 같다는 인상을 받았다. 산다는 것이 죽는 것보다 더 어렵다는 것을 그는 몰랐는가? 그는 하나님의 도구임과 동시에 여러 성도 앞에 삶의 모범을 보이며 살아야 할 주의 사도다. 만일 생명이라도 위급하게 되면 중학교와 고등학교에 다니는 아들들은 어떻게 할 셈인가? 또 교회는 철석같이 의지하고 있던 지도자 한 사람을 잃게 된다. 교회에서 지도자를 잃는다는 게 얼마나 큰 손실인가? 한국에 있을 때 나는 평소 목사가 너무 많다고 불평하던 사람 중의 하나이다. "신학교에서 목사가 되고자 하는 학생들은 다 대학 기숙사에 수용하라. 전교생에게 장학금을 지급하라. 양심 제도를 두어 아무리 성적이 좋다 하더라도 목사의 자질을 갖지 못한 사람은 퇴교시켜라. 나라를 지키는 육사생이 퇴교 제도를 가지고 있다면 인간의 영혼을 마귀의 장난에서 지키며 건질 목사도 퇴교 제도가 있어야 한다. 신학교를 운영할 재원은 어디서 찾을 것인가? 이 돈은 신령한 목사를 원하는 전국 교회가 부담해야 한다."라고 외쳤다. 그러나 그것은 내 꿈일 뿐이었다. 각 교단은 교단마다 신학교를 설립하고 목사 양산에 앞장서서 교단 세력을 확보하는 경쟁이라도 하는 듯했다. 그렇게 양산된 목사 속에서 이렇게 얻은 귀한 목사를 잃는다는 것은 있을 수 없는 일이다.

송 목사의 병세는 점차 나빠져 11월 10일에는 좀 더 큰 베일러 병원으로 옮길 수밖에 없었다. 그는 피로에서 오는 간암이었고 너무 늦게 병원에 오게 된 것이었다. 얼마 동안 중환자실에 있었으나 18일부터는 일반 병동으로 옮기었다. 회복이 어렵겠다고 생각한 사람들도 있었지만, 댈러스 교인들은 목사를 포기할 수 없었다. 하나님께서 기적을 일으켜서 치유해 주실 것을 믿고 있었다. 한 사람이 이런 확신으로 기도하고, 또 한 사람이 연이어 기도하자 온 교회는 합심하여 하나님께 매달려 목사의 완쾌를 빌게 되었다. 순번을 정하여 철야기도팀을 짜고 목사가 회복하기까지는 교인 중 한 사람은 잠을 자지 않고 교회에서 기도하기로 한 것이다. 장로들은 하루씩 교대로 목사의 병실을 지키기로 하였다. 내가 그를 지키기로 한 날은 22일이었다. 대학의 강의 시간을 옮기고 병실로 갔다. 사모와 황 전도사가 간호하고 있었는데 그 어느 때보다도 기분이 좋고 약간의 주스와 미음을 들었다고 기뻐하였다. 아! 기도는 응답될 것인가? 그는 오래도록 앉아 나에게 이야기를 하였다. 나는 교회가 이제는 든든히 서서 나가게 되었다고 빨리 목사가 나아 돌아오기만 하면 된다고 말하였다. 만일 이 병을 이기지 못하면 하나님의 치유를 믿고 철야 기도한 교인들이 하나님께 대해 절망하게 될 것이라고 말하였다. 그는 웃으며 고개를 끄덕였다. 전도사는 요즘 목사가 강한 삶의 의지를 보이기 시작했다고 말하며 이는 좋은 증조라고 말했다. 황 전도사는 기뻐서 여러 가지 이야기를 많이 하였다.

나는 어떻게 기독교인이 되었는가

그리고는 약간 걸어보겠느냐고 권하였다. 송 복사는 고개를 끄덕이고 좀 걸었다. 그리고는 침대에 누웠다. 매우 만족스러운 표정이었다. 그러나 사모가 잠깐 자리를 비운 사이에 그는 갑자기 강한 경련을 일으키더니 숨이 막힌 사람처럼 발을 쭉쭉 뻗으며 몸부림을 하였다. 나는 얼결에 발목을 잡으며 의사를 부르라고 소리쳤다.

그것이 그의 마지막이었다. 그는 바로 응급실로 옮긴 후 전혀 의식을 회복하지 못하고 24일 아침 8시 39분 하나님의 부르심을 받았다. 일심으로 기도하던 교인들의 낙담은 이만저만이 아니었다. 그는 교인들과 정을 떼지 못하고 너무 짧은 시일에 떠나간 것이었다. 인디언의 속담에 '훌륭한 사람은 태어날 때는 자기는 울고 옆에 사람들은 웃는데 죽을 때에는 자기는 웃고 남은 울게 하는 사람이다.'라는 말이 있다고 한다. 아마 목사는 짧고 굵게 살았다고 생각할 것이다. 평소에 주 앞에 못다 한 일들을 집중적으로 처리하고 스스로는 만족스러워 웃으며 갔을지도 모른다. 그러나 교인들은 그를 잊지 못해 애통하며 울며 보낼 수밖에 없었다. 좀 더 같이 살면서 책에서만 읽는 예수가 아니라 우리 눈에 보이는 목사로서 예수 그리스도의 삶의 본이 되어주기를 바라고 있었기 때문이었을 것이다.

소천한 뒤 얼마 동안 성도들은 예배 때마다, 기도할 때마다 47년의 청춘을 이국땅에 묻힌 송 목사를 생각하며 흐느꼈다. 그가 그렇게 쉽게 떠날 것은 생각하지 못했기 때문이었다. 그는 하얀 봉투 한 장을 남겼는데 그것은 캔톤 오하이오에서 받은 강사 사례비였다. 봉투도 뜯기지 않은 채 있었다. 이것은 종잣돈이 되었다. 그 뒤 일주년 추모예배 때에 교인들은 〈수석 기념 장학금〉을 만들어 프린스턴 신학교에 보내기 위해 5만 불의 헌금을 약정하였다.

나는 평생 처음 장례위원장이 되어 '미국장로교 한인교회 남부지역협회장(葬)'으로 김창환 목사 사회, 총회 최창욱 목사의 설교, 김인식 목사의 기도로 장례를 돕고 그를 교회 가까운 장지에 안장하였다. 나는 그에게 주는 나의 마지막 추도사를 준비하면서 경건한 마음으로 나에게 다가올 죽음을 생각하였다. 그는 목사로서 많은 교인의 장례를 집례하면서 그가 죽을 때 하나님을 만날 것은 더 여러 번 생각했을 것이었다. 그의 죽음은 교인들을 더 단합시켰고 미지근한 믿음을 불붙게 하였다. 그의 죽음은 하나님이 예정했던 것이 아니었을까? 그의 죽음은 사는 것보다 더 어렵게 선택된 것이었다.

송 목사가 떠난 뒤 댈러스의 한인장로교회에 남겨준 귀한 업적은 "말씀은 생명이다."라는 표어이다. 예수는 5천 명을 먹인 후 그들에게 말했다. 너희가 나를 찾아온 것은 빵을 실컷 먹었기 때문이다. 썩어 없어지는 양식을 위해 일하지 말고 영원한 생명을 지탱하는 음식을 위해 일하라. 그런 양식은 어디에 있는가? 하늘의 참된 양식을 주시는 분은 하나님이다. 하나님의 양식은 하늘에서 내려와서 생명을 준 바로 예수님이다. 여기 참 생명의 빵과 잔이 있다. 그러나 그것이 있다는 것만 알고 먹지 않으면 참 생명을 얻지 못한다. 예수는 말한다. 나의 살을 먹지 않고 나의 피를 마시지 않으면 너희 안에 생명이 없다. 내 살이 참된 양

나는 어떻게 기독교인이 되었는가

식이며 내 피는 참된 음료이다. 생명을 주는 것은 영이다. 내가 너희에게 들려주는 이 '말씀'은 영이고 생명이다.

그가 이민 교회에 남기고 떠난 가장 큰 업적은 전 교인이 영이고 생명이 되는 이 말씀을 공부하게 한 것이다. 이것이 아니었으면 댈러스 한인장로교회는 영적으로 성장할 수 없었을 뿐 아니라 분열하고 붕괴하고 말았을 것이다. 그는 47세의 젊은 나이로 피로를 못 이겨 세상을 떴지만, 그가 확립해 놓은 '평신도 주도의 교회 조직'과 '성경 공부'는 교회를 더욱 든든히 서서 나아가게 했다. 사실 그가 소천한 후 교회의 설교를 주로 맡았던 여전도사는 매주 교인 수를 세고 월말마다 당회원에게 보고했는데 몇 가정이 떠났으나 오히려 교인 수가 늘고 있었다. 그녀의 가르침 때문이 아니고 말씀 때문이었다.

성경 공부가 제자리를 잡기까지 그가 목회하는 동안 많은 시일이 흘렀다. 12시에 예배가 끝나고 10분쯤 도넛을 먹으며 환담하고 있으면 "나의 사랑하는 책…" 하고 스피커에서 찬송 소리가 흘러나온다. 그러면 온 교우들은 헤어져서 성경 공부를 시작하였다. 성경 공부 인도자 교육은 수요예배가 끝난 뒤에 있었다. 처음에는 사업 이야기, 아파트 이야기, 고국 이야기 등으로 꽃 피워야 할 대화 시간을 빼앗는 성경 공부 때문에 교인들은 불만이 많았으나 차츰 성경 공부에 열중하게 되었다. 말씀은 그것이 바로 생명이며 그곳에 보화가 있다는 것을 점차 알게 된 것이다. 그림에 떡처럼 보고 있지 아니하고 스스로 보화를 캐는 기쁨을 알게 되는 것 같았다. 나는 1982년 장로로 장립을 받을 때 송 목사에게서 6권으로 된 매튜 헨리(Matthew Henry)의 성서 주석을 받았다. 그 책과 어빙젠센(Irving L. Jensen)의 낱권 성서 자습서(A Self-Study Guide)는 내가 처음으로 꿀보다 더 단 하나님의 말씀을 알게 하는 길잡이가 되었다. 내가 신앙이 성장하지 않은 것은 목사 때문이 아니고 내가 목마름을 어디서 채워야 할지 몰랐기 때문이고 그 말씀을 스스로 먹고 마실 줄을 몰랐기 때문이었다. 그는 나에게 참 생명이 여기 있다고 가르쳐 준 사람이었다. 즉, 참 전도, 나를 영으로 살게 해준 사람이었다. 나는 지금도 그에게서 이상적인 목회자 상을 본다. 목사는 교리를 풀어 가르치는 사람이 아니다. 교인들이 말씀에 목마르게 인도해 주는 목자다.

이 성경 공부는 덴턴에 있는 북텍사스 주립대학의 학생들에게도 확대되었다. 처음 시작은 매주 금요일 저녁 시간에 대학 강의실을 하나 빌려 학생들이 자녀들과 함께 참석하여, 한 학생은 옆방에서 어린애를 돌보고 나머지 학생들은 송 목사의 지도로 성경 공부를 시작하였다. 댈러스 교회의 교인들은 그때마다 따라와서 함께 공부하고 만두나 도넛 등을 가져와서 공부가 끝난 뒤 학생들과 친교 하였다. 이런 기회가 댈러스 교인들에게는 목사를 따라다니며 참 제자가 되는 훈련의 기회였다. 그리고 그때의 성경 공부가 덴턴에 새 교회가 탄생하는 초석이 되었다. 송 목사는 짧고 굵게 한평생을 살고 떠났지만, 그 혼은 죽지 않고 덴턴 교회에, 우리와 함께 살고 있었다.

나는 어떻게 기독교인이 되었는가

# 목사 청빙

　예상하지 못했던 목사의 소천으로 교회는 얼마 동안 침통하였다. 그러나 세상을 떠난 목사가 다시 올 리는 없었다. 교회는 새 목사 청빙(請聘)하는 일을 서둘러야 했다. 밖에서는 이 교회가 이제 지도자를 잃고 무너질지도 모른다는 소문이 일고 있었기에 목사 청빙을 빨리 서두르는 게 좋다고 당회는 생각하였다. 그러나 어떻게 청빙할 것인가? 목사 밑에서 신앙생활은 하였지만, 목사를 청빙하는 입장이 되어보지 못한 나는 목사님이 와병(臥病) 중일 때부터 임시 당회의 사회자가 되어있었는데 어떻게 이 일을 처리하는 것이 좋을지 난감하였다. 이 교회는 송 목사가 세우고, 가꾸고, 기른 교회였다. 그리고 교인들은 목회자를 '주의 종'이라고 제사장 모시듯이 따르던 사람들이었다. 그들은 '주의 종'을 그들이 뽑아서 데려온다는 생각을 감히 할 수 없는 교인들이었다. 열심히 기도하고 있다가 하나님이 보내주시는 분을 기다릴 수밖에 없다는 태도였다. 그런데 이 교회가 속한 미국의 은혜 노회(Grace Presbytery)는 목사 청빙을 매우 사무적으로 생각하고 있었다. 그들에게는 목사가 떠나면 또 데려오면 되는 것이었다. 우리는 당회장 목사가 떠나면 노회에서 임시 당회장을 보내주어야 정식 당회를 열 수 있다는 것도 잘 모르고 있을 때였다. 정식 당회를 소집할 때마다 노회에서는 으레 임시 당회장을 보내주었다. 그는 한국말을 못 해 방청하고 내가 사회했다. 필요할 땐 서툰 통역도 하면서. 12월 9일 연말 당회 때는 노회에서 세 분의 목사가 왔다. 거기서 우리는 12월 16일 주일에 총회에서 일하는 최창욱 목사를 모시고 성례를 거행하기로 결의했다. 또한, 목사 청빙위원을 장로 3, 권사 2, 남 집사 2, 여집사 2, 총 9명으로 하고 이를 인선하여 다음 해 1월 13일 공동의회에 제출하기로 했다. 이것은 노회의 요청이었다. 청빙 위원은 첫째 당회원뿐 아니라 반듯이 평신도, 특히 여성회원이 들어있어야 한다. 둘째, 교회가 요구하는 '목회자 상'을 제시해야 하는데 이것은 공동의회에서 여러 교인의 여론을 수렴해야 하고 그 근거 서류가 있어야 한다. 셋째, 목사에 대한 보수가 노회에서 요구하는 최저 기준을 만족해야 하며 목사의 보험과 휴가에 관한 규정이 그 속에 명시되어야 한다. 이것을 종합하여 '교회 정보 양식(Church Information Form)'에 맞게 써서 총회의 직업알선처에 제출하면 목사 청빙 공고는 이 양식에 의해 신문에 낼 수 있다. 이런 지시였다.

한국 교인들의 정서는 목사는 그렇게 사무적인 절차를 거쳐 직원 고용하듯 고용계약을 하고 채용할 수 없다는 것이었다. 목사는 '주의 종'인데 왜 교인들에게 여러분은 어떤 목사를 원합니까? 하고 물어야 하는가? 목사는 하나님께서 보내주신 분이며 우리는 하나님의 섭리에 순종하면 된다는 논리였다. 그러나 당회는 절차에 따라 9명의 목사 청빙 위원회를 구성하였다.

당회의 결의대로 연말에 최창욱 목사를 모시고 성찬식을 한 뒤 그가 귀가하기 전 장로들이 회식하면서 이 교회에 좋은 목사를 한 분 추천해 달라고 말하였다. 그분이 추천해 준 계 목사는 캘리포니아의 신학교(Claremont School of Theology)에서 박사 학위를 마친 점잖고 아주 설교를 잘하는 분이라고 했다. 반가운 소식이었다. 우리는 목사를 서류를 통해 뽑지 말고 그분을 모시고 여전도회 헌신예배 때 설교를 들은 뒤 하나님의 뜻이면 바로 모셨으면 좋겠다는 생각으로 이듬해 3월에 있는 여전도회 헌신예배에 설교 초청을 하기로 했다. 이것은 후에 노회를 매우 놀라게 했다. 먼저 교회의 청빙위원회가 구성되고 교회가 노회에 교회의 '목회자 상'을 비롯한 '교회 정보 양식(Church Information Form)'을 작성하여 제출한 뒤에 할 일이라는 것이었다. 그뿐 아니라 청빙할 목사는 노회의 목사고시에 합격해야 하는데 계지영 목사는 검증도 안 된 목사라고 그들은 당황했다.

우리가 노회를 놀라게 한 것은 한둘이 아니었다. 송 수석 목사는 자기 집을 성전(교회) 증축 때 바쳐버리고 교회 사택에 살고 있어서 사후 가족들의 거주가 문제가 되었다. 그렇지 않아도 가슴 아픈 유족에게 교회 사택에서 떠나라고 할 수는 없는 일이었다. 그래서 당회를 열어 이 문제를 상의하게 되었다. 당회장으로 왔던 은혜 노회 목사는 송 목사가 성전 증축에 자기 집을 바쳐버렸다는 이야기에 충격을 받았다. "교회를 떠나게 되면 어쩌려고 집을 바칩니까?" 그러나 '주의 종'이 교회를 떠난다는 것을 생각지도 못한 우리는 "교회에 사택이 생겼는데 자기 집을 또 가지고 있을 이유가 무엇입니까?" 이렇게 되물었다. 회의는 진행되어 사택은 송 목사에게 드리고, 3년간 월 $500씩 자녀 교육 보조비를 드리고, 1985년 1월분 봉급까지는 전액을 드리자고 제안했다. 또 새로 목사가 부임하면 시내에 당분간 아파트를 임대하여 살기로 하는 것이 좋겠다는 의견이었다. 노회에서 파송되어 온 당회장은 도저히 이 상황을 이해할 수 없는 모양이었다. 어떻든 이 집은 교회 재산이기 때문에 교인 전체의 공동의회에서 결의해야 한다고 다음 해 둘째 주일을 정해 공동의회를 하기로 했다.

1985년도 제1차 공동의회가 1월 13일 열렸다. 이때 공동의회를 사회하던 의장은 벤(Ben McAnalley) 목사였다. 먼저 당회에서 제안한 9명의 청빙위원은 11명으로 하지는 개의가 있었으나 9명으로 결정되었다. 이 결정후 1985년도 감사 2명을 선출하고 송수석 목사의 '유족 처우의 건'을 논의하게 되었다. 목사 유족이 교회 사택에서 살고 담임

회계법인에서 주택 증여를 공증한 공증서

할 목사가 임대 아파트에 살게 하자는 것이 당회 안이었는데 벤 당회장은 이것은 모양새가 안 좋다고 반대해서 무기명으로 투표하기로 했다. 거기서 참석인원 125명 중 찬성 100표, 반대 22표, 무효 3표로 당회의 동의안이 통과되었다. 이것을 보고 벤 당회장은 다시 한번 놀랐다. 한국 교회는 모든 것이 '은혜'스러워야 했다. 당회는 공동의회가 끝나자 유족 대표, 송 사모에게 주택 증여서류를 교우 일동으로 드리고 1985년 1월 25일 회계법인에서 공증한 공증서(Notary Public)도 드렸다.

2월 정기 당회 때부터는 노회에서 조지(George Adams) 목사가 계속 출석했는데 개인 사정이 있어 불참할 때는 당회록은 사후

나는 어떻게 기독교인이 되었는가

제출하고 결재를 받았다. 나는 계속 당회 사회를 맡았고 당회 서기는 박영남 장로, 제직회 서기는 손정수 집사, 목사 청빙 위원장은 이정휘 장로가 맡았다. 문제는 계 목사님을 모시는 일이었다. 우리 교인들은 최창욱 목사님의 추천을 받은 계 목사를 모시고 싶었다. 그래 3월 24일의 정기 당회 때 조지 목사는 개회할 때 참석했으나 미리 떠난 뒤였는데 우리는 계 목사 안건을 상정했다. 목사 청빙 위원장은 전년도 당회 서기였던 이철남 장로를 대표로 계 목사에게 보내어 3월 31일까지 접촉하여 가능하면 4월 3일, 여 선교회 헌신예배에 교회의 예배를 인도하도록 부탁하기로 했다. 노회는 목사 청빙 위원회가 노회가 요구하는 교회 정보 양식은 만들지도 않고 최 목사의 말을 듣고 계 목사를 만나보고 그에게 교회에서 설교까지 하게 한다고 크게 화를 냈다. 노회는 이것은 법을 아는 최 목사의 잘못이라고 생각하고 있는 것 같았다. 우리는 당회 서기인 박영남 장로를 통해 노회에 최 목사를 변명하는 두 쪽에 달하는 긴 글을 써서 그가 불이익을 당하지 않도록 간청하였다. 그리고 요식행위를 거쳐 교회 정보 양식을 만들었다. 다행히 교회 목사를 지원했던 10명 목사의 설교 테이프와 함께 보내온 서류가 있어 의견을 종합해 노회에 보냈다. 그리고 4월 20(토)일 8시 30분에 임시 당회를 열고 이튿날 공동의회 소집을 공고하고 5월 5일 공동의회를 소집키로 하였다. 동시에 계 목사에게는 노회에서 원하는 목사고시를 봐달라고 사정하였다.

　5월 5일에 예정된 공동의회는 연기하여 5월 19일에 다시 공고하고 5월 26일에 열기로 하였다. 노회가 실시한 계 목사의 목사고시 일정을 5월 14일 2시로 정했기 때문이었다. 드디어 5월 26일 공동의회가 열리었다. 은혜 노회에서는 임시의장으로 빌리(Billy Newton) 목사가 왔다. 그분의 개회 선언 후 먼저 청빙 위원장의 청빙 경과보고를 들은 다음 새 목사의 연봉에 대한 재정 장로의 설명이 있었다. 계 목사가 선정된 경유와 위 연봉 조건을 들은 후 목사의 청빙에 대한 무기명 투표를 했다. 결과는 재적 140명 중 찬성 133, 반대 2, 기권 5표로 계 목사가 압도적인 지지로 담임 목사로 확인되자 빌리 목사가 이를 선포하고 모든 교인이 박수로 확인하였다. 이어서 청빙서 서명은 당회원 전원이 교인을 대표하여 서명하기로 하고 7월 16일 Athens, TX에서 열리는 노회에 참석해서 새 목사를 소개할 한인 대표(Commissioner)는 당회에서 선임하도록 하자고 결의한 뒤 공동의회는 마쳤다. 드디어 노회의 사무적이고 합리적인 채용 절차와 댈러스 한인장로교회의 '은혜스럽게'의 기싸움은 끝났다.

7월 28일 계 목사는 드디어 8개월 만에 댈러스 한인장로교회의 제2대 목사로 위임을 받게 되었다. 그의 위임 예배는 10월 첫주 교회 창립 10주년 기념 예배를 겸해서 최창욱 목사를 강사로 모시고 갖기로 했다. 목사 사모 계은덕(Dr. Kay)은 남가주대학(USC)의 교수로 있다가 댈러스에 있는 텍사스 대학 건강과학센터(UT Health Science Center at Dallas)의 연구교수로 일하게 되었는데 이는 미국 교회에서는 사모의 직업은 한국과는 달라서 자유로웠다. 즉, 목사가 교회와의 계약만 지키면 되었고 계약이 불만족스러우면 목사는 떠날 수 있게 돼 있었다. 사모가 심방을 다니지 않고 부직을 가지면 한국 교회에서는 있을 수 없는 일이었

나는 어떻게 기독교인이 되었는가

다. 그러나 그런 조항은 계약서에는 없었다. 계약을 앞세우면 목사는 피고용자가 되어 권위가 추락하고 '은혜스럽게'를 앞세우면 혹 질 낮은 목사를 모실 때 그의 권위주의와 삯꾼 목사의 전횡을 막을 길이 없다. 어떻든 교회가 미국 노회에 속한 이상 이제는 노회법에 따라야 했다.

계지영 목사는 한국 장로교 신학대학 제9대 학장이었던 계일승 목사의 아들이다. 서울 문리대에서 사학과를 마치고 미국 프린스턴신학대학원에서 목회학 석사, UCLA 대학원에서 동양사 연구, 남가주의 클레어몬트 신학대학원(Claremont School of Theology)에서 박사 학위를 받은 유능한 학자이며 목사였다.

나는 계 목사님이 취임만 보고 한국으로 돌아와야 했다. 한남대학과의 계약 관계 때문이었다. 그동안 하워드패인대학에서 학생을 가르치고 가정에 얽매어 충성스러운 종노릇을 못 했다고 생각한다. 나는 하나님께 칭찬받을 일을 못 하고 귀국했다. 그러나 주는 나를 버리지 않고 돌보셨다. 우리 부부는 사 남매를 다 불러 미국에 모아놓고 대책 없이 그곳을 떠났는데 주께서 그들을 돌봐 주신 것이다. 큰딸은 수학과 대학원에서 장학금을 받고 공부하게 되었으며 수학과 과장의 배려로 학부 학생까지 가르쳐서 생활비 보조를 받았다. 큰애는 여러 교인의 주선으로 여기저기 아르바이트를 하다가 보스턴대(BU)에서 연구조교(RA)로 뽑혀 그해 8월 중순에 댈러스를 떠났으며 둘째는 계은덕 사모의 실험실에서 연봉을 받고 함께 논문을 써서 발표하기를 거의 2년을 했다. 여러 대학에 장학금을 신청했지만 거절된 것은, 더 나은 대학, 하버드에서 장학금으로 대학을 마치게 하기 위해서였

던 것 같다. 그의 하나님께 순종하는 신앙은 지금도 내가 따를
수 없다. 막내는 1986년 고등학교를 졸업하고 오스틴의 텍사스
대학(UTA)의 전기공학과에 입학했다. 내가 그들이 대학에 가는
일에 조금도 도움을 준 일이 없다. 나같이 자녀들에게 불성실한
아버지를 하나님께서는 사랑하셔서 돌봐 주신 것이다. 내가 자
녀들을 하나님께 드렸더니 하나님께서 맡아 길러 주셨다. 이렇
게 나는 하나님의 은혜를 누리고 살았다.


## 부흥 집회와 귀국


　나는 한국으로 귀국하기 전, 또 새 목사를 모시기 전 김준
곤 목사를 모시고 부흥회를 한 일이 있다. 시내에 '쉐라톤 호텔
(Sheraton Inn)'을 경영하고 있던 우리 교회 김 장로는 CCC의 미
주지역 연락 책임자이기도 했다. 그는 김 목사가 댈러스를 방문
하는 기회가 생겼기 때문에 댈러스 지역에서 교회 연합부흥회를
했으면 좋겠다는 생각으로 댈러스 한인교회 목사들을 호텔로 초
대하여 저녁을 대접하였다. 그리고 그 자리에서 연합 집회를 제
안하였다. 그러나 그 결론은 실망스럽게도 할 수 없다는 것이었
다. 그 이유는 김 목사는 성령 파 목사가 아니어서 헌금이 경비
를 부담할 만큼 나오지 않는다는 간단한 결론이었다. 결국, 우리
교회가 그 일을 맡기로 하였다. 우리 교회는 이 해가 창립 10주
년이었기 때문에 모든 행사는 10주년 기념행사의 일환으로 진

행되고 있었다. 그래서 이 집회는 〈댈리스 한인장로교회 10주년 기념전도대회〉라고 이름 붙이기로 했다. 우리는 영적인 침체에서 벗어나는 일이면 우선 그것부터 할 생각이었다.

김 목사는 하얀 양복을 입고 하나님의 사자라고 으스대는 부흥사가 아니었다. 자기처럼 믿으면 병이 낫고, 필요할 때 돈이 꼭 필요한 만큼 생긴다고 기복신앙을 강조하거나 신유(神癒)의 은사를 베푸는 목사도 아니었다. 그를 보고 있으면 하나님께 붙들린 바 된 사람 같은 느낌을 주는 분이었다. 복음의 진리를 깨닫게 해주고 싶은데 시간이 너무 부족하여 안타까워하는 분 같았다. 여러분의 믿음의 제물과 봉사 위에 내 생명의 피를 제사술처럼 따라 부어도 기뻐하겠다(빌 2:17)는 바울의 고백이 그의 삶의 모습에도 보이는 것 같았다. 그의 간증은 가슴을 뜨겁게 하는 것이 있었다.

나는 김 목사가 한국에서 EXPLO '74, 민족 복음화 운동을 계획하면서 너무나 많은 장벽과 사탄의 방해에 부딪힌 걸 이겨낸 지도자임을 알고 있었다. 나는 당시 대학에서 CCC 지도 교수였기 때문이다. 그는 전국 간사들을 서울로 불러 교외로 인도한 뒤 이 대회에 대해 염려되는 일, 안되리라 생각하는 일, 사탄의 방해 등 생각나는 대로 말하라고 하고 수석 간사에게 그것을 모두 받아쓰게 했다는 것도 알고 있다. 부정적인 제목 75가지를 두고 간사들과 밤새워 기도하고 그들에게 주를 믿고 확신을 하게 한 것도 알고 있다.

또 한 가지는 행사의 둘째 날인 8월 15일, 해방 기념 예배의 준비를 하고 있을 때 비가 오기 시작한 일이었다. 기자들은 비가 멎을 기세가 없이 점차 심해지자 저녁 집회를 어떻게 하겠느냐고 성화였다. 130만 명이 넘는 청중이 모이는 대집회였기 때문이다. 지도자의 결단이 필요한 때였다. 그는 집회를 연기하지 않았다. 8시 저녁 집회 시간이 되어도 비가 멎지 않았다. 그런데 기적적인 것은 우산을 받쳐 든 성도들이 한 사람 두 사람 집회장을 메울 뿐 아니라 집회에 열기가 더해 가자 한 사람 한 사람씩 우산까지 접고 빗물이 고인 바닥에 성도들이 그냥 앉아 말씀을 경청한 일이다. 그들은 퇴장할 때도 조금도 서두르지 않고 쓰레기도 남기지 않고 주워 돌아갔다. 이것이 세상 사람을 감동케 하여 1970년도 전도 폭발이 일어난 것이다.

우리는 성령에 붙잡힌 자, 기도의 사람, 김중곤 목사를 통해 10주년 기념 전도회에서 깊은 은혜의 체험을 했으며 우리 교회의 집회에 참석한 다른 교회 성도들에게도 큰 은혜를 끼쳤다. 연합 부흥 집회가 경비가 나오느냐 안 나오느냐 하는 것에 의해 그 성사 여부가 결정된다면 그것을 영적인 집회라고 부를 수는 없다. 집회를 통해 경비를 모으는 데 온통 신경을 써야 할 것이기 때문이다. "너희가 이같이 어리석으냐 성령으로 시작하였다가 이제는 육체로 마치겠느냐?"라고 말했던 갈라디아서의 말씀이 생각났다. 우리는 그때 풍족히 경비를 쓰고 교회도 성령의 불길로 더욱 뜨거워졌었다.

1985년 8월 3일 내가 귀국하자 소란했던 대학은 내가 떠난 후 교무처장이던 김수철 교수의 학장 직무대리 체재가 끝나고 한남대학 제2대 학장으로 이원설 박사가 첫 학기부터 취임한 상태였다. 그분은 외국에 있는 교수에게도 신경을 쓰는 것 같았는데 내게도 5월 중순에 편지해 왔다.

"…요즘에는 학교의 창학이념 구현을 위한 교직원 세미나도 있었고 도서 기증 운동을 통해 교수, 직원, 학생들이 새로운 학풍을 위하여 서로 노력하고 있습니다. 또 캠퍼스 헌수(獻樹) 운동이 일어나 아름다운 캠퍼스 가꾸기에도 열심히 하고 있습니다. 8월 초에 귀국하실 때까지 주 안에서 평안하시기 빕니다."

이런 내용이었다. 학내에 많은 변화가 생겼고 특히 내가 오던 첫 학기에는 신임 교수가 9월 3일 자 대학신문에 16명이나 소개되었다.

이원설 박사를 나는 한남대학에서 이한빈 총장 다음으로 훌륭한 분이었다고 생각한다. 자기 과시욕이 과한 게 흠이라고 할 수 있었지만. 그는 1951년(25세)에 미국에 건너가 케이스 웨스턴(Case Western Reserve University)에서 정치학 석사, 역사학 박사 학위를 받은 뒤 1961년 귀국한 것으로 알려졌다. 34세에 문교부 고등교육국장을 비롯해 초대 주미 장학관, 미국 아드리안대 교수를 거쳐 다시 경희대로 돌아와 세계대학총장회 사무총장, 경희대 대학원장, 부총장을 지냈다. 대외 활동도 화려하여 코리언 헤럴드(Korean Herald) 칼럼에 계속 기고하고 많은 저서를 내고 있었다. 특히 하가이 연구소(Haggai Institute) 한국 지부장으로 한남대 교수들에게 이 연구소를 통해 많은 혜택을 주기도 했다. 총장을 모시려면 대학에서 총장 인선위원회를 법인 이사회와 교수가 한 팀이 되어 만들고 거국적으로 유능한 분들을 추천받아 엄선된 2, 3명은 며칠씩 인선위원회와 함께 생활하면서 그분의 행정 능력, 경영 철학, 인품과 성격 등 자질을 검증받은 분을 찾아 선출해야 하는 건데 요즘은 교수협의회가 추천하고 이사회가 인준하는 형식이어서 외부 인사는 응모하기도 힘들다. 교내 인사가 응모하고 이사회가 구성원의 다수파 세력에 의해 총장을 선출해 버려서 우리 대학도 이한빈, 이원설 총장 빼고는 그만그만한 학내 인사가 학맥, 인맥으로 추천되고 이사회도 계파별로 뭉쳐 작은 학원 정치가 되어 훌륭한 분을 모실 수가 없을 뿐 아니라 후유증도 심하다.

이원설 총장은 오자마자 해외 각 대학과 결연하고 종합대학 인가신청을 먼저 했다. 그가 제출한 종합대학 인가 신청서는 10월 말에 바로 승격 허가가 나고 대학은 축제장으로 바뀌었다. 그는 1986학년도에는 한남대학교 초대 총장이 되었다. 이해가 또 대전대학 개교 30주년이었다. 4월 15일 개교기념일에 교문을

한남대학교 제9대 총장 이원설

준공하여 입구를 아름답게 꾸미고 독수리 상징탑을 세워 제막하고, 정성균 기념비도 제막하였다. 8월 말에는 오 학장 때 시작했던 '성지관'(채플, 총면적 905평, 1,612석 규모)도 준공했다.

나는 오 학장 계파라는 이유로 보직을 맡은 게 없어 학교 행정에서 자유로워 한가한 시간 여유가 있어 귀교한 연말에 장남을 잘 결혼시켰다. 결혼시킨 것이 아니라 그가 결혼한 걸 우리가 곁에서 들러리를 선 것이다. 그는 미국 비자를 받기 전 내가 한국에 있을 때 갑자기 애인을 집으로 데려왔다. 자기가 미국으로 떠

나는 어떻게 기독교인이 되었는가

나기 전 결혼하고 싶다는 것이었다. 서울 K대 식영과에 다니는 졸업반 여학생이었다. 나는 경제적 여유도 없었고 대학도 뒤숭숭하고 아내도 3월에 미국에 두고 온 자녀 때문에 도미하여 집에 없었는데 전혀 예상치 못한 일이었다. 더구나 그녀는 불신자였다. 내 생일이 5월 중순이었는데 그때 생일을 축하한다고 케이크도 사 들고 왔다. 큰애는 앞으로 영주권을 받아도 대학원도 진학해야 하고 생활 능력도 없는데 내가 부양할 수도 없고, 이건 있을 수 없는 일이었다. "네 어머니도 없는데 결혼은 당치도 않다."라고 말했다. 여자 친구는 교회에 나가 교인이 되어 세례를 받는 일이 먼저다. 큰아들이 미국에 가서 대학원을 가게 되면 그때 시간을 두고 고려해 보자고 했는데 뜻대로 되지 않았다. 여자 친구더러 학생 비자를 받고 미국에서 같이 공부하다가 시간을 두고 결혼을 생각해 보면 어떠냐고 권해 봤지만, 통하지 않았다. 약속을 그렇게 서로 믿지 못하겠으면 약혼이라도 해두면 어떻겠냐는 말도 했다. 드디어 6월 17일에는 그 애 부모님이 찾아왔다. 호텔에서 점심을 대접하겠다고 했는데 오후 4시에 직접 집으로 왔다. 상대방 어머니는 수줍어하고 별말이 없는 분이었다. 한 시간여 이야기하고 헤어졌다. 큰애는 그분들을 배웅하기 위해 같이 나갔다가 저녁을 먹고 8시쯤 그들을 배웅하고 돌아왔다. 그러면서 여자 친구의 어머니는 좀 결정적인 시원한 답을 들을 줄 알았는데 불만이었다고 말했으며 아버지는 "남자 측에서는 아들의 결정을 믿으며 그 뜻을 따르겠다는데 그보다 더 무엇을 바랄 수 있는가?"라고 했다는 것이다. 다음 날 아침 식사하면서 큰애를 앞에 두고 한 어머니의 기도는 다음과 같은 것이었다.

"…좋은 가정을 원했는데 평범한 가정이요, 아주 예쁜 여성을 원했는데 보통 여성이요, 키가 큰 여성을 원했는데, 그렇지 않은 여성을 주셨습니다. 그러나 맞아들이기로 했으니 좋은 신앙을 가진 딸이 되게 하시며 그 가정도 구원받기를 원합니다.…"라고 기도했다. 큰애는 그때 아주 못마땅했으리라 생각한다. 그러나 서울대에 입학한 손자라고 벽에 입학통지서를 붙여놓고 늘 자랑스러워했던 할머니의 꿈은 최상의 손자며느리를 원했을 것이다. 큰애도 할머니를 이해했으리라 생각한다. 그러면서 말씀하셨다. 내 아들도 마음대로 못 했는데 어찌 손자며느리에 대해 무슨 할 말이 있겠느냐고. 그 큰 며느리가 지금은 가장 싹싹하고 활발해서 온 며느리들을 잘 다스리고 시부모에게 효도하고 있다.

그런지가 어제 같았는데 벌써 일 년이 넘었다. 큰애는 내가 미국에 있는 동안 미국 대사관에서 비자 인터뷰를 끝내고 3월 입국해서 이것저것 닥치는 대로 아르바이트를 하고 있더니 보스턴 대학(BU)에서 장학금을 주겠다는 통지를 받자 1985년 8월 15일에 댈러스를 떠났는데 겨울 방학에 결혼하겠다고 연락이 와서 서울 새문안교회에서 결혼하였다. 우리가 한 것은 그 장소를 주선한 것뿐이다. 결혼 날짜는 12월 27일이었다. 그동안 꾸준히 며느리가 서울 그 교회를 다니고 세례를 받아서 모든 것은 수월했다. 하객 접대도 그 교회 여전도회가 맡아주었고, 예물 교환은 최소한으로 끝이 났다. 아들 하나를 결혼시키려면 얼마나 힘든 일인가? 신붓감을 물색하고 그 부모를 만나봐야 하고 예식장 예약과 예물 교환 등 정신없이 몇 달을 지내도 끝이 안 나는 것

나는 어떻게 기독교인이 되었는가

인데, 이래도 되는 것일까 하고 어리둥절했다. 아들이 항공료도 자기가 부담했다. 여러 항공사를 다 뒤져 가장 저가의 US Air를 $150에 끊었다. 또 그가 귀국할 때는 신부와 함께 떠났는데 보스턴의 하버드에 공부하러 온 이영현 외교관을 공항까지 나와 달라고 부탁했다고 한다. 이영현 외교관은 한국에서 내가 여권과 비자를 신청할 때 외교부에 있던 분으로 내가 중매해서 결혼한 대전 오정교회 목사 아들이다. 내 아들은 도움을 구하는데 물불을 안 가리는, 정말 못 말리는 애다. 그런데 크게 미안하게 된 것은 그 항공기가 저가(低價)여서 보스턴 도착에 5시간 이상 연착했다는 것이다. 그런데도 그들은 그 애들을 기다려 주고 잘 대접해 주며 음식 대접뿐 아니라 시내에 방을 얻기까지 여러 차례 재워주기도 했다고 한다. "하나님, 이래도 될까요?"라고 나는 여러 번 되뇌었다. 그렇게 신세를 지며 한 학기 장학금을 아껴 한국 왕복 비행기 표를 사서 한국에 들어와 결혼하고 다시 대학으로 돌아간 애다. 며느리 가정은 아르헨티나에 이민하게 되어있는 상태였다.

큰아들 결혼을 마쳤더니 이듬해에는 큰딸에게서 편지가 왔다. "…김성종 씨가 결혼에 대해 생각해 보고 싶다고 했기 때문에 제가 여기 있는 동안 먼저 사귀어 볼 의사를 표했습니다. 결혼에 대한 대답은 안 했지만 몇 달 동안 사귀어 보고 싶습니다."라는 것이었다. 그러면서 "상대편 부모님을 만나 뵙고 싶으시면 한가하실 때 한번 만나서도 괜찮을 것 같습니다."라고 덧붙였다. 경사가 겹치는 것인가 하고 어리둥절하였다.

딸은 대전여고를 졸업하고 바로 미국에 와서 내가 다니던 대학의 수학과로 들어왔다. 아버지 때문에 등록금은 면제였다. 그녀의 선택은 수학이 좋아서가 아니라 어쩔 수 없는 일방적인 선택이었다고 생각한다. 그녀는 미술을 전공하길 원했었다. 그러나 미술엔 장학금을 받을 수 없었다. 그녀가 끝까지 수학을 못하겠다고 우겼으면 어떻게 되었을까 하고를 생각한다. 아마 그녀는 하나님께 순종한다고 생각하고 내 생각을 받아들인 것 같았다. 나는 미안하고 고마울 뿐이었다. 그녀의 졸업식은 1984년 5월 12일이었는데 우리 부부는 한국에 나와 있을 때였다. 한국에서 그 애가 고교 졸업 때는 내가 학위과정이어서 가보지 못했고 또 미국에서 졸업할 때는 우리가 한국으로 돌아와서 참석하지 못했는데 그래도 어린 동생의 축하로 씩씩하게 졸업하였다. 그런데 나는 또 대학원도 수학과로 가라고 권하였다. 그때도 순종했고 그해 9월부터 장학금을 받게 되었으며 학부 학생 한반도 가르칠 수 있게 되었다고 연락이 왔다. 그때부터 꾸준히 TA(Teaching Assistant)로 있었다. 그러나 그녀는 TA로 있는 것이 크게 부담스러웠던 것 같다. 그녀는 내가 미국에 있던 다음 해도 수학과 대학원 조교를 계속했고 두 남동생이 3월에 미국에 들어오자 사 남매가 다 모여 더욱 힘을 얻는 것 같았다. 또 교회에서도 중고등부 교사로 열심히 활동하고 있었다.

우리는 이렇게 사 남매를 다 미국으로 불러들여 놓고 1985년 8월에 또 한국으로 돌아왔다. 마치 숨바꼭질처럼 애들이 한국에서 학교에 다닐 동안에는 우리는 미국에 있었고 그들이 미국에 돌아올 때는 우리는 또 한국으로 와서 헤어져 살 수밖에 없었

나는 어떻게 기독교인이 되었는가

다. 우리가 미국에 있는 동안에는 애들 교육과 생활비를 한국에 보내고 있었는데 이제는 여기서 그들 생활비를 미국으로 보내야 할 형편이 되었다. 다행히 큰애는 8월 보스턴으로 떠났지만 둘째는 아직 무직이었고 막내는 고등학교 졸업반이었다. 그들은 싱잉 오크(Singing Oak) 아파트에서 두 차를 가지고 지내고 있었다. 큰딸은 그래도 장녀이고 더 오래 미국에 있었다는 것으로 적지 않은 책임감을 느꼈을 것이다.

이 해 1985년 9월 22일 달라스한인장로교회(한인 교회의 이름)에서는 창립 10주년 행사의 하나로 어린이 놀이터를 만들기로 결의하고 찬송가 경연대회, 퀴즈대회, 성경 암송대회를 열어 시상하기로 했다. 그런데 내 큰딸은 성경 퀴즈대회에 청년부 대표로 나가 1등을 하였다. 이것을 보고 교회의 목사 사모는 신학교를 가면 어떻겠냐고 말했던 것 같다. 프린스턴 신학교는 장학금이 많다는 것이었다. 그녀는 신학교에서 미술 아닌 상담학 전공으로 장학금을 받을 수 있다는 생각을 하게 된 것 같다. 그녀가 자기 앞날을 위해 심각하게 고민하기 시작한 건 이때부터인 것 같다. 수학과 TA도 그만둔 것도 그해 말이었다. 당시 그녀 편지에는 프린스턴 신학교에 장학금 신청을 했다고 말하면서 추천인 명단을 보내왔는데 거기에는 수학과 주임 교수 Dr. Allen의 이름도 적혀 있었기 때문이다.

"상대편 부모님을 만나 뵙고 싶으시면 한가하실 때 한번 만나셔도 괜찮을 것 같습니다."라는 큰딸의 편지가 있었지만, 연말연시 그리고 장남 결혼에 쫓겨 이듬해 1월 19일에야 상대방 부모를 찾아보게 되었다. 만일 그녀의 시가(媤家)가 순천이 된다면 큰

아들의 처가는 속초요 큰딸의 시가는 순천이 되어 하나님께서는 내 삶의 지경을 너무 넓혀주신다고 생각하며 평생 처음 밟는 순천을 향하여 떠나게 되었다. 먼저 순천 제일교회의 한남대 후배인 박 목사에게 연락하여 김 군의 아버지에 관해 물었더니 너무나 훌륭한 분이라고 극찬하는 것이었다. 순천대학 임학과 교수로 은행나무를 길러 가로수로 순천시에 기증하시기도 하고 교회에서는 장로님으로 신앙도 좋은 분이라는 것이다. 김 장로님께 전화를 드렸더니 품격 있는 한 식당에서 점심 대접을 해주셨다. 또 장로님 댁에 들려 집 주변에 심어 놓은 묘목들과 잘 가꾸어 놓은 분재도 감상하였다. "그놈이 돈 들여 유학시켰더니 가서 연애 했군요."라는 말도 구수했다. 올 때는 예쁜 꽃 분재를 하나 선물로 주어 받아오기도 했다.

처음 우리는 아직 공부도 마치지 않은 신랑 대학생과 무슨 결혼? 하고 시큰둥했었다. 그런데 만나본 김 장로 내외는 매우 믿음직스럽고 소탈하며 호감이 가는 분이었다. 그러나 우리는 장남을 결혼시킨 지 한 달도 지나지 않은 때였다. 그 뒤, 두어 달 지난 때였다. 큰딸에게서 또 편지가 왔다. "김성종 씨께서는 결혼에 대하여 저도 여러 가지로 결정을 미루는 상태이므로 어머니 아버지께서도 그렇게 아시기 바랍니다. 순천에는 어머니 아버지가 잘 말씀해 주세요. 제가 알기론 좋으신 분들 같은데 어머니, 아버지, 장로님 댁에 죄송한 마음뿐입니다.…" 그러면서 자기는 4월 중 친구를 찾아 유럽 여행을 하고 오겠다고 했다. 이번 기회에 아르바이트하던 보험회사 근무도 그만두고 싶다고도 했다. 지난해로 수학과 대학원도 그만두고 시간제로 고등학생 과

나는 어떻게 기독교인이 되었는가

외를 봐주다가 댈러스에 있는 한 보험회사에 전임으로 일하고 있다더니 그것도 정리하고 싶은 모양이었다. 무언가 자기 나름으로 자기 인생을 새로 개척하려는데, 정리가 안 되어 오스트리아의 빈에서 음악 공부를 하는 친구를 만나 보고 싶었는지도 모른다고 생각했다. 우리는 다시 5월 초에 김 장로님 댁을 찾았다. 무언가 결론을 내야 할 것 같아서였다. 그런데 우리는 결혼을 미루어 보자는 의견 대신 웬만하면 빨리 결혼을 시켜 공부에 지장이 없게 하자는 쪽으로 이야기가 진전되었다. 상대방 김 군에게서도 편지를 받았는데 자기는 현재 정치경제를 전공하고 있는데 이 분야에 박사 학위를 받는 것이 목표가 아니라 이 분야를 공부해서 자기 자신만을 위하여 살지 아니하고 이 분야를 통해 하나님께 영광 돌리는 삶을 살면 그것이 주께서 원하시는 삶이 아닐까 생각한다는 내용이었다. 자기도 신학교 진학을 생각했지만, 그때도 목회자가 아니고 자신과 가족을 책임지면서 평신도 전도자로 살고 싶었다는 이야기도 했다. 우리는 김 군이나 김 장로님 내외분을 마음으로 좋아하고 있었다.

그런데 큰딸은 5월 16일 갑자기 우리를 찾아 귀국했다. 남편감인 김 군의 아버님이 결혼하게 빨리 귀국하라고 말씀하셨다는 것이다. 우리는 부랴부랴 서둘러 6월 7일 김 장로님이 출석하는 교회에서 결혼식을 하게 되었다. 그들은 결혼 후 미국으로 들어가 김 군이 다니는 대학의 부부 아파트에 둥지를 틀었는데 1987년 2월에 어린애를 낳을 것 같다며 불안해서 아내는 이제는 국제 파출부로 단신 미국을 가게 되었다. 예쁜 딸이었다. 처음 안아보는 외손녀인데 얼마나 예뻤겠는가? 그런데 2년 만에 둘째 딸을 또 출산하였다. 이제 그녀는 두 애를 기르면서 공부하는 남편 시중드는 전임 주부가 되었다. 하나님께서는 그들 가정을 그런 방법으로 축복하셨다.

　하나님의 은혜는 언제나 뒤돌아볼 때만 깨달을 수 있다. 큰딸은 미술을 전공하고 싶어 했으나 하나님께서는 막으셨다. 신학교에 장학금 신청을 했으나 그것도 막으셨다. 결혼을 미루려 했으나 부모의 성화로 떠밀리다시피 결혼했다. 이제 남편과 함께 대학원에서 자기의 원하는 과목을 전공하고 싶었으나 임신을 했다. 그녀의 일생은 자기가 계획한 것과는 어긋나는 것이었다. 그러나 그것이 하나님의 뜻이었다. 늘 하나님이 그들과 함께하셨다. "사람이 마음으로 자기의 길을 계획할지라도 그의 걸음을 인도하시는 이는 여호와시니라(잠 16:9)."라는 말씀대로다. 하나님께서 그녀를 위해 좋은 열매를 맺도록 가지치기를 해주셨다. 두 애를 기르면서 남편의 시중을 들고 있던 3년 반 뒤 남편이 학위를 받는 해에 그녀는 이번에는 아들을 낳았다. 이것은 학생 촌에서 경사였다. 모든 유학생 부인들이 모여 부러워했다. 유학생으로 셋이나 기르기는 힘들지만 두 딸 다음 아들만 확실하다면 세 번째 애에 도전해 보겠다는 게 유학생 부인들의 소망이었다. 그들 부부는 학위를 마치고 귀국해서 남편은 모교에 교수로 채용되었으며 자기는 정상학원(영어 강습소)에서 강사로 일하게 되었다. 그때 갓난애였던 딸(내 손녀)은 브라운대학을 졸업하고 미국의 회계법인에서 지금은 일하고 있다. 생활이 안정되자 자기는 횃불 신학원대학에 진학하여 상담학을 마치고 상담사로 일하고 있다가 최근 2021년 그 대학에서 박사 학위까지 마쳤다. 하나님은 먼 데 계시지 않고 가까운 데에 계셨으며 오래 참으며 그녀가 열매 맺기를 기다리셨다. 지금은 상처 많은 사람을 자기의 경험을 토대로 치유하는 상담사로 일하고 있다. 하나님은 그렇게 사는 것이 하나님의 백성으로 사는 것이라고 가르치신 것이다.

나는 또 미국에 애들만 떨어뜨리고 한국으로 돌아온 1986년을 생각한다. 장남을 뺀 삼 남매가 덴턴에 함께 살고 있었는데 큰딸은 결혼하고 UTD(University of Texas at Dallas)의 결혼 부부 기숙사로 옮겨갔다. 그래서 둘째 아들이 이제는 가장 역할을 하였다. 누나 결혼 2일 전 막내가 덴턴 고등학교를 졸업했는데 둘째가 동생 졸업을 축하하러 갔었는데 그때 UT(North Texas U)에 다니던 내 친구 박 선생 내외가 와주었다고 감사했다는 편지를 해왔다. 그러면서 학교 졸업 성적 90 이상인 학생은 우등생이라고 노란 후드를 둘렀던 게 자랑스러웠다고 편지를 써 보냈다. 막내는 자기 나름으로 용돈을 벌기 위해 가까운 마트, 피글리-위글리(Piggly-Wiggly)에서 주말이면 10시간 이상씩 일하더니 UTA(University of Texas at Austin)의 전기공학과에 입학하여 1986년 8월에는 학교 기숙사로 옮겼다. 이제 둘째 혼자 텍사스에 남게 된 것이다. 그는 고대 화학과를 다녔는데 학교에서는 단과대학 수석을 한 일도 있었다. 그러나 미국에서는 왜 쉽게 장학금을 받을 수 없는지 알 수 없었다. 그것도 뒤돌아보면 하나님의 뜻이었다. 둘째는 달라스한인교회의 계 목사님 부인(Dr. Kay)의 텍사스 대학 건강과학센터(UT Health Science Center at Dallas)의 실험실에서 일하면서 대학원 진학을 준비하고 있었다. 무슨 환경에서든 그것이 하나님의 뜻이라고 생각하며 즐겁게 하나님의 임재를 느끼며 지내고 있으면 은혜를 체험하게 된다. 1987년 2월, 2년 만에 둘째로부터 반가운 소식이 왔다. 하버드 의대의 기초의학부 박사과정에 입학 허가를 받았다는 것이다. 그는 그해 9월에 보스턴으로 이사해서 형과 같은 도시에 살게 됐고, 이듬해 한국에 나와 7월 9일 여의도 성당에서 서울대 졸업 후 맨해튼 음대에서 석사를 하고 UNT(U of North Texas) 음대에서 박사과정 중인 유학생과 결혼하게 되었다. 자녀 결혼을 시키려면 상견례를 하고 혼수 장만을 하고 집을 사 주어야 하는 등 벅찬 일도 많은데 그런 능력도 없는 나를 아시고 하나님은 이런 방법으로 애들 셋의 결혼을 주선해 주셨다.

## 삼성아파트

이원설 총장 재임(1985년~1992년) 기간은 전두환 정권 말기로부터 노태우 정권 기간으로 국가적으로도 매우 혼란한 때였다. 유신 완화로 해외여행 자율화, 통행금지 해제, 스포츠 육성 등 국민의 관심을 돌리기 위한 3S(Screen, Sports, Sex) 정책을 폈으나 사회는 영적으로 타락하고 7년 단임, 대통령 간선제의 호헌(護憲) 선언 때문에 1987년 6월의 민주화 운동은 걷잡을 수 없었다. 더구나 교주형(敎主形) 사립대학 이사장의 대학 사유화 비리가 학원 민주화 운동을 거세게 일으키고, 학생회와 교수협의회, 직원 노조의 목소리가 높았다. 나는 이 와중에서도 학교 행정에

나는 어떻게 기독교인이 되었는가

는 무관하여 비교적 시달리지 않은 생활을 하고 있었다. 교회에서는 도미 전에 준비했던 장로 장립을 마치고 교회 청년부를 맡아 토요일 오후 6:30에 예배를 드리고 성경 공부를 했으며 1986년부터는 교회 재정 장로가 되어 매월 제직회 때 회계 보고하는 양식을 전산화(電算化)하였다. 수입(Revenue)은 R1, R2… 식으로 항목을 나누었고 지출(Expenditure)은 E1, E2… 이런 식으로 분류했다. 현재 우리 교회는 월말 재정 보고를 〈수입부〉나 〈지출부〉에서 영문은 뺐지만, 숫자 코드는 그냥 쓰고 있다. 잘 전산화된 교회 재정보고서 양식을 갖다 쓸 수 있는데 오히려 번거롭다고 생각한 모양이다. 늘 십일조 낸 사람의 명단을 주보에 발포해서 '없는 사람 기죽인다.'라고 불평하는 교인이 많은데 이것은 개인 고유번호를 주어서 고유번호로 헌금 수납을 하자고 제안했으나 받아들여지지 않았다. 고유번호로 헌금을 수납하면 교인 간의 이화 감도 없어지고 연말에 교회 헌금의 연말정산에도 편리할 터인데 또 무슨 이유인지 알 수 없었다. 어떻든 나는 당시 학교보다는 내 개인의 삶에 더 충실했다. 대학신문 주간을 했기 때문인지 가끔 신문사에서 사설을 부탁하거나 칼럼을 부탁할 때는 성실히 응했다. 또 지방 문학지에서 원고 청탁이 오면 기쁘게 따랐다. 그것이 마음의 평안을 주는 삶이었기 때문이다.

내 옛 교수 친구들은 대부분 교무위원이었지만, 오랫동안 보직하고 있어 꽤 생활에 여유가 생긴 것 같았다. 집도 있었고, 또 학교 주변의 토지를 소유한 사람도 많았다. 그들은 직장 수입 외에 부동산값의 폭등으로 정년 퇴임 후 생활에 걱정이 없는 듯했다. 두 자녀를 연연으로 결혼시켜 힘이 빠져 있는 나에게 아내는 우리도 시내 아파트로 옮겨보자고 말했다. 50여 평의 땅이었지만 나도 학교 주변이 철로 위로 가교가 생기고 대학가에 학생 촌이 생기자 집값이 올라 그 땅이 효자 노릇을 하고 있었다. 모두 아파트에 나가 살고 있는데 우리만 이곳에 있을 수 없지 않겠느냐는 이야기였다. 아파트 붐이 생겨서 다 편리하다고 그곳으로 옮겨 가는데 할 수 있다면 나도 어머니와 아내를 위해 학교에서 좀 떨어져 있어도 옮기는 게 좋겠다는 생각이 들었다. 그리 바쁘지 않아서 나는 이곳 대학가의 작은 집을 팔아서 아파트에 옮길 수 없을까 하는 생각을 하면서 시내에 아파트 섭렵을 나섰다. 아파트 붐이어서 분양이 안 된 곳이 있을 리가 없었다. 그런 데다 교통이 붐비고 시끄러운 곳이 나는 싫었다. 그러다 우연히 오류동에 있는 삼성아파트를 가보게 되었다. 서대전역 근처여서 시끄러운 곳이었다. 그런데 그 단지 중앙에 있는 이층집이 아직 비어 있다는 것이었다. 가서 보니 건물들에 둘러싸여 오히려 조용하였다. 아내는 그 집을 계약하자고 서둘렀다. 그렇게 해서 내 두 번째 집이 삼성아파트의 이층집이 되었다. 내가 놀란 것은 이 아파트값이 우리 집 매맷값의 반 좀 넘는 정도밖에 안 되는 것이었다. 나는 사람들이 재테크라고 부동산을 좋아하는 걸 처음 알게 되었다. 나는 주택은행에서 큰돈을 빌려 8년간 194회 빚을 갚고 있었는데 그때는 매월 내는 이자가 원금 상환액보다 5배는 많았다. 그런 은행 빚을 다 갚고 나는 새 아파트로 옮겼다. 내가 살던 땅이 효자 노릇을 한 것이다.

　결국, 나는 1987년 11월에 삼성아파트로 옮겼다. 이곳은 한남대에 새로 부임해 온 교수도 몇 사람 있었고 테니스 코트가 있는

　　　　　　　　　　　나는 어떻게 기독교인이 되었는가

것이 마음에 들었다. 그뿐 아니라 아파트 주변에 병원도 있었고 충남대 종합병원은 도보로 20분 정도의 거리였다. 아파트 안에 은행이 있었고 그곳을 벗어나면 바로 초등학교가 있어 애들 교육하기도 좋은 곳이었다. 아침저녁에는 그곳에서 조깅하는 사람들을 많이 볼 수 있었다. 또 바로 옆이 서대전역이었다. 아내가 무엇보다 좋아한 것은, 후문을 나가면 바로 있는 노점상이었다. 간단한 건 무엇이나 살 수 있었고 또 음식점 골목이었다. 처음 시작한 아파트 생활이어서 싱크대, 화장실, 침실 등 모두 편리하고 마음에 들었다. 남쪽으로 베란다가 있었는데 화초를 기르기에 안성맞춤인 곳이었다. 미국에서 살던 아파트보다 더 편리한 것 같았다.

아내는 베란다에 작은 화분을 갖다 놓기 시작했다. 점차 많아지자 철물점에서 책꽂이처럼 생긴 조립식 선반을 사 와 꽃을 진열했다. 그러다 아예 화강암 돌판을 가져다 베란다를 꾸며 정원을 만들었다. 오래 지내자 아파트에 무거운 화강암 선

삼성아파트의 베란다에 심겨진 화초를 돌보시는 어머니. 여성 월간지 OPEN이 이북에 생존해 있는 아들 소식을 듣고 인터뷰를 하러 와서 찍은 사진. 1991.06.

반을 가져오는 건 안 된다고 금하기까지 여러 가지 분재와 꽃들로 베란다는 가뜩 차게 되었다. 조치원에 있는 분재원에 가서 배우기도 하고 또 욕심나는 것이 있으면 보고 와서 값이 내리는 걸 기다려 사 오기도 했다. 한때 미국에 이민 가신 한 장로님은 우

리 집을 방문하고 세계에서 제일 베란다에 꽃을 잘 가꾼 가정이라고 칭찬하고 가셨다. 그 말도 맞을 듯했다. 어느 누가 30평 작은 아파트에서 이렇게 많은 꽃을 정성껏 가꾸겠는가?

나는 처음 이 아파트에 이사 와서 자가용이 없었기 때문에 학교 통근버스를 타고 다녔다. 그때는 돈이 있는 교수도 운전이 두려워서 차를 안 사는 때였다. 많은 교수가 시내에서 버스로 출퇴근했기 때문에 아침 첫 교시가 시작되기 전 몇몇 교수들은 모여서 함께 〈다락방〉을 읽고 묵상하며 기도로 하루를 시작했다. 그것이 대전대학의 전통이었다. 그러나 자가용이 생기면서부터 점차 이 모임은 없어지고 일주일에 한 번씩 요일을 정해 기도 모임을 하기도 했다. 학교 문제로 정신이 없는 보직 교수보다는 이것은 비교적 한가한 평교수의 차지였다. 이 시기에 대학신문에 내가 쓴 '교수 단상'의 일부를 당시를 회상하며 올린다.

"우리 과는 오래전부터 민주화되어 학과장을 직선하였다. 그러지 않았다면 50대 중반인 내가 학과장이 되었을 리 만무하다. 아마 나이와 텃세에 억눌린 나이 어리고 풋내기 심부름꾼을 과장으로 만들고 말았을 것이다. 그러나 이 민주화 때문에 나는 수난이 많다. 체육대회 때는 400m 계주를 과장이 끼어 뛰어야 한다고 나는 젊은 딴 과장들과 겨루게 되는데 그리고 나면 한동안 몸살을 해야 한다. 올해 체육대회 때는 또 '5인6각(5人6脚)'을 한다니 나를 가운데 집어넣고 양발을 꽁꽁 묶어서 만일 박자를 못 맞추면 쓰러져 허리를 다치거나 목이 삐어 병신 같은 모습으로 교단에 서야 할지도 모른다. 그뿐 아니라 나는 신입생 환영회 때는 꼭 참석해야 한다. 학과장 인사말이 그 속에 끼어 있고 또 장

　　　　　나는 어떻게 기독교인이 되었는가

기자랑이라는 순서가 있어 내가 광대놀음을 하게 돼 있기 때문이다. "신입생 환영회에 밴드값, 장소 값, 술값으로 80여만 원을 꼭 써야겠어?"라고 말하면 그들은 무엇을 몰라도 한참 모른다는 듯이 나를 쳐다보며 이건 다 예산에 들어있다고 말한다. 또 불쑥 수업을 빼고 학생들이 MT를 가겠다고 게시판에 광고를 붙인다. 벌써 준비가 다 된 뒤 일이다. 당일 수업 담당 교수에게는 이미 수업을 빼기로 허락을 받았고 외부에서 출강하는 교수에게는 보강계획까지 만들어 제출하게 하고 시외전화로 출강 안 해도 된다고 연락된 지 오랜 일이다. 또 이들이 데모를 시작하면 보통 일이 아니다. 이건 학생이 주인이고 학과장은, 심부름꾼이다. 오, 학과장이어! 오, 교수여!"

## 교수협의회장과 대학원장

나이가 많으면 어른 대접한다고 무언가 시키려고 한다. 그중의 하나가 수학과 과장이다. 그건 어른 대접이 아니라 어른 고생시키는 일이다. 그러나 나는 무슨 일이든 긍정적으로 받아서 즐기려고 하는 편이다. 다른 여러 학과는 학과 회원 간의 갈등이 심해 회의도 잘 안되는 과가 많았다. 당시 우리 과 교수는 7명인데 4명이 모교 출신이고 나머지는 제일 연장자인 김일성 대학을 나온 고대 출신, 그리고 연대, 경북대 출신으로 말이 적고 온화한 성격의 교수들이었다. 그래서 매년 연말 송년회 때는 부부

동반으로 회식하고 윷놀이 등으로 경품을 나누어 주어 다른 과들이 부러워하고 있었다. 그때 한남대에 오래 출강했던 충남대 교수가 나더러 충청 수학회 편집이사를 해줄 수 없느냐고 해서 그 일에도 간여했다. 내가 신문이나 잡지 편집에 경험이 있어 잘 할 것 같아서인 것 같았다. 그러더니 자기가 충청 수학회장이 되자 나더러 부회장을 해 달라고 해서 또 같이 학회 일을 한 일이 있다. 그가 회장 2년 임기를 마치자 내가 회장이 되도록 운동을 해서 나를 충청수학회 회장으로 만들어 주기도 했다. 문제는 나는 어떤 일이든 사양하지 않았고 또 맡으면 일을 찾아서 더 즐기는 편이었다. 대학의 교수협의회 회장이 된 것도 그렇다. 1989년에 내가 학회 일을 맡고 있을 때 나를 교협(교수협의회) 회장으로 추천하여 선출해 버렸다. 교협의 목적은 창학이념 구현, 자율적인 대학 운영, 교권 확립인데 수학적으로 볼 때는 이 목적을 정의한 용어들은 아주 막연한 정의(定義)였다. 그러나 그런 기본적인 정의에는 교수들은 관심이 없고 총장 직선제를 도입하고 대학 예산 결산의 기본 방침의 심의 의결 등에 교수들이 참여하는 것이 초미의 관심사였다. 나는 자신 없는 임무를 맡은 것 같았다. 먼저 이사회가 해야 하는 총장의 임면을 교협이 해야겠다는 것이나 재단 비리를 밝혀서 학원 자율화를 해야 하겠다는 것이 꼭 교협의 제일가는 존재 이유인 것 같지는 않았다. 나는 때를 써서 무얼 쟁취하는 성미가 아니었다. 그뿐 아니라 우리 대학의 이사회는 자기 돈을 내서 학교를 좌지우지하는 교주형 집단은 결코 아니라고 생각하고 있었다. 오히려 교주가 없어 무력한 이사회로 생각되었다. 또 다른 대학 교협에서는 총장 직선을 교

나는 어떻게 기독교인이 되었는가

협에서 하도록 그 항목을 정관에 넣은 곳도 있었지만, 우리 대학은 두 번이나 총장 직선제를 정관에 넣자고 총회를 했지만, 번번이 실패한 학교였다. 파벌이 심한 교수들이 추천한 총장보다는 주인 없는 이사회에서 정해 준 총장을 교협에서 추인하는 것이 낫다는 것이었다. 나도 그런 생각이었다. 회장이 되자 당장 나에게 맡겨진 안건은 체비지(替費地)에 대한 대학 비리를 밝혀서 교협 총회에 보고하라는 것이었다. 체비지란 이사회가 학교 수익용 대지를 내놓고 '토지 구역 정지 사업'을 하려는데 그 사업비용을 내놓는 대신 업체에 부지(敷地) 중 일부를 체비지로 내주고 정지 사업이 끝난 뒤 그 땅으로 비용을 대신하는 그런 땅을 말한다. 이 체비지는 현재의 캠퍼스타운을 짓기 위해 떼어 놓은 땅이었다. 문제는 이 땅이 과도하게 많이 떼어졌거나 지가(地價)가 높은 지역에 지정되었거나 해서 업자와 대학 간에 협착 부정이 있지 않나 하는 문제를 알아보라는 것이었다. 만일 부정이 있다면 이사회에 따질 문제지 학교와는 관계가 없는 일이었다. 그러나 당시 총장은 재단의 빈약한 재원 때문에, 학교발전이 더디다고 재단 소유의 학교 주변 토지를 매각하여 재단 수익사업을 하도록 종용한 게 문제가 되어 복잡해진 것이다. 내가 할 수 있는 일은 성실히 조사해 총회에서 보고하는 일이었다. 어떻든 이사회는 체미지 때문에 교협을 무시할 수 없게 된 것은 사실이었다. 아무튼, 당시는 교협이나, 대학 노조나 학생회가 대학 행정에 간여해서 큰소리를 치고 무언가 쟁취해야 하는 시기였다. 따라서 대학 행정팀이 끼지 않은 나이 든 나는 그런 일에 적격이었던 것 같다.

이렇게 한 해를 지내고 있는데 이사회가 이 총장을 재임하기로 하자 교협은 정관을 개정하여 대학원장은 총장이 임명하지 않고 교협이 추천하는 사람으로 하기로 했다. 따라서 나는 1990년 3월 교수협의회의 제청에 따라 교협 회장을 그만두고 대학원장이 되었다. 따라서 나는 이 총장과 퇴직하기까지 2년 동안 일하게 되었다. 어정쩡한 자리여서 행정의 핵심 인물이 되지 못했다. 오 학장과 함께 지내던 때는 수학 강의 3강좌 야간 2부 대학 수학 2강좌를 맡았었다. 도서관장이어서 맡은 직책도 많았다. 교무위원회, 대학원 위원회, 도서관 위원회, 신앙지도 위원회, 인사 위원회, 체육위원회 등으로 정신이 없었다. 신앙지도 위원은 화학과의 계의돈 박사가 교직원 상대로 LTC(Leader Training Course) 초·중·고급 훈련을 하고 있었는데 그의 통역을 맡아 도운 것이 그리되었다. 체육위원은 운동을 좋아해서 교수들과 함께 테니스를 했는데 그래서 체육 선생이 나를 체육위원으로 넣은 것이었다. 그렇게 행정의 중심에서 대학을 섬겼다고 생각하는 적도 있었다. 그러나 이 총장이 밑에서는 하가이 국제 연구소의 설립자인 존 에드먼드 하가이(John Edmund Haggai)의 명예박사 학위를 총장의 요청으로 제청하고 드린 것이 전부였다고 생각된다. 이 총장은 나에게 많은 호의를 베풀어 주었었다. 한때는 하와이주에 있는 마우이의 하가이 훈련원에서 행한 3일간의 집중 훈련에 참여한 일도 있다. 총장이 특별히 주선해서 나만 단독으로 이 회의에 참석했었다. 이것은 기독교 교육자와 운동 코치들의 맞춤형 전문 학습으로 자기의 능력의 한계를 발견하고 신앙으로 새로운 도전을 하게 하는 훈련이었다. 상습적인 전도와는 많이 다른 것이었다. 나는 거기서 그와 숙소 앞에 있는 풀장에도 갔었다. 그러나 그는 학교 행정에 대한 어려움은 한마디도 하지 않았다. 나도 아무 말도 묻지 않았다. 나는 뭐든 학교를 위해 섬길 수 있는 일이면 하고 싶었지만, 대학원장은 교협에서 총장에게 교수를 대변하기 위해 임명된 자리였고 그도 나에게 대학의 어려움을 털어놓기는 어려운 처지인 것 같았다.

그가 임기를 마치지 못하고 물러나자 제3대 총장에 취임하게 된 분이 화학과의 박종민 총장이었다. 이때는 이사회가 총장을 선임하지 않고 교협에서 직선하되 총장 후보자 2명을 이사회에 추천하면 그중 한 명을 총장으로 하기로 했다. 이에 대해 총학과 노조는 3자 공동으로 총장을 추천해야 한다고 주장했으나 이사회는 교협의 제청을 따라 1992년 제10대 총장으로 박종민 박사를 임명했다. 그는 1954년 서울대학 화학과를 졸업하고 1959년 본 대학에 부임한 후 대학의 교수 장학금으로 미국 에모리(Emory)대학을 거쳐 1973년 플로리다 주립대학(Florida State University)에서 박사 학위를 받은 분이다.

그분은 한남대학교 최초의 교협 직선 총장이었는데 취임식부터 수난을 겪었다. 3월 17일 11시 성지관(대학교회)에서 취임식이 있을 예정이었는데 '총장 취임 결사 저지 결의대회'를 가진 총학생회는 30여 명이 교직원과 몸싸움을 하면서 식장 내로 난입하여 구호를 외치고 취임을 반대했다. 삼자 합의가 아닌 교협의 독선이라는 것이었다. 난동이 있자 25분 만에 급하게 취임식을 마무리했다.

박 총장 체제는 많은 과제를 안고 출발하였다. 법인의 대학 전

입금 부족으로 먼저 모금 운동을 조직적으로 해야 했다. 전임 총장은 구호는 요란했지만, 국내 모금이 약했다. 이때는 전국 각 대학의 직선 총장이 '대학발전기금' 모금에 전력을 기울이고 있는 때여서 발전기금 모금은 우리 대학 초미의 관심사이기도 했다. 그러나 박 총장은 이런 분야에는 크게 재능이 없는 신사였다. 교무위원들의 의견을 수렴해서 4년 뒤에 있을 '대학평가'를 대비해서 장기 계획을 세우는 일을 시작했다. 비대해진 대학에 교수의 절대 인원이 부족해서 교원 충원을 하고, 연구비를 대대적으로 확충해서 대학평가를 대비했다. 실제로 임기 4년 동안에 90명 가까운 교수를 충원했지만, 교수 1인당 학생 수는 그래도 1 : 40이었다. 박 총장은 그래도 요란한 구호 없이 알찬 일을 많이 했다. 1996년은 대학 창립 40주년이었다. 그래서 1992년에는 '한남대학교 40년사' 편찬을 기획해서 나는 편찬위원장의 책임을 맡게 되었다. 2년 동안 수고해서 만든 것이었는데 사학과의 하정식 상임위원이 수고를 많이 했다. 편찬위원들이 쟁쟁해서 1,056쪽의 자랑스러운 책이었다고 생각한다. 대학을 위해 섬기고 싶었던 내 보람이기도 했다. 이때 박 총장은 대전대학을 세운, 사라져가는 역사의 증인들을 수소문해『Han Nam in My Life』라는 대학사에 남는 귀한 책도 영문으로 출판하였다. 여기에서는 대전대학을 세우기 위한 회의, 학교 용지 선정, 기획 등에 참여한 선교사들의 살아 있는 증언을 읽을 수 있으며 특히 대전대학 창학이념인 '사명 선언(Mission Statement)'을 서두에 써 놓은 책이다.

박 총장과 함께 일하던 첫해 끝에 그는 나를 불렀다. 그러면서

나는 어떻게 기독교인이 되었는가

그는 조심스럽게 말하는 것이었다. 어떤 교수가 대학원장을 하고 싶어 하는데 내가 좀 양보할 수 없겠느냐는 이야기였다. 나는 이 총장 때 교협의 추천으로 보직을 받은 사람인데 이제 새 총장이 되었으니 나를 해임하고 새 대학원장을 임명해도 되지 않느냐고 누군가 말한 모양이었다. 이제는 교협에서 추천한 사람이 총장이 되었으니 교수를 대변할 대학원장을 둘 필요도 없다. 그래서 이 자리를 탐하는 고참 교수가 있는 모양이라고 나는 생각했다. 그냥 임명하고 갈아치우면 되는 일이었다. 그러나 총장은 정치라는 것을 모르는 신사며 미식가였다. 일식집 아니면 잘 가지를 않은 분이었다. 나는 걱정하지 말라고 말하며 그 자리를 물러났다.

섬기는 삶

예수님이 십자가에 달리신 뒤 3일 만에 부활하여 제자들에게 나타나서 하나님 나라의 일을 말씀하시자 제자들은 흥분한 것 같다. "그렇지. 예수님께서 그렇게 무력하게 우리를 두고 가실 분이 아니었어." 그런 느낌이다. 그래서 제자들은 "주께서 이스라엘 나라를 회복하심이 이때니이까?"라고 물은 것 같다. 부활해서 죽음을 이기고 살아나신 예수야말로 로마를 호령하는 이스라엘의 왕이 되실 분이라고 기고만장했던 것 같다. 그런데 예수님은 "오직 성령이 너희에게 임하시면 너희가 권능을 받고 예루살렘과 온 유다와 사마리아와 땅끝까지 이르러 내 증인이 되리라"라고 말씀하셨다. 성 오거스틴은 '교회는 성육신의 연장이다 (The church is an extension of the incarnation).'라고 말했다 한다. 즉 하나님의 '부름을 받은 무리의 모임(교회)'은 천국에서 영화를 누리려는 무리가 아니라 인간의 육신을 입고 다시 하늘에서 지상으로 내려온 예수의 모습으로 살아야 한다는 말이 아니었을까?

　　　　　나는 어떻게 기독교인이 되었는가

나는 이제까지는 하나님의 은혜를 누리고 지냈던 사람이다. 이제부터는 주님을 위해 섬기는 삶을 살아야 하지 않을까 하고 생각했다. 그러나 어떻게 섬기는 삶을 살 것인가? 나는 대학에서 교회에서 가정에서 어떻게든 남을 위해 섬기는 일이면 무엇이나 해볼 생각이었다. 그러나 섬기는 삶을 어떻게 살아야 할 것인지 전혀 생각이 나지 않았다. 그저 내 앞에 닥치는 일만 평소처럼 하고 살았다.

## 교육관 건축 위원장

교회의 건축위원장은 할 일이 아니다. 그런데 나는 1992년 3월 오정교회의 교육관 건축위원장이 되었다. 교회 창립 40주년을 맞아 교육관을 착공해야 해야 하는데 지지부진하다고 3년 전에 조직한 건축 위원회를 개편해서 나를 위원장으로 내세웠다. 나는 무엇이나 잘 추진할 수 있다고 생각한 모양이다. 그때까지 교회가 확보한 건축헌금은 1억 2천만 원이었다. 나는 덥석 맡아서 먼저 '교육관 건축헌금 약정서'를 만들어 전 교인에게 배부하였다. "각각 그 마음에 정한 대로 할 것이요 인색함으로나 억지로 하지 말지니 하나님은 즐겨내는 자를 사랑하시느니라. (고후 9:7)"라는 말씀을 적고 1992, 1993, 1994, 3년 동안 얼마씩을 어떻게 내겠다고 하나님 앞에 서약하라는 것이었다. 헌금을 얼마나 확보할지 알아야 건축을 시작할 수 있었기 때문이다. 그러나 이깃은 하나님의 말씀을 앞세워 강요하는 헌금처럼 되었다. 그래선지 어떤 교인은 약정은 하지 않고 '힘껏 할 것입니다'라고 적어내기도 했다. 그러나 "맡은 자들에게 구할 것은 충성이니라, (전 4:2)"라는 사명을 깨닫는 직분 자들은 기도하고 고민하지 않을 수 없었던 것 같았다.

　나는 바로 지하 1층, 지상 2층의 300평 건물을 예상하고 한남대학의 건축학과에 있는 김억중 교수에게 설계를 의뢰하였다. 서울대 건축학과 출신으로 6년간 스위스에서 유학하며 로잔 연방공과대학에서 건축공학 석사를 마치고 한남대로 오신 분이다. 나는 잘 알지도 못하면서 무턱대고 우리 교회 교육관 설계를 해 달라고 부탁하였다. 부임한 지 몇 년 안 된 분인데 대학원장의 모처럼의 부탁이어서 성심껏 설계하겠다고 허락한 것 같다. 먼저 교회에 와서 그 위치부터 확인하였다. 그는 건물을 짓기 전에 땅과 대화를 해야 한다는 철학을 가진 분이었다. 구체적으로 어떤 용도로 쓰일 것인가를 들은 뒤 그는 설계도를 가져왔는데 이 설계를 맡은 동진 건설은 설계 도면을 잘 이해하지 못하겠다는 것이었다. 그래서 1/50의 모형을 만들어 갖다 놓고 설명했으며 우리 교인들은 이 모형을 교회 강단 옆에 갖다 놓고 날마다 보면서 이런 교육관이 앞으로 세워진다는 꿈을 가지라고 나는 헌금을 독려하였다.

1/50으로 축소한 교육관 모형

　드디어 7월 26일 교육

관 기공 예배를 드리고 이튿날 착공해서 이듬해 1993년 5월 30일에는 준공을 하게 되었다. 지하와 1층은 소예배실, 그룹 공부방, 2층은 식당이었다. 보통 교회가 식당은 지하에 두는데 우리는 대전 시내를 바라볼 수 있는 높은 2층에 식당을 만들었다. 총공사비는 4억 6천만 원이었다. 1992년 1차 연도에 한 헌금은 약정을 포함해서 1억 2천만 원 정도였다. 다시 2차 연도 헌금 약정을 독려하고 다음 해에는 마무리로 마지막 힘을 내자며 약정서 양식을 바꾸었다. 같은 고후 9:7절 말씀과 함께 "본인은 다음과 같이 기쁜 마음으로 교육관 건축헌금을 약정합니다."라는 말과 사랑 조(300만 원), 믿음 조(100만 원), 소망 조(50만 원), 희락 조(24만 원), 화평 조(12만 원), 양선 조(1만 원)으로 나누어 ○표하게 하였다. 사실 나는 수학 선생으로 목표를 달성하기 위해 입력과 출력을 정해 놓고 그 중간 단계를 어떻게 효율적으로 운영해야 한다는 것밖에 모르고 있었다. 드디어 부목사를 비롯한 몇 사람은 교회를 떠나는 일이 생겼다.

어느 경합에서 맨손으로 짜서 귤즙을 잘 짜내는 시합이 있었는데 내로라하는 역도 선수, 차력 선수, 기계체조 선수가 다 참여했는데, 그중에서 삐쩍 마른 60대 남자가 일등을 했다는 것이다. 그래서 그의 직업을 알아보니 교회 회계 장로였다는 예화도 있다. 한때 나도 그런 사람이라는 생각으로 마음의 화평을 누리지 못했다. 약정헌금 때문에 교회를 떠났지만, 뒤늦게 그 헌금을 보내온 집사님이 있는데 우연히 한 결혼식장에서 그를 만났다. 나는 그때 참 감사했다고 말했더니 그는 당연하다는 듯이 "그 돈은 하나님과 약속한 것 아닙니까?"라고 했다. 그 말이 얼마나 나

나는 어떻게 기독교인이 되었는가

를 위로해 주었는지 모른다. 나는 헌금을 쥐어짠 게 아니고 그건 하나님께서 하신 일이었다.


## 실로암 안과 병원

1992년 3월 7일은 아내가 회갑을 맞는 생일이었다. 우리는 그날을 기해 실로암 안과 병원의 김선태 목사를 만나 보기로 했다. 그분은 우리 교회에서도 강사로 여러 번 초청하였고 또 미국에서도 만났던 분이다. 그분이 보내준 편지는 다음과 같은 것이었다.

실로암 안과 병원 원장,
김선태 목사

……우리는 1983년 미국 텍사스에서 만나 주님 안에서 서로를 위해 기도하는 그리운 믿음의 가족입니다. 대전에 갈 때마다 장로님께서 은퇴하시고 한국에 계실지, 미국에 계실지 궁금했는데 기다리던 장로님 소식과 더불어 책까지 받게 되어 너무도 반갑습니다. (텍사스에서) 말씀 전하러 갔던 저를 식사 후 숙소까지 바래다주셨던 장로님이 그립습니다. 차에 함께 탔던 토끼같이 예뻤던 따님은 이제 세월이 흘러 중년의 여성이 되었겠지요?……

눈이 안 보인 그분이 '토끼같이 예뻤던'이라는 표현을 쓴 걸 보고 참 김 목사님답다고 생각했다. 그는 6·25 전쟁 때 폭격을 당해 9살 때 부모를 잃고 고아가 되었으며 그때 친구와 함께 뚝섬 쪽으로 놀러 갔다가 친구들이 호기심으로 버려진 포탄을 만지작거리던 게 폭발하여 그들은 죽고 목사님은 시력을 잃게 되었다.

그러나 그를 만나면 실명하신 분으로 전혀 느껴지지 않는다. 학교도 장애인 학교가 아닌 일반 학교에 다니고 졸업해서 그런지 주변을 잘 보고 계시는 느낌이 든다. 제 딸도 크면 중매를 서겠다고 해서 그래 달라고 미심쩍으면서도 말했는데 실제 많은 분을 중매했고 또 그들이 잘 산다고 한다. 자서전에도 보면 나이아가라 관광을 한 내용이 나오는데 "친구의 도움을 받아 나이아가라 폭포에 도착했을 때 나는 그 엄청난 광경에 압도당하고 말았다."라고 쓰고 있다. 그런 거짓말을? 하고 생각하다가도 아니 정말 그는 그 광경을 보고 있었을 것이라는 생각을 했다. "천지를 진동하며 위쪽에서 아래로 떨어지는 폭포 소리는 마치 하늘에서 예수님이 구름을 타고 세상에 다시 오실 때 들릴 우레와 천둥소리 같이 들렸다."는 내용은 사실이기 때문이다.

댈러스에서는 구면이었다. 나는 한국에 있을 때 내가 출석하던 교회에서 두어 번 그분을 초청해서 설교를 들었기 때문이다. 내가 미국에 있을 때 그곳 교인들이 그의 인품을 닮으면 좋겠다는 생각으로 그분이 미국 방문 중 그곳 교회 목사께 상의드려 모신 적도 있다. 그는 시각 장애 때문에 많은 고통스러운 삶을 살았다. 숭실고등학교 3학년 때 학사 고시제도가 생겼는데 시각장애인은 시험을 볼 수 없다는 단서가 있었다고 한다. 그는 매일 오후 문교부(현 교육부) 장학관실에 가서 시험을 보게 해 달라고

나는 어떻게 기독교인이 되었는가

호소했는데 들어주지 않자 33일째는 칼을 품고 가서 함께 죽자고 칼을 휘둘러 모두 도망갔는데 문교부 출입 기자들이 장하다고 직접 당시 문교부 장관실로 안내해서 허가를 받아 시험을 치르게 되었다고 한다. 그때도 기도할 때 "끝까지 싸우면 이길 것이다."라는 하나님의 음성을 들었다고 그는 후에 고백하고 있다.

그는 이렇게 해서 숭실대학교 철학과를 나오고 외국에서는 매코믹 신학대학원에서 목회학 박사 학위를 받았다. 또 시각장애인들의 실명(失明) 예방과 개안수술, 그리고 복지를 위해 실로암 안과 병원을 세우고 오랫동안 원장으로 수고하고 계신다. 우리는 1992년 아내의 회갑을 기념하여 1인당 30만 원의 개안수술비 7명분(생일이 7일이었음) 210만 원을 그분을 만나 드린 일이 있다. 나는 그분을 보면서 하나님께서 시각장애인을 위해 우리나라에 보내신 사자라고 확신한다. 고아가 된 그는 친척 집을 찾아갔으나 말로 할 수 없는 학대를 받고 거지가 되어 살면서 용광로 같은 사회에서 연단을 받아 순금 같은 신앙인으로 거듭난 것이다. 그는 눈으로 보지는 못하지만, 하나님의 은혜를 깨닫는 영안(靈眼)을 갖게 되었다. 세상을 보는 눈과 뛰어난 기억력도 실명 때문에 왔다고 생각한다. 나는 그를 보면 눈으로 볼 수 있는 나 자신이 부끄러울 때가 있다.

# 상당칼럼

　나는 1992년 4월부터 이듬해 2월까지 청주에 있는 기독교 방
송국에서 라디오 청취자를 위해 매 수요일에 5분씩 QT 칼럼을
방송한 일이 있는데 그 이름이 〈상당칼럼〉이다. '상당'이라고 하
는 지명은 청주시의 중심에 위치하며 예부터 청주의 별칭이었다
고 한다. 지금도 충북의 도청은 청주시 상당구 상당로에 있다.
기독교 선교의 사명을 다하기 위해 FM 라디오 방송을 시작했지
만, 난청 지역이 많아 각 지역에 방송지국을 설립했는데 청주는
1990년 6월에 5번째로 개국한 것이다. 개국한 지 얼마 안 되어
내 차례가 온 것이 아닌가 한다. 나와 함께 근무하던 행정학과
교수의 소개로 시작된 것이다. 여기 그 한 토막을 소개한다.

　　　　　　　　　　　　　　　나는 어떻게 기독교인이 되었는가

## 굴뚝과 시궁창

■ 망령되고 허탄한 신화를 버리고 오직 경건에 이르기를 연습하라 - 개역한글 딤 전 4:7

　미국은 정말 소송을 좋아하는 나라인 것 같습니다. 지난 1983 년에는 40년간 담배를 피웠던 할머니가 자기의 폐암은 담배 때 문이었다고 연초회사를 상대로 고소하다 1년 후 세상을 떴는데 그가 죽은 뒤 40만 불을 자녀에게 배상하라는 판결이 났습니다. 그러자 이번에는 연초회사에서 고등법원에 상소하여 모든 판결 을 뒤집어 놓았을 뿐 아니라 이제는 1966년 이래 담배 상자에 "흡연은 당신의 건강에 해로울지도 모릅니다"라는 말을 쓴 이상 담배 회사를 상대로 고소할 수 없다는 판결을 받았다고 합니다. 그러나 연초회사를 상대로 한 소송은 끊임없이 계속되었는데 얼 마 전 대법원판결은 연초회사가 고객을 상대로 사기행위를 한 것이 분명하면 고소하고 배상을 받을 수 있다는 판례를 남겼습 니다. 연초회사 측에서는 그런 증거를 대기란 운동화를 신고 에 베레스트산을 오르는 것만큼 어려운 일이라고 좋아하고 있지만, 흡연 피해 쪽 변호사들은 흡연은 폐기종에 걸리는 확률이 10배 이며 폐암에 걸릴 수 있는 확률이 7배나 되는 것으로 알려져 있 는데 이것을 숨기고 살인적인 중독에 걸리게 하는 것은 사기이 며 담배 표지의 글을 읽지 않은 사람이 간접흡연으로 병에 걸리 면 분명 소송감이 된다고 기염을 토하고 있습니다. 저는 경제기 획원 조사통계국에서 펴낸 우리나라 자료에서 남자의 흡연 인구

비율이 89년 말로 75.4%, 여성의 비율이 7.6%로 나와 있는 것을 보고 깜짝 놀랐습니다. 네 사람 중에서 세 사람의 남자는 담배를 피운다는 말인데 이것은 도저히 믿어지지 않았습니다. 통계에 의하면 1,600만에 육박하는 인구가 매년 만 원짜리 지폐 2조 5천 3백 장을 태우며 국민경제에 구멍을 내고 공기를 오염시킬 뿐 아니라 다른 사람의 폐에다 다 타지 않은 담배 연기를 집어넣어 폐결핵 환자가 되기 쉽게 하고 산소 부족으로 혈관을 수축시켜 고혈압이 되게 하며, 뇌에도 산소 공급 부족으로 뇌 기능을 약화하고 있다는 것은 어처구니없는 일입니다. 중학생 5명이 부탄가스를 마시고, 한 학생이 담배를 피우려고 불을 켰다가 폭발 사고가 나 입원한 사건은 너무나 충격적인 일입니다. 보도된 바에 의하면 전 세계는 흡연 인구가 감소 일로에 있는데 일본과 한국만 증가하고 있으며 더구나 50세 이상 고령 인구의 흡연 인구 비율은 우리나라가 세계 일위라고 합니다. 금연을 위한 어떤 적극적인 운동이 일어나야 하겠습니다.

TV 탤런트들이 드라마 속에서 담배 덜 피우기 운동을 해서 청소년들을 자극하지 않았으면 좋겠습니다. 젊은 여성들은 "담배 피우는 남자와 입 맞추는 일은 굴뚝에 입 맞추는 것과 같다. 포옹하는 것은 시궁창에 코를 박아 넣는 것과 같다." 이런 구호라도 외치며 데이트를 거절하면 어떨까요? 전매청을 상대로 소송할 배짱이 없을 테니 아예 금연하고 성경처럼 경건에 이르는 훈련을 시작해 보는 것도 좋은 방법입니다. (1992.7.29)

나는 어떻게 기독교인이 되었는가

# 대전 두레 성서연구회

두레 성서연구회는 김진홍 목사가 조직한 단체로 그는 두레 공동체 운동본부 대표로 계셨다. 나는 어떻게 해서 '두레 성서연구 대전 모임'을 발족하게 되었는지 기억이 없다. 아마 전국협의회 회장으로 있던 대구의 주 회장으로부터 연락을 받은 게 아닌가 한다. 1991년 10월 24일 대전에서 모임 규약을 만들고 창립총회를 하였다. 창립총회라야 몇 사람 모여 규약을 만들어 협의하고 화원 모집을 상의할 정도였다. 당시 김 목사의 저서『새벽을 깨우리로다』라는 책은 수십 쇄를 거듭하며 많은 기독교 청년들과 비판의식이 있는 젊은 지성인들을 자극하고 있는 때였다. 그는 빈민촌에서 활빈교회를 창립하며 한국 교회는 귀족화되어한국 사회의 저변을 이루는 빈민 근로자들이 교회로부터 소외당하고 있다고 외쳤다 그리해서 활빈교회는 사랑을 배우고, 가르치고, 훈련해, 사랑을 실천하는 곳이 되게 해야 한다고 각 지방을 다니며 설교하고 있었다. 그러면서 한국 사회의 정치적 억압, 경제적 불균형, 사회적 불평등, 곧 온갖 비인간화 현상에 강력히 도전하는 교회가 되어야 한다고 외쳤다. 그는 대중집회와 신도들의 사회참여를 주저하는 성미가 아니었다. 그는 청계천 판자촌 철거에 강력히 항의했을 뿐 아니라 박정희 대통령 때는 대통령 긴급조치 위반으로 체포되어 13개월이나 수감 된 일도 있었다. 수감 생활 때의 간증은 여러 차례 설교의 내용이 되어 나는 같은 간증이 또 나오면 그 이야기의 종착역에 미리 가서 그가 도착하여 설교가 도착지에 이르기까지 기다리는 때도 많았다.

어떻든 그는 활빈 귀농개척단을 만들어 남양만 간척지 960만 평을 개척하여 50세대가 남양만에 귀농했다. 1977년에는 경기노회에서 목사 안수를 받고 이화리 지역에 시범농장을 만들고 "잘살아 보자"라고 외국에서 젖소 등 가축 수입을 하다가 실패하여 두레마을을 해산하고 교회를 사임한 일도 있다. 3년 뒤 교회에 복귀하여 남양만 주민회를 다시 조직하고 '한국을 성서 위에'라는 기치로 제2차 두레마을을 재건하였다. 그의 저서 『새벽을 깨우리로다』는 활빈교회에 복귀한 2년 뒤에 출판한 것이다. 이 책은 베스트셀러로 1991년 1월 강남 YMCA에서 50판 출판 기념회를 가질 정도였다. 김 목사는 그때는 후원하는 사람도 많아져서 교회 건축용지 1,000여 평을 확보하고 1991년 10월에는 교회 창립 20주년 기념 예배도 드리며 한국을 말씀 위에 세우기 위해 두레 성서연구 모임을 전국에 확대하려 전력을 다하고 있었다. 그는 말씀을 전할 뿐 아니라 국내외에 장학생을 선발해서 보내는 등 많은 장학금으로 귀한 인재를 기르기도 했다.

그는 교인과 후원자들의 호응으로 자신을 얻고 〈두레 성서연구 모임〉을 조직하여 전국에 이 모임의 확산을 생각한 것 같다. 승용차를 개조하여 침대를 싣고 거기서 자기도 하며, 전국을 설교하고 다녔다. 1992년 4월 17, 18일에는 대전의 대온장호텔에서 전국 5개 지구(서울, 대구, 전주 광주, 대전) 회장단 간담회를 하였다. 그 뒤로 나는 15인 내외의 봉사위원과 함께 대전에서 김목사가 설교할 수 있도록 장소를 알선하여 회원들에게 통지문을 보내고 극동방송 등을 통해 모임 광고를 부탁하였다. 다행히 자원하는 봉사위원이 많아서 대학교수, 의사, 연구소, 한전, 식품회사 직원들이 열심히 참여해 회비로 도움을 주었다. 나는 대전회장이 되자 그에게 완전히 심취했다. 1993년 3월 1일 그의 활빈교회 위임예배 때는 대전에서 버스를 전세해 남양만의 활빈교회까지 회원들을 동원해 가기도 했다. 우리 회원 중의 한 사람은 자기 교회를 나가지 않고 남양만의 교회에 참석하는 사람이 생겼고 그는 결혼 때 김 목사가 주례했는데 그의 하객들에 대한 결혼 답례품은 김 목사의 『새벽을 깨우리로다』라는 책이었다.

나는 지방 성서연구 모임뿐 아니라 활빈교회에서 주최하는 모든 모임에 회원들과 함께 참석했다. 1994년 7월 남양만 두레마을에서 열린 제6회 전국 두레가족 수련회, 1995년 7월 제7회 전국 두레가족 수련회 등이 그것이다. 1997년

1997년 두레 공동체 운동을 소개한 팸플릿

2월 경주 문화회관에서 열린 두레모임 전국지도자 수련회에 참석해서는 1987년 4월 성서 연구모임을 시작한 두레 공동체 약사를 공부하며 더욱 깊이 두레가족이 되어갔다. 대전 집회 때 내가 당면한 문제는 목사님의 설교 장소를 찾는 것이었다. 목사님의 명성은 많이 알려졌으나 선뜻 자기 교회를 설교 장소로 내주겠다는 교회는 없었다. 김 목사는 평안하게 잘 목회하고 있는 교회에 평지풍파를 일으키는, 말하자면 반골 목사였다.

그는 토요일에 설교 준비를 하지 않고 일주일 내내 설교 준비를 한다고 했다. 골방에 앉아 준비하지 않고 걸어 다니며, 일하며 생각하며 설교 준비를 한다고 했다. 그래서 원고 없이 쉽게, 즐겁게, 깊이 있게, 말씀을 적용할 수 있게, 말씀으로 사람이 변하는 그런 설교를 해야 한다고 했다. 그래선지 김 목사의 설교는 성경을 풀어 가르치는 설교가 아니라 그가 지금 어떻게 살고 있는지를 보여주는 것이어서 그의 말마따나 졸지 않고 쉽게 즐겁게 들을 수 있는 것이었다. 그러나 그것이 가벼우면 만담이 되는데 그는 독서를 많이 하는 목사였다. 꼭 참고되는 책을 소개해서 많은 것을 생각하게 했다.

그는 결혼식 주례 때는 반드시 오뚜기 하나씩을 선물로 주는데, 그것은 실패할 때마다 좌절하지 않고 일어서라는 뜻이라고 했다. 실패는 성공의 어머니기 때문이다. 또 장로 장립식 때는 각 장로에게 운동화 한 켤레씩을 준다고 했다. 교회를 위해 수고할 사람인데 장로가 되는 날 감사하다고 교회에 자기 힘에 겨운 헌금을 바치면 안 되며, 오히려 교회에서 그들의 수고를 생각해서 잘 뛰어다니라고 운동화를 주는 것이 마땅하다는 이야기였

나는 어떻게 기독교인이 되었는가

다. 그는 일반 목사와는 다른 엉뚱한 일을 하는 분이었다. 신학교를 다니기 전, 계명대학 철학과를 우수하게 졸업하고 외국 장학금을 받고 떠나려고 2년간 조교를 하고 있었는데 출국 전, 한때 시골 교회의 전도사로 간 일이 있었다. 말하자면 그곳이 그의 첫 목회지(牧會地)였다. 당시 신학교도 다니지 않았는데 어떻게 전도사가 되었는지 알 수 없다. 그러나 계명대학 일 학년 때 특별히 그를 사랑해서 신학교를 가라고 권했던 구의령(William A. Grubb) 선교사의 소개 때문이었는지 알 수 없다. 그는 거기서 교회 일은 안 하고 안 믿는 사람들의 농사일만 도와준다고 비난을 받았다고 한다. 사실 2, 30명밖에 안 되는 시골 교회에서 할 수 있는 일은 농사를 도와주는 일뿐이었다. 그는 농사를 돕는 일이 농민들을 전도하는 일이라 생각하고 누구 집 일이든 힘들어하면 도왔다고 한다. 또 한번은 이웃 마을 처녀가 농약을 먹고 자살했는데 그쪽 교회에서는 자살한 처녀의 장례는 해 줄 수 없다고 해서 그가 자기를 찾아온 그 교회 청년회장과 힘을 합해 장사 지내 준 일도 있었다. 이는 보수적인 목사가 결코 받아들일 수 없는 목회자 상이다. 그러나 그는 신학교를 다닐 때도, 한때 중퇴한 때도 "나는 입으로 설교하는 목사가 아니라 몸으로 증거(證據)하는 예수의 제자가 되겠다."라고 청계천에서 넝마주이를 하면서 그들을 도왔던 사람이다.

내가 언제까지 대전 회장을 했는지 지금은 기억이 없다. 그러나 남아 있는 기록에 의하면 2,000년에도 두세 번 오정교회에서 집회하고 그가 저서를 준비하기 위해 3년쯤 쉬겠다고 했는데 그때까지는 내가 회장 노릇을 한 것 같다. 그렇다면 나는 '대전 두레 성서연구회' 회장을 10년 가까이 한 셈이다. 이것이 그를 돕는 섬기는 활동이 되는 것일까?

김 목사의 집회는 1992년에는 주로 한남대 법정대에서 교실을 빌려 모였다. 내가 다니던 오정교회에서 그의 집회를 하게 된 것은 김 목사의 집회 장소를 찾기가 힘들었고 또 거점이 없어 여기저기를 옮겨 다니게 되면 회원들이 헛갈려 참석하는 일이 힘들어 우리 교회에서 집회하기로 한 것이다. 1994년부터 1996년까지 2년 동안은 오정교회의 청년들로 구성된 '실루아노 찬양단'이 매월 둘째 주 화요일 7시 반에 나와 찬양 인도를 하였다. 담임 목사님은 처음 몇 달 동안은 불안했는지 집회에 나와 말씀을 듣더니 그 뒤는 안심한 것 같았다. 회원들도 한 장소로 정착되자 마음이 편한 듯했다. 그러면서 이 교회 목사를 꼭 한번 보고 싶다고 했다. 김진홍 목사에게 교회를 개방한 그런 열린 목사를 보고 싶다는 이야기였다. 오정교회는 오히려 이름이 알려졌지, 피해 본 일은 없었다. 1994년부터 오정교회는 전교인 성경 공부도 시작하였다. 그때는 수요예배는 저녁에 드리게 돼 있었다. 그러나 자가용이 상용화되자 저녁 집회 참석인원이 점차 줄어들게 되었다. 가까운 교회로 가거나 거리가 멀어도 목사의 설교가 좋거나 프로그램이 다양하면 그쪽에 참석하는 경우가 많았다. 따라서 우리 교회는 저녁 집회를 없애고 오후 예배로 시간을 바꾸기로 했다. 처음엔 교인들의 반대가 심하였다, 밤에 예배를 안 드리면 집에서 무얼 하느냐는 것이었다. 그러나 대 예배 때 어린 애들과 함께 교회에 참석하는 교인을 위해서 그 시간에 유년부 프로그램을 잘 짜서 그들을 교육하고 함께 교회에서 식사하도록 순서를 짰다. 식사 후는 유년부 돌보미들을 두어 애들을 돌보게 하고 전 교인이 성경 공부하고 가족이 함께 귀가하도록 순서를 짰다. 아마 우리 교회가 밤 예배를 낮 예배로 옮긴 몇 안 되는 척 사례가 되었다고 생각한다.

김진홍 목사는 그때 두레유통도 운영하고 있어 무공해 농산물을 선전하여 팔고 있을 때였다. 집회 시작 30분 전에 대기하고 있는 트럭에서 말씀을 들으러 오는 회원들은 주곡, 잡곡, 분말, 건강식품, 채소, 과일… 여러 가지를 사 가기도 했다. 김 목사의 모친은 "애야, 너는 목사가 되어 기도는 안 하고 가방 들고 왜 밖으로만 쏘다니냐?"라고 하셨다는데 그는 가만히 앉았을 목회자가 아니었다. '두레 공동체 운동'이란 묶음 안에 농장을 운영하며, 두레 장학회에서 전국적으로 장학생을 뽑아 국내외로 보내 인재를 기르며, 각지에 다니며 두레 성서 연구모임을 주도하고, 두레 선교회를 통해 전국 각지에 주일설교 테이프를 공급하는 등 많은 일을 하고 있어 사회 사업가인지, 시민운동가인지 교회만 지키고 있는 목회자로는 도저히 이해할 수 없는 분이었다. 내가 가지고 있는 기록에는 1997년 일 년 동안도 오정교회에서 김 목사의 설교를 들었다. 내가 분명 김 목사를 모시고 4월 29일과 5월 27일에 집회를 인도했는데 그는 어느새 5월 초

대전 두레모임 집회 통지서의 하나

에는 중국에 가서 연변에 130만 평을 중국으로부터 50년간 임
대하여 '연변 두레마을'을 세우고 돌아왔다. 연변 두레마을 땅을
임대할 때 두레 공동체에서 $100만, 교회 성도들이 30억을 냈다
고 한다(2014. 01. 07. 국민일보 참조). 이런 거금을 어떻게 구했다는
말인가? 누군가의 말대로 김진홍 목사의 땀과 그의 말에 녹아서
낸 기부금으로 봐야 할 것인지? 그러면서도 아무 일이 없는 것처
럼 그는 말씀을 선포하려 각 지방을 돌아다니며 설교 테이프를
팔고 월간 '복음과 상황' 반 연간 '두레사상'을 농어촌에 보내기
위해 1만 원 후원금을 내는 회원을 모집하고 있었다. 그는 1971
년 10월 3일에 처음 개척한 청계천 활빈교회를 이어 남양만 활
빈교회를 거쳐 1997년 3월 1일에는 구리활빈교회를 세웠는데
2년 뒤에는 남양만 교회를 장학생으로 기른 후배 목사에게 위임
하고 구리 활빈교회를 전담하셨다. 파란만장한 그의 삶은 이상
적인 참 목회자 상인가? 그러나 그는 스스로 주장한 대로 입으로
설교하는 목사가 아니라 세상을 향하여 "몸으로 증거(證據) 하는
예수의 제자"인 것은 분명했다.




# 오, 나의 어머니


어머니는 이북에 살아남은 아들 오영재 시인이 보내온 연시
〈늙지 마시라〉에 어머님 대신 자기가 두 살씩 먹겠으니 어머니
는 나이 들지 마시라는 내용을 읽고 당신은 허리도 굽지 않고 눈

나는 어떻게 기독교인이 되었는가

도 귀도 정상이니 "너나 건강해라."라고 하시더니 서울에서 사업하는 막내아들의 시중을 들고 온 뒤부터 건강하시던 분이 몸져눕게 되었다. 이 막내아들은 허풍이 좀 심해서 어머니가 늘 걱정하던 애였다. 그는 1960년대 말 건국대학교 축산과를 나왔다. 졸업 후 양계로 부모님 해외여행을 시켜드린다고 집에 들어오지 않고 농촌집을 얻어, 양계하고 있었는데 어느 날 전화가 왔다. 작두질하다가 엄지발가락을 잘라버렸다는 것이다. 그 소리를 듣자 나는 내 엄지발가락이 아프기 시작했다. 오전 수업만 마치고 조퇴하여 어머님을 모시고 찾아갔더니 세를 내어 산다는 농장의 작은방은 어질어질 대로 어질어지고 술병이 나뒹굴며 엉망이었다. 그는 그 속에 이불을 펴고 누워 있었는데 뭐 하러 여기까지 왔느냐며 또 너털웃음을 웃었다. 발가락이 떨어져 나가서 얼른 제자리에 붙이고 병원에 갔더니 멀쩡해졌다는 것이었다. 그는 형제간에 바둑을 둘 때도 늘 웃고 있어 그가 지고 있는지 이기고 있는지 표정만으로는 알 수 없는 애였다. 닭 장사가 망해도 웃고 다니더니 대한항공 화물계에서 승승장구하며 그 직장에서 계장도 되고 결혼해서는 딸도 낳고 서울 강남의 도곡동에 아파트를 사서 잘 살고 있었다. 1992년 어머니 팔순 잔치를 할 때는 그가 잔치 사회를 하

어머니의 팔순 잔치 때 사회하는 막냇동생 창재, 어머니께 이북에서 보내온 옷감을 대신해서 올리는 셋째 동생 형재, 옆에는 돌아가신 아버지를 대신해서 외숙 가족들이 와 있다. 1992.04.

고 한창 잘 나가고 있을 때였다. 호텔도 그가 예약했고 그가 다니던 교회의 목사님이 팔순 예배도 집례했다. 그런데 갑자기 친구와 함께 오퍼상을 한다더니 친구의 권유로 사장이 되었다. 그러다가 오퍼상이 기울어지기 시작하자 파산되어 사장이라고 모든 책임을 지고 빚에 허덕이게 되었다. 그의 아내는 애들을 데리고 미국 언니 집으로 가고 그는 어머니가 돌보고 계셨는데 어머니도 이제는 잘될 거라고 허풍을 떠는 아들을 믿고 있는 것에 지친 것 같았다. 대전으로 돌아와 시름시름 앓고 식욕을 잃으시고 1995년 4월 3일 아침 8시 30분에 소천하셨다.

어머니는 근동에 깨끗하고 정갈하고, 총명한 분으로 알려져 있었다. 교회 옆에 사셨는데 한복으로 비녀를 꼽고 늘 단정하게 새벽 기도에 참석했으며, 집 앞길과 교회 길을 깨끗이 청소하셨고 예순의 나이에 세례를 받으셨는데 십계명을 한 자도 틀리지 않게 외우셨다. 돌아보면 자녀를 위해 허리가 휘도록 섬기며 사셨던 분이다. 시골 교장의 아내로 10여 군데를 이사 다니며 가는 곳마다 텃밭에 목화를 심어 그것을 따서 말리고 솜을 타서 물레질하여 실을 뽑고 베틀에 앉아 베를 짜셨다. 그것에 검정 물을 들여 집안에 재산 목록 1호인 재봉틀로 초등학교에 다니는 우리 옷을 지어 주셨다. 우리는 남들처럼 새 옷을 사 입고 싶었는데 무릎이 나오면 다리가 시리다고 무릎 아래까지 내려온 반 바지를 입고 다녀야 했다. 그뿐 아니라 마을 사람 애들의 옷까지 만들어 그것을 품앗이로 우리 밭일을 할 때 도움을 받았다. 밤늦게 추위를 막기 위해 옷감으로 허리를 두르고 재봉틀을 밟는 어머니를 보며 우리는 컸다. 학비를 보태기 위해 집에 돼지도 기르고 닭도 길렀으며 시장에 다녀올 때는 삼 십 리 길을, 갈 때는 걸어가고 올 때는 장 보따리 때문에 버스를 타고 오셨다. 아버지는 술만 드시면 친구들을 데리고 한밤중 집으로 쳐들어와 술상을 보게 하고 우리를 깨워 창가를 부르게 했다. 그런 아버지를 고분고분 섬겼기 때문인지 아버지가 잘하신 일 중의 하나는 덕을 끼치는 여자들은 많이 있으나, 당신이 모든 여자 가운데 으뜸이라고 어머니를 추천하여 교육구청에서 '현모양처 상'을 받게 한 것이다. 우리가 사는 집이 고지대가 되어 수돗물이 안 나올 때는 내가 물을 길으러 교회에 갔는데 어머니는 그 정도의 일도 아들의 수고하는 걸 못 보시는 분이었다. 그런데 나는 그런 어머님께 아들을 맡겨놓고 유학까지 갔다 왔다. 내가 귀국해서 차를 샀는데도 한 번도 내 차를 타신 적이 없고 미국 손자들을 보러 해외여행을 가자고 해도, 마다하시고 제주도 여행도 안 가신 분이다. 외식도 전혀 안 하셔서 내가 어머니께 한 효도는 어머니날 교회에서 카네이션꽃을 하나 달아드린 것뿐이었다.

병환이 심해지자 거동이 힘들어 보건소에 다니던 교회 집사님이 늘 집에 와서 주사를 놓아주고 갔는데 우리가 보살피러 가면 빨리 가서 자라고 손짓을 한 분이다. 세상을 뜨시기 전에는 말도 못 하셨는데 충혈된 눈으로 말없이 눈물만 흘리고 계셨는데 마지막 무슨 말을 하시고자 했는지 지금도 헤아리기가 힘들다. 이북의 아들을 소식만 듣고 못 만나서일까? 아들을 만나면 주겠다고 용돈을 아끼셨는데 주지 못하고 떠나시게 되어서일까? 막내아들을 더 도와주지 못해서일까? 모든 걸 다 해 주셨는데 그제도 아들만 보면 늘 빚진 것처럼 미안해하신 분이다.

평소에 외로웠던 아버지는 해방이 되자 강진의 고향 종갓집 근처로 전출을 희망해서 왔다. 전라도는 광주 사범 출신이 많지 않아 도시에 취직할 수도 있었다. 그러나 3대 독자로 할아버지 대로부터 고향을 등지고 외지를 떠돌며 살아 많이 외로움을 느끼셨던 듯하다. 손이 귀한 집안이 우리 대에 이르러 7남매를 갖게 되었다. 그러나 아버지는 아들들의 이름을 할아버지께 지어 달라고 부탁하지 않았다. 할아버지는 아버지를 낳고 10월 26일에 낳았다고 유길(有吉, 6일)이라고 명명했는데 종갓집에서는 항렬을 따지지 않고 그렇게 정하면 안 된다고 족보에는 병(炳)자 항렬이어서 병오(炳午)라고 족보에 올렸다. 병오생(丙午生, 1906년)이었기 때문이다. 그래선지 아버지는 아들 다섯을 낳아도 할아버지께서 그렇게 손자들을 기뻐하고 좋아하셨는데도 이름만큼은 부탁하지 않았다. 그러나 여섯째에 딸을 낳자 미안한 생각이 드셨는지 이름을 지어달라고 부탁하면서 꼭 그 속에 숙(淑)자를 넣어서 지어 달라고 부탁드렸다. 그 결과 얻는 이름이 필숙(畢淑)이다. 아들 다섯을 하나님께서 주셨는데도 딸은 여섯째로 마치라는 뜻이었다. 그런데 일곱째에 또 딸을 얻었다. 이번에는 조부께 부탁하지 않고 영숙이라고 부친이 지었다. 그렇게 후손이 번창하기를 바라고 친척들과 모여 살기를 바랐던 가족이었다. 종갓집은 내 가장 가까운 10촌 형이 사는 곳이었는데 처음 거기서 우리는 어떤 조부인지도 모르고 제사를 지냈고, 눈을 비비고 있다가 음복을 하였다. 그러나 우리는 이내 6·25를 맞았고 부친은 한때 학교를 떠났다가 복직했으나 계속 종갓집 근처에 머물 수는 없었다. 우리가 도시의 고등학교에 다니게 되자 고

나는 어떻게 기독교인이 되었는가

향을 떠났다. 그리고 강진의 시제에 참석하지도 않았다. 사실 나는 내 조상들의 묘소가 어디 있는지도 몰랐다. 아버님이 은퇴하시고 대전시 용전동의 작은 주택을 사서 입주하자 종갓집이 있는 강진과는 거의 인연이 끊기게 되었다. 어머님은 이듬해 강진의 종갓집에 가서서 내 10촌 형네 밭 400여 평을 샀다. 그리고 흩어져 있던 조상들의 묘를 10촌 형네 산에 다 이장하고 형에게 산 땅을 친척에게 세를 주어 그분을 통해 우리 직계 조상의 묘소를 돌볼 수 있게 해 달라고 부탁했다. 그뿐 아니라 어머니는 먼 장래를 생각하여 그 땅을 당신의 명의가 아닌 우리 삼 형제의 아들들과 막내아우 공동명의로 등기까지 하셨다. 그래서 그곳에 조부, 증조부, 고조부님을 차례로 안장하고 비석까지 세워 우리가 잘 알아볼 수 있게 하셨다. 기독교를 신봉하고 있을지라도 친척들에게 기분묘(棄墳墓; 묘를 버리는) 하는 못된 친척이 아니라는 걸 알게 하기 위해서였다. 그렇게까지 하시고 무엇이 부족하여 나를 보고 말없이 눈물만 흘리셨을까? 나는 그때라도 어머님을 껴안아 드렸어야 했다고 후회한다. 나는 마음속으로는 어머니 같은 따뜻한 정이 있었으면서도 겉으로는 아버지 같은 차가운 사람이었다. 학교에 가서 무언가 서류를 빠뜨린 게 있으면 전화로 어머니더러 찾아 달라고 했다. 그때도 잘 못 알아들으면 화를 냈고 형광등이 고장이 나면 어머니더러 의자 위에 올라와 등을 바치고 있으라고 했는데 나는 그때 어머니가 어지러워했다는 것을 늦게야 깨달았다.

"오! 나의 어머니. 내 불효가 이제야 내 가슴을 찢습니다."

어머니의 빈소는 가까운 충남대 병원으로 정했어야 하는 것이 아니었던가 하고 이제야 생각한다. 당시는 그것이 흔치 않은 일이었던지, 내가 너무 세상을 몰랐었는지 알 수가 없다. 그러나 빈소는 30평도 못 되는 삼성아파트 우리 집으로 하고 하객들은 아파트 앞뜰에 천막을 치고 모셨다. 아파트 관리 사무실이 3일간이나 주차장을 차지하고 문상객들을 맞게 한 것을 허락한 것도 이해가 안 되지만, 서울 동생네 직장 동료와 대전의 내 직장 동료와 교인들이 그렇게 많이 오셔서 위로해 주셨다는 것에 격세지감이 든다. 그때 인정이 더 후했던 것일까? '이웃'이라는 것이 이렇게 포근하고 따뜻한 것을 몸으로 느끼게 되었다. 어머니는 경기도 양평에 있는 모란공원에 아버지와 합장해야 하는데 그때는 시체를 화장하지 않았다. 영구차가 관을 운구해 가서 하관 예배를 드려야 했다. 이 어려운 일을 마다하지 않고 도와주는 사람이 교회의 내 이웃이었다. 지금은 내가 계룡시의 아파트에 살고 있는데 옆집 사람이 누구인지도 모른다. 아파트에서 누가 돌아가셨고 누구 자녀가 결혼했는지도 모른다. 지금도 나는 한 시간 가까이 차로 달려가야 하는 오정교회 교인이 내 이웃이다. 누가 아프면 기도하고 전화하고 결혼식에 참석 못 하면 축의금이라도 보낸다. 천문학자는 몇만 광년 떨어진 별이 이웃이라고 한다. 멀어도 사랑하면 내 이웃이다. 다른 사람의 장례식에는 차분히 가서 조의를 표하고 조사도 읽고 사진도 찍었다. 그러나 막상 어머니의 애사에는 한 장의 사진도 남아 있지 않다. 25년이 넘은 이때 그때 일을 생각하며 성가대에서 활동했던 유동인 집사가 조가를 불러 주었는데 이제야 고맙다는 생각이 든다. 또 관

　　　　　　　　나는 어떻게 기독교인이 되었는가

을 운구하고 경기도까지 가서 하관 예배에 참석해 준 젊은 교회 집사들이 정말 고마웠다.

1998년 김대중 대통령의 국민의 정부가 시작되자 2000년 8월 15일 제1차 남북 이산가족 상봉이 시작되었다. 내 동생 영재는 그렇게 그리워하던 어머니를 저세상에 보내고 이제는 사모곡 대신 추모곡 7편과 함께 이북에서 만든 돌사진 두 개를 가지고 왔다. 하나는 아버지와 어머니가 같이 찍은 사진이고 또 하나는 어머님의 팔순 때 어머니가 우리 형제와 같이 찍은 사진에 자기를 끼워 넣어 합성한 사진이었다.

영재 시인은 그렇게 안기고 싶었던 어머니를 여의고 쓴 '연시 (聯詩)', 〈추모곡〉을 가지고 왔다.

### 기어이 안기고 싶어

머리맡에서 어머니의 림종을 지켜드린 형님이여/ 동생들이여/ 어머니께서 눈을 감으시기 전에/ 제 이름을 부르지 않습디까/ 제 사진 보고 싶다 하시지 않습디까/ 제 목소리를 듣고 싶다 하시며/ 주름 깊은 눈가에 이슬이 맺히지 않습디까// 아, 사람들이 바라온 대로/ 죽어서 가는 다른 세상이 있고/ 어머니가 그 세상에서 다시 살게 되신다면/ 내 어머니 간 길을 찾아가리다/ 아이 적처럼 어머니 품에 기어이 안기고 싶어/ 눈물이 아니라 그 웃음을 보고 싶어……// 그 세상엔/ 분계선이 없을 것 아닙니까/ 콘크리트 장벽도 없을 것 아닙니까//

그렇게 애타게 그리던 어머니를 여의고 남북 이산가족 만남 때 어머니의 묘소라도 가고 싶다고 했는데 허락이 안 되어 돌아가더니 소식이 뜸해졌다. 감옥에 들어간 사람도 면회도 하고 편지 연락도 하지 않느냐고 다시 가족이 연락할 수 없겠느냐고 통일원에 사정했지만 한 번도 만나지 못한 사람이 순서를 기다리고 있다고 거절당했다. 그러다 조선닷컴에서 그가 갑상선암으로 2011년 10월 23일 사망했다는 소식을 듣게 되었다. 우리는 그가 2000년에 가져온 부모님과 가족 돌사진을 가지고 가 11월 3일 12시에 부모님의 묘소인 모란공원에 모여 그의 추도예배를 드렸다.

### 〈하나님, 자비를 베푸소서〉

우리는 그가 사망했다는 소식을 접하고 그해 11월 3일 부모님을 안장한 모란공원 묘소 앞에서 그를 보내는 추도예배를 드렸다. 얼마나 어머니 곁에 있고 싶었으면 돌아가신 아버지를 어머니 팔순 기념사진에 합성해서 새겨 넣고 자기 사진을 우리 형제 사이에 끼워 넣어 가져왔겠는가?

모란공원 부모님 묘소에 가서 동생 오영재의 추모예배를 드렸다.

어머니 묘비에도 자기 이름 새길 자리를 비워 놓아달라고 말해서 묘비에 그 가족 이름을 삭여 넣었다. 그런데 나는 그 자리

나는 어떻게 기독교인이 되었는가

에서 회개했다. 사실 나
는 육사에 있는 동생을
통해 1966년 방첩대에서
영재 동생이 살아 있다는
소식을 들었다. 그러나
나는 연좌제가 두려워서
어머니 가슴에 못을 박으
며 1984년 동생의 실종

어머니의 팔순 잔치 때 찍어서 보낸 사진에 자기와
돌아가신 아버지의 사진을 끼워 넣었다.

신고를 해버렸다. 어머니는 여기 살아 있는 너희들이 중요하다
고 허락하셨다. 내가 우리 호적에서 완전히 그를 삭제해 버린 것
이다. 그런 사실은 2000년 그를 만나서도 말하질 못했다. 그러
나 언젠가는 이 죄를 고백해야 한다고 생각했다. 그런데 갑상선
암으로 사망해 버린 것이다. 세상을 떴어도 이제 나는 가볼 수
도 없고, 전화도 안 되고, 편지도 안 되며, 유가족에게 우리가 살
아 애통해하고 있다는 표시도 할 수가 없는 처지가 되어버렸다.
어머니를 그렇게 그리워하던 동생이 이제 세상을 떠났으니 그는
하나님 품에 안긴 어머니도 볼 수 없는 스올에 가 있을 것이 아
닌가 하고 가슴이 찢겼다. 나는 어리석음을 무릅쓰고 주님께 간
구했다. "그렇게 보고 싶던 어머니를 지상에서 보지 못했으니 하
늘나라에서라도 제발 만나게 해주세요. 안 믿고 죽었으니 서로
딴 세상으로 갔을 게 아닙니까? 마지막 백보좌의 심판 때, 하나
님께서는 신·불신자를 다 앞으로 모을 텐데 그때라도 만나게 해
주세요."

　예수를 믿지 못하게 하는 공산 치하에서 고통을 받고 살다 죽

은 불신자였던 제 동생을 주께서 용서하시고 그에게 주께서 자비를 베푸시기를 감히 구하는 기도를 드렸다. 한 민족, 한 국가, 두 체제, 두 정부의 통일을 주장하며 낮은 단계의 고려연방제를 주장하고 있는 백두 혈통, 주체사상의 이북과 시장경제를 주로 하는 자유민주주의의 대한민국이 어떻게 통일이 되어 평화 공존할지 인간의 이성으로는 상상할 수가 없다. 다만 우리의 이성으로는 아무것도 할 수 없지만, 육체로서는 감히 생각할 수도 없는 일이 이성을 초월하는 영이신 하느님만이 할 수 있다고 믿고 기도할 수밖에 없다. "오, 주여 자비를 베풀어 주시옵소서…" 이것만이 우리가 드릴 수 있는 기도였다.


## 2000년 제1회 남북 이산가족 상봉

이것은 남북 이산가족이 정식으로 처음 만나는 제1회 이산가족 상봉 기록이다.

한국전쟁으로 헤어졌던 동생이 50년 만에 북한에서 우리를 만나러 오는 날이 다가왔다. 가슴속에만 살아 있던 동생을 눈으로 보고 만질 수 있다는 것은 비 온 뒤 활짝 비치는 햇살처럼 황홀한 기쁨이었다.

2000년 8월 14일 우리 가족 일행은 올림픽 공원 안의 파크텔로 모였다. 삼촌과 두 남동생과 한 여동생이었다. 이북에서 내려

나는 어떻게 기독교인이 되었는가

오는 가족 한 사람에게 할당된 최대 인원인 다섯 사람이었다. 이 것이 대한적십자사에서 정해 준 인원이었다. 반세기 만에 나타 나는 내 동생이다. 만나 보고 싶은 친구나 친척들이 얼마나 많 겠는가? 그런데 상봉 3일 동안 그는 다섯 사람만 만날 수 있다는 것은 너무 서운한 일이다. 나이가 많아 이제 다시는 만날 수 없 을지도 모른다고 발을 동동 구르는 친척도 있었다. "자기들 오 씨들끼리 똘똘 뭉쳐서 만나러 간다."라고 아내까지도 불평하며 챙겨 준 짐을 들고 올림픽파크텔로 온 것이다. 기자들은 뭔가 기 삿거리를 얻으려고 이리 뛰고 저리 뛰었다. 어떻게 해서 이산가 족이 되었느냐? 선물은 무얼 준비했느냐? 준비한 선물을 좀 보 여줄 수 없느냐? 만나면 맨 먼저 무슨 말을 하겠느냐? 이렇게 상 봉하게 된 소감이 어떠냐?

아예 이런 질문에 대한 모범 답안을 만들어 녹음해 두었다가 들려주고 싶은 심정이었다. 거기다가 적십자 안내원은 한 가족 씩을 맡아 흩어지는 병아리들 모으듯 정신이 없었다. 각 방을 찾 아와 적십자사가 마련한 선물인 손수건과 볼펜을 각 사람에게 하나씩 나누어주기도 했다. 우리는 오후에 각 가족 대표들이 모 아 적십자사에서 베푼 오리엔테이션에 참가했다. 이 만남은 이 산가족 상봉의 첫 단추를 끼우는 사건이기 때문에 성공적으로 끝내지 않으면 2차 3차의 상봉이 순조롭지 않을 수도 있다. 상 대방에 상처를 주는 말을 하지 말라. 대답하는데 난처해하는 질 문은 삼가라. 선물은 상식적인 선에서 하되 북쪽 동포가 좋아하 는 품목은 유인물로 적어 놓았기 때문에 참고로 해라. 현금은 $1,000 이내에서 주도록……. 이런 주의였지만 별로 관심을 두고 듣는 것 같지는 않았다. 선물의 크기와 무게는 어느 정도라야 하느냐? 언제 갖다 줄 수 있느냐? 다만 빨리 만나서 선물은 전해 주고 싶은 생각 때문에 마음들이 들떠 있었다.

코엑스에서 우리는 면회 장소로 한 줄로 걸어 들어갔다. 각 테이블에 북측에서 오는 사람을 한 사람씩을 배정하고 그 번호에 해당하는 가족 다섯 명이 미리 가서 그 테이블에 앉아 대기하게 돼 있었다. 100가정을 네 그룹으로 나누었는데 기자들의 취재 경쟁을 막기 위해 수학적으로 말하자면 1/4 상한은 YTN, 2/4 상한은 KBS, 3/4 상한은 MBC, 4/4 상한은 SBS가 맡아 취재하기로 돼 있었다.

흥분을 가라앉히며 복도를 걸어 들어가고 있는데 복도 양옆에 늘어선 사람들이 박수했다. 나는 혹 우리를 북측 인사로 오해하고 손뼉을 쳐주는 것이 아닌가 하고 의심했다. 그러나 그들은 우리를 알아보고 박수하고 있는 것이었다. "50년 동안이나 사랑하는 가족을 가슴에 품고 얼마나 안타깝게 말도 못 하며 살아왔는가?" 하고 위로하고 축하하는 것 같아 와락 눈물이 쏟아지려 했다.

나는 테이블에 앉아 마음을 가라앉히고 잠깐

이북에서 오는 동생을 기다리는 19번 테이블의 우리 가족. 좌로부터 셋째 동생, 여섯째 여동생, 우리 가족을 책임지는 적십자가 회원, 숙부, 넷째 동생.

나는 어떻게 기독교인이 되었는가

기도했다. "사랑하는 동생을 만나게 해주시니 하나님 감사합니다." 내 손에는 그동안 준비했던 우리 가족 사진들이 체계적으로 붙여진 사진 앨범이 들려 있었다. 혈혈단신 이북에서 얼마나 외로웠겠는가? 나는 남녘에 이렇게 많은 혈육이 살아 있다고 알게 해주고 싶었다.

내가 동생이 시인으로 북에서 활동하고 있는 것을 분명히 알게 된 것은 1990년 9월의 일이다. 남북총리회담을 인터콘티넨탈호텔에서 하고 있을 때 한겨레신문에 동생의 소식이 실렸다. 9월 4일이었다. 미국 LA에 살고 있던 김영희 씨가 1990년 8월 13일부터 엿새 동안 열린 범민족대회에 북미주 대표단의 일원으로 북한에 참석하여 동생 오영재 씨를 만나고 술을 마신 기사를 자유기고가로 기고한 것이다.

## 김영희 자유기고가의 기사의 일부

김영희

서울 출생. 이대 불문과 및 캘리포니아 주립대학원 연극과 졸업. 전 동아일보 로스엔젤리스사 기자. 현 자유기고가 및 미주 민문예협 회장

…우리의 밤잔치에서 술을 가장 많이 마시고, 목이 쉬도록 노래를 많이 부르고, 또 가장 많이 눈물을 흘린 이는 오영재였다. 그는 〈반달〉을 부르면서도 울었다. 어릴 적 고향 집에서 동생들과 부르던 노

래라고 했다. 혹 고향 소식을 들을까 하여 〈통일예술〉에 시 대신 회상기를 냈다는 오영재는 범민족대회에 참가한 재외교포 단에 혹시 가족이 있을까 해서 그 명단을 열심히 들춰 봤지만 오씨 성을 가진 이조차 없었다고 서운해했다. 사흘에 한 번은 어머니 곽앵순 씨의 꿈을 꾼다는 그는 광주 사범 출신인 오유길 씨의 차남으로 "별할 일이 없을 것 같아 북으로 왔을 뿐, 당시 나에겐 아무 이념도 없었다."라고 말하는 그는 누가 봐도 꾸밈없고 다정다감한 시인이었다…

밖에는 비가 내리고 있었다. 우리는 빗소리를 들으며 밤 잔치에서 부르던 노래를 다시 불렀다. 〈우리의 소원〉 등 통일 염원의 노래를 부를 땐 모두 자리에서 일어나 손에 손을 잡았다. 서울에서 선배 예술인, 연극 패 친구들과 어울려 지내던 옛 시절이 생각났다. 평양에서 만난 북의 문인들과 그들의 어디가 다르단 말인가? 믿기 어렵겠지만 45년간의 장벽은 일주일간의 만남, 아니 단 하루만의 만남으로도 허물어질 수 있다고 감히 외치고 싶었다. 헤어질 무렵에는 빗속에 서서 모두 울었다. 남과 북, 북과 남은 아직도 멀리 서로 그리워만 하고 있었다…….

동생의 삶이 분명해진 이때처럼 우리는 울고 기뻐한 적이 없었다. 글을 읽으면 그렇게 눈물이 나올 수가 없었다. 나는 '통일예술'을 구해 그의 수기를 읽었었다.

### 한밤중에 평양역에
- 통일예술에 실린 〈나의 발자국〉 중 일부

나는 어떻게 기독교인이 되었는가

사변으로 가득 찬 이 땅에서 살아온 50여 평생, 쌓인 추억도 많지만, 그중에서도 뇌리에 깊이 새겨져 있는 것은 군사복무를 마치고 내가 제대했을 때의 일들이다. 제대증을 받아 든 나의 심정은 착잡하였다. 남들은 부모·형제들이 반기는 제 고향에 가게 되었다고 기뻐했지만, 나에게는 불비를 겪으면서도 살아 돌아오는 아들을 반겨줄 부모, 친척 단 한 사람도 여기 북녘땅엔 없었다. 그러나 어쨌든 여기서 나는 자기 한 생의 끝까지 몸에 붙이고 갈 직업을 선택하여야 할 시각에 이른 것이다. 그러나 모든 것이 지나간 다음에야 깨달음이 미치는 것처럼 부닥친 그 순간엔 언제나 현명하지 못한 법이며 더욱이 그때의 나의 경우, 사회생활에 대한 리해와 지식이 너무도 박약했던 관계로 각이한 목적지로 향하는 렬차들이 저마다 승객들을 부르는 인생의 프렛트홈에서 손에 잡히는 대로 올라탄 차 칸이 평양시 서구역 건설 뜨레스트 로동자의 배치장을 쥐여 준 평양행 렬차였다. 밖에서는 늦가을의 찬비가 뿌리고 있었다. 빗물이 하염없이 흘러내리는 차창 가에 앉아 나는 난생처음으로 가슴을 저미는 고독을 체험하였으며 분렬의 비극이 나의 일신상에 주는 형언할 수 없는 아픔을 느꼈다. 반겨줄 사람도 기다려 주는 사람도 없는 곳, 어린 시절 조선 지도를 그리며 연필로 그 이름을 적어본 것밖에 없는 평양, 그곳에선 무엇이 나를 기다리고 있을 것인가? 그 어떤 인생행로의 발자국이 그곳으로부터 이제 어디로 찍혀 갈지 알 수 없는 낯선 곳으로 나를 싣고 렬차는 빗속을 달리고 있었다.

　　함께 렬차에 올랐던 전우들이 도중 역들에서 내렸다. 그들에게는 맨발로 달려 나와 안아 줄 감격적인 혈육 간의 상봉이 기다리고 있

는 것이다. 나의 손을 놓지 않고 자기 집에서 며칠 쉬었다 가라고 간
절히 권할 때마다 그들의 진정이 눈물겨웠고 그렇게 전우들이 내
곁에서 하나둘 사라져 갈 때마다 나는 고독의 심연 속으로 한 걸음
한 걸음 더 깊이 빠져들어 가고 있음을 느꼈다.

드디어 홀로 남아버린 나는 한밤중에 평양역에 내렸다.

3시 반에 오기로 돼 있는 북측 가족들은 한 시간이 넘도록 시
간을 지연하며 초조하게 도착하지 않고 있었다. 이윽고 입구가
소란해지더니 꿈에 그리던 사람들이 나타나기 시작했다. 장내
는 하나씩, 하나씩 끌어안고 우는 울음바다가 되었다. 너무 놀라
고 반가워서 어안이 벙벙했다. 16살의 어린 나이에 떠났는데 굵
은 주름이 잡힌 66살의 할아버지가 되어 내 동생 오영재는 나타
난 것이다. "살아 있었구나" 흐느끼는 울음은 가족을 하나하나
안으며 멎질 않았다. 50년 동안 가슴에 숨어 있던 그리움이 폭
발하여 나오는 울음이었다. 이것은 비단 이산가족 500명의 울음
이 아니고 이산가족 1세대 123만 명을 대신해서 우는 울음이었
다. 아니 이 TV를 시청하면서 통일이 되어야 한다고 안타깝게
생각하는 모든 동포의 울음이었다. "어머니를 왜 좀 더 기다리게
하시지 못했습니까?" 하는 것이 그의 첫울음 섞인 목소리였다.
어머니는 5년 전 1995년 4월에 돌아가셨다. 이제는 아들을 만나
기 위해 오래 살아야 하겠다고 말씀하셨는데 생명은 인간의 생
각대로 되는 것이 아니었다. 그러나 우리는 이산가족 중에서 가
장 행복한 가족들이었다. 이복동생의 소식을 안 후 미주 민족문
화 예술인 협회 회장으로 있던 김영희 씨를 통해 그들이 발행하

나는 어떻게 기독교인이 되었는가

고 있는『통일예술』을 받아 보았을 뿐 아니라 영희 씨는 어머니와 전화를 할 때 그것을 녹음하여 이북의 동생에게 보내기도 하였다. 우리는 1991년 8월 통일원에 북한주민접촉신고서를 내게 되었다. 그리고 우리의 사진, 어머니의 편지도 인편에 보냈을 뿐 아니라 동생의 가족사진도 받았으며 특히 1992년 어머니의 팔순을 기해 동생으로부터 어머니 옷감과 인삼 등까지 보내 받게 되었다. 남은 옷감과 인삼 등은 통일원에 전시용으로 보낸 바 있다. 그러나 처음으로 생사를 확인하고 그 얼굴들을 대하게 되는 상봉 가족들의 감격은 얼마나 크겠는가?

동생 영재는 다음날 개별 면담 시간에 부모님의 사진 앞에서 북한에서 가져온 술을 따르고 절하였다. 그리고 준비해 온 추모시 일곱을 낭송하였다.

....가셨단 말입니까/ 정녕 가셨단 말입니까/ 아닙니다. 어머니. 어머니!/ 나는 그 비보를 믿고 싶지조차 않습니다…//

개별 면담 시간이라고 가족끼리 숙소에서 만나게 되어있었는데 기자들이 쳐들어와 20분은 빼앗아 간 것 같았다. 그날 우리는 선물을 가방에 넣어서 가져갔다. 형제들이 각각 준비한 것들이었다. 북녘은 춥다고 해서 여름인데도 겨울 내의를 사러 다니고 오리털 파카를 사서 넣고 시계를 살 때는 북녘에는 수은전지가 없을지 모른다고 5년은 쓸 수 있다는 값비싼 전지를 갈아 끼우고, 넥타이와 양말들을 사 넣었다. 우리는 선물을 간단히 설명했는데 그는 선물에 큰 관심이 없는 것 같았다.

우리는 또 그에게 지난 6월 25일 밤 여의도 침례교회에서 공연한 〈한국 진혼곡〉에 대해 설명했다. 그 날 밤 130여 명의 합창단과 40여 명의 교향악단이 모여 공연한 진혼곡은 동생이 쓴 사모곡 여섯 편을 주제로 작곡하여 발표한 것이었다. 미국의 뉴올리언스 신학대학에서 석사 학위를 마친 미국 남침례교 선교사 이요한 박사는 16년간 한국에서 음악

여의도 침례교회에서 이요한 음악 목사의 주도로 공연한 〈한국 진혼곡〉 2000.06.25.

사역을 하면서 동생의 시를 최근 읽게 되었다. 그래서 50년 동안 분단이 되어 서로 그리워하다가 만나지 못하고 죽어간 안타까운 한국인 이산가족들의 영혼이 너무 많다는 걸 알고 이 영혼들을 추모하기 위해 〈한국 진혼곡〉을 지어 발표하고 싶다는 생각을 하게 된 것이라고 그의 작곡 동기를 설명했다. 또 이 진혼곡은 재편집되어 기독교 케이블 TV에서 그 후 4번에 걸쳐 전국에 방영되었다는 말도 하였다. 기독교 TV의 편성제작국장인 정성수 박사가 진행하는 〈내 마음에 한 노래 있어〉라는 프로에 방영하겠다는 결심을 한 것도 감사한 일이었다고 덧붙였다. 나는 진혼곡의 두툼한 악보를 그에게 보이며 집으로 가지고 가겠느냐고 물었다. 그는 악보를 보고 또 팸플릿에 그의 사모곡 여섯 편이 다 영어로 번역된 걸 살펴보더니 가지고 가겠다고 말했다. 두 권으로 된 오 씨 족보는 싫다고 하던 그가 그 책을 가져가겠다고

나는 어떻게 기독교인이 되었는가

한 것은 의외였다. 남녘에서 펴낸 책들을 집에 많이 꽂아놓고 싶지 않다는 심정을 나는 알고 있었다. 그는 남쪽을 연연해하며 살아서는 안 되는 사람이었다. 그는 팸플릿에 나와 있는 〈늙지 마시라〉는 그의 시를 읽으며 또 눈시울이 붉어졌다.

늙지 마시라/ 더 늙지 마시라 어머니여/ 세월아, 가지 말라/ 통일되어/ 우리 만나는 그날까지라도…// 너 기어이 가야만 한다면/ 어머니 앞으로 흐르는 세월을/ 나에게 다오/ 내 어머니 몫까지/ 한 해에 두 살씩 먹으리…//

그의 마음속엔 어머니뿐이었다. 통일이 늦어져서 어머니를 만나지 못하고 어머니 품에 안기지 못했다는 것이 너무 허전하고 아쉬운 것 같았다.

"우리도 오래 모시고 효도를 하려 했지만 그렇게 하지 못했다. 그 대신 든든한 형제들이 있지 않니?"

"형님, 형제들은 별입니다. 별은 여럿이 모여도 해가 되지 못합니다. 어머니는 태양입니다. 어머니 없는 고향은 진정한 고향이 아닙니다."

그러면서 그는 말했다. "이제는 형이 아버지며 형수가 어머니입니다." "형수가 어머니를 대신하여 너에게 양복을 하나 사 주고 싶다는데 어머니가 사 준 것으로 생각하여 가지고 가서 입으면 어떨까?"

그러나 그는 말했다. "나 북녘에 옷 많습니다. 이 옷도 이곳에 올 때 김정일 장군께서 새로 해 주신 옷입니다."

그는 자기 옷을 가리키며 말했다. 방문 올 때 넥타이도 사 주었으며 각자에게 남쪽 가족에게 줄 선물도 다 사 준 것이라고 했다. "장군님 은혜로 우리는 잘살고 있습니다. 그 은혜가 아니면 제가 어떻게 이 100명 가운데 끼어서 남쪽을 방문할 수 있었겠습니까? 한 가정에는 아버지가 계시지 않습니까? 이처럼 북녘에서 장군님은 우리 아버집니다."

나는 깜짝 놀랐다. 동생 가슴속에 깊숙이 들어앉은 김정일 위원장을 보았기 때문이다. "그분은 참 너의 은인이시다. 그러나 너에게 시를 쓸 수 있는 영혼을 주신 분은 하나님이시다. 다만 그는 그 재능이 꽃피도록 길러 주신 것이다."

"저는 무신론자입니다. 저는 하나님을 믿지 않습니다. 저를 이 자리에 있게 한 것은 장군님이십니다."

우리는 더는 이야기하지 않았다. 그러나 그가 결혼할 때의 이야기를 듣고 우리는 눈물을 흘리며 웃었다. 그는 결혼할 때 입고 갈 옷도 없었으며 와이셔츠도, 넥타이도 없었고 심지어 양말까지 없어서 빌려 신고 결혼했다고 말했다. 결혼한 뒤 다 돌려주었는데 하루는 친구가 찾아와 양말을 돌려 달라고 해서 그것까지 벗어 주었다고 말했다. 그런 자기를 작가학원에 보내어 시인이 되게 하고 사 남매의 아버지가 되어 시만 쓰면서 먹고살게 해 준 이가 누구냐고 반문했다. 신 없는 그곳에서는 감사를 돌린 대상이 없었던 것이다.

뭐 더 가지고 가고 싶은 것은 없느냐고 물었더니 술과 담배를 가지고 가고 싶다고 말했다. 남조선에 가면 '진로' 술을 사 오라 했는데 그것을 가지고 가고 싶다고 말했다. 그는 줄담배를 피우

나는 어떻게 기독교인이 되었는가

고 술을 너무 많이 마셨다. 어머니가 술을 너무 많이 마신다고 생전에는 술 덜 마시도록 계속 하나님께 기도드렸었다고 말했더니 자기도 어머니의 술 적게 마시라는 편지를 받고 술을 줄였다고 말했다.

"이제는 어머니가 돌아가서서 마음 놓고 마시는 거야?" "아니지요. 이제는 어머니의 편지는 유언입니다."

그러면서도 그는 술잔을 놓지 못했다. 그의 영혼이 공허한 것을 어떻게 하랴.

헤어지기 전날도 그는 또 시를 써서 신문에 발표했다. 그의 삶이 바로 시였다.

…정견과 신앙이 다르면/ 통일은 못 합니까/ 만나서 얼싸안으니/ 그 뜨거움도 같고 눈물도 같은데/ 이것이 통일이 아닙니까// 우리가 우리지, 남은 우리가 아닙니다/ 우리 힘으로 우리 손으로 통일합시다/ 그 누가 이날까지/ 우리의 이 길고 긴 아픔을 알아주었습니까/ 누가 우리에게 통일을 선사했습니까/ 누가 우리의 통일을 바라기나 했습니까//…서로가 편지하고/ 서로가 전화하고/ 서로가 자유로이 오고 갈/ 통일을 한시바삐 앞당깁시다…//

나는 공항으로 떠나기 위해 버스 안에 앉아 있는 동생을 바라보았다. 3일 동안 통일의 열기를 내뿜으며 얼싸안고 울다가 다시 옛날 모습으로 돌아가는 이 상황이 이산가족 만남인가? 떠나가면 집에 도착해서 "형님, 참 기뻤습니다. 무사히 도착했습니다. 애들도 선물을 받고 기뻐했습니다. 다음에는 한번 놀러 오십시오." 이런 전화라도 받아야 하는데 떠나버리면 장막 저편은 어둠뿐이며 아무 소식도 들을 수가 없다는 생각을 할 때 가슴이 무너지는 것 같았다.


# 대학 섬김


나는 기독교인이 되어 하나님의 은혜를 누리고 살았던 그 많은 날의 감격에 비해 남을 섬기는 일은 서툴렀고 인색했다. 그것은 내 사람됨과 생각의 깊이가 얕았기 때문이라고 생각한다. 그러나 여기 '대학 교수 성경 묵상 모임'에 있었던 몇 가지 이야기를 섬김이라는 소제목 아래 묶어보려 한다.


### 삶으로 나타나는 신앙


내가 대전대학에 들어온 초창기 1970년대에는 자가용도 없었고 전임 교수가 40명도 되지 않은 때였다. 학교 버스가 시내를 돌아 교수들의 등교를 돕고 있었다. 1 교시가 시작하기 전 교수들은 모여서 돌아가면서 말씀 묵상지, 『다락방』을 읽고 간단한 기도회를 했다. 그런데 90년대에 들어서는 대학도 커졌고 모두가 자가용을 갖게 되어 교수들이 함께 『다락방』을 읽고 QT 하

나는 어떻게 기독교인이 되었는가

는 시간을 갖기는 어려워졌다. 그러나 그 당시를 그리워하는 교수들이 각 단과 대학별로 자원자를 모아 목사님을 모시고 성경 공부를 시작했다. 학기 초 학생들 과목을 맡으면 먼저 같이 만나 공부하게 된 걸 하나님께 감사드리는 기도로 과목 공부를 시작하는 교수들도 있었다. 참 좋은 일이라고 생각되었지만, 이것은 학내에 종교적인 분위기를 강요하는 바리새인 같은 태도라고 싫어하는 사람도 있었다. 나는 학생들에게 기독교 신앙을 갖게 하려면 먼저 교수 각자가 예수님처럼 사는 삶의 참모습을 보이는 것이 먼저라고 생각하고 있었다. 신앙은 가르치고 배우는 것이 아니라, 우리의 삶에서 나타나는 예수님의 향기가 더 필요했기 때문이다. 또 내가 다른 성경 묵상 교재보다『다락방』을 선호했던 건『다락방』은 그리스도인의 간증으로 엮여 있는 책이었기 때문이다. 유한하며 세속적인 인간이 무한하며 영계에 사는 하나님을 만나려면 그 길은 가르치는 문제가 아니고 변화된 삶, 그대로 사는 모습을 보여주는 게 귀한 일이이라고 생각하고 있었다. 그래서 나는 이과대학 교수 모임은 목사님을 모시고 성경을 배우지 않고 각자『다락방』을 읽고 가장 감명 깊었던 내용을 매주 수요일 1교시 전에 나누자고 제안했다. 이〈대학교수 성경 묵상 모임〉을 시작한 것은 1996년이었다. 그러나 이는 점차 바뀌어서 타 대학교수도 참여했으며『다락방』의 내용이 아니라 자기가 감명을 받은 성경 구절을 통해 은혜받은 내용을 고백하고 서로 그 말씀으로 이야기를 나누는 것으로 발전했다. 2년 뒤 1998년에는 이 QT 내용이『삶으로 나타나는 신앙』이라는 표제를 달고〈한남 QT 모음집 1〉로 대학 출판부에서 발행되었다. 이는 동료 교수들과 학부모, 그리고 총장실을 방문하는 유지들에게 배부하는 책자가 되기도 했다. 당시, 학교 출판부에서 이 책자를 출판하게 도운 김세열, 신윤표, 이상윤 총장께 지금도 감사한다.

나는 1998년에 대학을 은퇴했다. 그러나 은퇴 후 5년간 학생들 강의를 계속하며 이 QT 모임에 참석했으며 4년 뒤 2002년 4월 〈한남 QT 모음집 2〉, 2003년 6월 〈한남 QT 모음집 3〉, 2005년 1월 〈한남 QT 모음집 4〉까지 출판하였다.

나는 이 모임과 모임의 간증을 출판물로 남긴 것을, 후회하지 않는다. 오히려 자랑스럽게 생각한다. 이 모임은 목사님을 모시고 성경을 배우는 시간이 아니고 우리가 하나님께 받은 은혜를 어떻게 나누며 사는지 우리의 삶을 세상에 보이는 것이 그리스도인으로 사는 옳은 길이라고 생각하기 때문이다.

여기에 〈한남 QT 모음집〉에 실렸던 내용을 소개한다.

나는 어떻게 기독교인이 되었는가

## 하나님이 하시는 일

■ 〈한남 QT 모음집 1〉에서

"예수께서 대답하시되 이 사람이나 그 부모가 죄를 범한 것이 아니라 그에게서 하나님의 하시는 일을 나타내고자 하심이니라" (요 9:3)

위 구절은 예수님께서 길 가실 때에 제자들이 태어날 때부터 소경된 자가 누구 죄느냐고 질문한 것에 대한 예수님의 대답입니다. 예수님께서는 "이 사람이나 그 부모가 죄를 범한 것이 아니라 그에게 하나님이 하시는 일을 나타내고자 하심이니라"라고 말씀하셨습니다. 이 사람은 마가복음 10장에 나오는 바디메오와는 달리 이름이 기록되지 않고 또 바디메오처럼 "다윗의 자손 예수여 나를 불쌍히 여기소서"라는 적극적이며 간곡한 외침도 없이 그저 길가에서 아무런 소망도 없이 구걸하면서 쓸모없는 삶을 산 사람 이야기입니다.

16년 전 저에게도 엄청난 시련이 찾아왔습니다. 그것은 갑작스러운 시력의 상실이었습니다. 과학을 공부하는 저에게는 완전한 좌절이요 생을 포기할 수밖에 없는 절망이었습니다. 그 상황에서 식음을 전폐하고 눈물로 하루하루를 지냈습니다. 밤도 없고 낮도 없이 불면증으로 시달리면서 정말 죽고 싶은 심정이었습니다. 그때 우리 주님이 저를 찾아오셔서 주신 말씀이 오늘 본문의 말씀이었습니다. 쓸모없는 저를 통해 하나님이 하시는 일을 나타내겠다는 약속과 비전을 주셨습니다. 운명론적이며 부정적인 사고의 흑암에서 벗어나 하나님의 능력을 덧입고 그에게 쓰임을 받으면 무슨 일이든 할 수 있다는 적극적인 신앙의 광명으로 바뀌게 되었습니다. 드디어 F. J. Crosby의 찬송가 가사처럼 저의 삶 전체가 세상이나 나보다, 구속한 주만 보이는 삶으로 바뀌었습니다.

오늘 이렇게 모교인 한남에서 하나님의 일을 감당하며 후배들을 가르치고 연구한다는 것은, 기적 같은 주님의 은총이요 감격이라고 할 수 있습니다.

(화학과 이수민 교수)

### 〈나눔〉

문) 시력의 상실로 여러 가지 어려움이 많았을 텐데 이를 어떻게 극복하셨습니까?

답) 1982년 봄이었습니다. 거의 일 년 동안을 영적으로나 육체적으로 흑암 속에서 짓눌려 살았습니다. 그때 빛과 생명이신 예수 그리스도를 다시 뵙고 새로운 광명의 삶으로 바뀌었습니다. 저는 잃은 것보다 얻은 게 더 많다고 생각합니다. 지금 저는 하나님의 사랑과 인간의 마음을 더 잘 볼 수 있습니다. 특히 저의 전공은 고분자 화학으로 분자 설계

나는 어떻게 기독교인이 되었는가

개념에 의한 고기능성 고분자의 합성인데 그 분자는 누구도 볼 수 없습니다. 필요한 것은 새로운 창조적인 생각일 뿐입니다.

**문)** 학과에서 성경 그룹 인도를 하고 계신다는 말을 들었는데.

**답)** 대학원 학생 중심으로 매일 일과 시작 전에 성경 공부를 12년 동안 해 오고 있습니다. 보람을 느끼는 것은 그들이 영적으로 변화하는 모습을 바라보는 것입니다. 믿지 않던 학생들이 주님을 영접하기도 하고 이미 신앙을 가진 학생들도 더욱 성숙한 신앙인으로 성장하는 모습을 바라볼 때 성령의 역사를 새롭게 체험합니다. 졸업 후에도 믿음을 가지고 성실하게 그들의 일터에서 일한다는 소식을 접할 때마다 하나님의 은혜에 감사하곤 합니다.

## 무엇을 감사하였는가?

■ 〈한남 QT 모음집 2〉에서

"항상 기뻐하라 쉬지 말고 기도하라 범사에 감사하라. 이는 그리스도 예수 안에서 너희를 향하신 하나님의 뜻이니라." (살전 5:16-18)

2001년 추석을 일주일 앞둔 월요일 새벽이었습니다. 새벽기도에 참석하기 위해 늘 지나던 길을 가고 있었습니다. 교회 근처 대전천을 가로지르는 다리를 지나가기 위해 편도 3차선 중 2차선을 타고 막 들어가려는 순간 갑자기 뚝방길을 달려오던 차가 두 줄 노란 중앙선을 넘어, 우리 차선을 가로질러 달려왔습니다. 순간의 일이라 급제동을 걸었지만 내 차가 상대편의 조수석 앞바퀴를 받았습니다. 아내와 같이 차를 타고 가다가 당한 것입니다. 이것은 10년 만에 처음 있는 일이었습니다. 나는 일이 분 동안 운전대에서 그대로 앉아 숨을 고르고 다친 데가 있는지 살펴보았습니다. 가슴이 꽉 막히는 기분이었습니다. 새벽기도에 참석하러 가는 도중인데 하나님이 안 지켜주시고. 차도 산 지 얼마 안 된 새 차였습니다. 다행히 나나 아내는 외모로는 다친 데가 없었습니다. "하나님, 감사합니다." 짧은 기도를 마치고 차에서 내려 상대편 사람들은 어찌 되었는

나는 어떻게 기독교인이 되었는가

지 나가 보았습니다. 상대편도 무사하였습니다. 내 차는 앞 범퍼가 깨지고 후드가 뒤틀렸습니다. 상대편은 세 청년이 타고 있었는데 그중의 하나가 군에 입대하게 되어 환송회를 하고 가는 중이었다고 합니다. 운전한 청년은 음주운전이었고 무면허였습니다. 거기다 그 차도 자기 차가 아니고 직장에서 쓰는 주인의 차였습니다. 차주와 연락하여 전적인 상대방 책임으로 합의 해결하였습니다.

그 후 주일에 감사헌금을 하려고 감사 제목을 쓰려는데 잠시 머뭇거려졌습니다. 일단 "위험에서 지켜주심. 감사."라고 썼는데, 정말 이렇게 감사하는 것이 맞는 것인지 생각하게 되었습니다. 나와 아내가 심하게 다쳤다면? 만일 병원에라도 가게 되었다면? 그때도 "위험에서 지켜주심. 감사"라고 썼을까? 극단적으로 사망해도 감사할 것인가? 범사에 감사하라는 말(Under all circumstances give thanks)은 무슨 뜻인가? 위험과 상관없이 결과가 하나님의 뜻이면 감사해야 한다는 말인가?

나는 이 문제를 가지고 다시 기도하여 보았습니다. 그리고 그 해답을 얻었습니다. "내가 너희에게 분부한 모든 것을 가르쳐 지키게 하라. 볼지어다 내가 세상 끝날까지 너희와 항상 함께 있으리라"(마 28:20)라는 말씀에서 하나님은 항상 나와 세상 끝날까지 함께 있으리라고 약속하신 것을 되새겨 보았습니다. 내가 차를 타고 새벽기도에 갈 때 하나님은 나와 함께 내 차에 타고 계셨다고 믿게 되었습니다. 내가 죽는 날에도 하나님은 나와 함께 그 자리에 내 영혼을 인도하기 위하여 계실 것입니다. 하나님의 나라에서도 그분은 나와 함께 하신다는 복된 약속입니다. 그리고 차 사고에 대한 나의 감사는 하나님이 그 자리에서 나와 함께 하셨다는 것으로 충분했습니다. 이것이 범사에 감사할 조건이며 내용이라야 한다고 생각하게 되었습니다. 감사는 내 욕망이 충족되어서 오는 게 아니며 나와 동행하시며 내가 주 안에 있을 때 주님의 뜻이 이루어지는 데 있는 걸 깨닫게 되었습니다. 내가 비록 하나님의 뜻이어서 당시 세상을 떠났다고 할지라도 그때는 나와 동행하시는 하나님께서 천국에서 나를 받아주신다고 생각하고 감사할 수 있으리라 생각합니다. 나는 헌금 봉투에 다음과 같이 썼습니다. "하나님이 차 사고 중에도 나와 동행해 주셔서 감사합니다."

(물리학과 고병우 교수)

나는 어떻게 기독교인이 되었는가

## 마성식 교수 추모특집

■ 〈한남 QT 모음집 2〉에서


2002년은 또 이 〈한남 QT 모음〉을 주도했던 마성식 교수가 세상을 뜬 1년이 되는 해가 되어 〈마성식 교수 추모특집〉으로 발행했다. 그는 〈한남 QT 모음〉의 주요 멤버였다. 그런데 감기 때문이라고 말씀묵상 인도를 3주나 연기해 오다가 끝내 인도를 못하고 2001년 1월 11일 11시에 세상을 떴다. 그는 신학을 하려고 한남대학의 성문과(聖文科)에 일찍 지원한 분이다. 목사가 되어 자기만 구원을 받을 뿐 아니라 남을 섬겨서 썩어지는 육이 아니라 영을 살리고 하나님의 백성으로 이 나라를 살리겠다고 결심한 분이었다. 그러나 교육부의 지시로 성문과가 폐과되어 대신 생긴 국문과 장학생으로 입학을 하였다. 한남대에서 석사를 마친 뒤 육군 삼사관 학교 국어 교관, 중앙대학교 박사 학위를 마친 뒤 1982년에는 모교에 국어교육과 교수로 부임하였다. 대학에서는 연구실 문은 닫은 일이 없이 모든 사람과 소통하였으며 학생들에게 성경을 가르치고 교수들과 말씀 묵상을 했으며 밤에는 대전신학교에서 신학 공부를 하여 허약한 몸으로 그의 꿈을 이루려 신학교를 마쳤다. 세상을 뜨기 전에는 교회에서 장로로 시무했으나 장로로서 당회원의 직분을 충성스럽게 다 하려 했지만, 당회가 하나님께서 원하시는 직무를 제대로 이행하지 못하고 잘못된 길을 걷고 있는 것을 깨닫고 하나님께 죄스러워 그 직분을 사직했다. 1998년 4월 부활주일 즈음에는 기독교

섬기는 삶

학교의 교직원이 정신 지체아, 독거노인, 소년 소녀 자녀, 선교사 자녀 등에게 무언가 도움이 되는 일을 하자고 〈밀알회〉 조직을 제안해서 처음엔 교수 6명 직원 4명으로 시작한 모임이 일 년 뒤에는 130명 회원을 갖는 모임이 되어 대학에 보람 있는 조직을 만들어 섬겼다. 그는 삶에서 예수 그리스도의 향기를 내야 한다고 주장한 사람이다.

그러나 하나님께서는 그의 꿈에 비해 너무 허약한 몸을 주셨다. 그래서 어머니의 신장으로 10년을 버티고 또 형의 신장으로 10년을 연명하여 20년을 살면서 하나님이 원하시는 삶을 살려고 너무 많은 애를 썼다. 어린애들을 더 많이 갖고 싶어 했지만 그리하지 못했다. 큰딸을 입양하고 이듬해 5살 아래인 아들을 입양한 뒤 애들이 미국을 보고 싶어 하여 안식년에 미국을 가자고 약속까지 했는데 뜻을 이루지 못하고 떠났다. 그는 한남대학을 끔찍이 사랑했는데 대학이 커지면서 창학이념을 잃은 대학이 되었다고 늘 안타까워했다. 그래서 대학교수 성경 공부도 힘을 드렸던 분이다.

몸이 너무 아파 2000년 11월 26일 성모병원에 입원해 3주를 지냈는데 마 장로가 다니던 교회의 교인들은 목사가 설교하면서 제사장 목사를 반역하면 하나님께서 반드시 치신다고 설교하여 교인들은 문병 오기가 어려웠다고 한다. 그러나 그는 그를 아끼는 많은 사람이 있었다. 응급실에 있어 면담이 어려웠을 뿐이다. 그 뒤로 더 심해서 서울 성모병원으로 옮겼다가 가망이 없어 다시 대전으로 이송되고 이듬해 1월 11일 세상을 뜬 것이다.

## 정직한 자의 방패가 되시는 하나님

■ 〈한남 QT 모음집 3〉에서

"나의 방패는 마음이 정직한 자를 구원하시는 하나님께 있도다."

(시 7:10)

지난여름 일입니다. 토요일에 우리 집 큰아이가 방학했다는 기념으로 친구들과 영화관람을 한다고 하길래 차에 태워 롯데백화점에 있는 영화관에 데려다주었습니다. 돌아오는 길이 너무 복잡하여 내 딴에는 쉬운 길을 택한다고 골목길로 접어들었습니다. 복잡해도 대로를 이용했으면 좋았을 것을 골목길에 접어드니 아주 꽉 막히는 것이었습니다. 한참을 기다려도 빠져나갈 길이 보이지 않았습니다. 조급한 성질에 다른 길로 가고자 후진하였습니다. 그런데 잘 못 하여 길옆에 세워둔 차를 들이받고 말았습니다. "아차 사고를 저질렀구나." 당황스러운 마음에 어찌할 바를 모르다가 살펴보니 세워둔 차의 뒤 범퍼가 깨지고 금이 쭉쭉 나 있었습니다. 참으로 암담했습니다. 우선 연락처가 있는가 확인해 보니 앞 유리창에 핸드폰 번호가 부착되어 있었습니다. 전화번호를 적었습니다. 주위를 둘러보니 아무도 보이지 않았습니다.

나는 집으로 돌아오는 동안 피해자에게 연락할까 말까 마음에 계속해서 갈등이 일어났습니다. 본 사람은 없는 것 같은데 연락하면 수리 비용만도 30여만 원은 족히 넘을 것 같은데 그냥 눈 감고 무른 척해? 온갖 유혹의 생각들이 꼬리를 이었습니다.

집에 돌아와 아내에게 사건을 이야기하였습니다. 아내는 본 사람이 없다면 전화할 필요가 있겠느냐고 전화하지 말라고 유혹하였습니다. "사탄아 물러가라. 네가 나를 넘어뜨리려 하는구나!" 속으로 중얼거렸습니다. (그날만 빼고 아내는 늘 내게 천사 같은 사람입니다.)

아침에 묵상했던 내용이 떠올랐습니다. 시편 7편이었습니다. 그때 제 기도문은 이렇게 적혀 있었습니다. "제 심정을 감찰하시는 주님, 제가 정직하게 생각하고 정직하게 행동하도록 해 주십시오, 주님 앞에 거짓된 삶이 아니라 성실과 진실함으로 살아가게 해 주십시오,"

적어놓은 전화번호로 전화했습니다. 자초지종 이야기하고 나의 연락처를 알려 주었습니다. 피해자는 월요일에 다시 연락해 달라고 요청하였습니다. 지금까지 번잡스러웠던 마음이 차분하게 가라앉는 것을, 느꼈습니다. 그런 다음에야 가벼워진 마음으로 다른 일을 할 수가 있었습니다.

월요일 아침에 피해자에게 전화하려고 수화기를 들었습니다. 얼마를 요구할는지 내심 걱정되었습니다. 그러나 정직한 자를 구원하시는 하나님께서 방패가 된다는 말씀에 용기를 내어 번호를 눌렀습니다. 그가 전화를 받더니 괜찮다고 하는 것입니다. 이

나는 어떻게 기독교인이 되었는가

미 뒤 범퍼가 깨어져 있는 상태였다며 염려하지 말라는 것입니다. 전화를 끊고 나서 주님께서 방패가 되어주셔서 감사한다고 기도했습니다.

새벽에 묵상의 시간을 가지지 않았더라면 나는 평소의 내 인간성으로 보아 분명 모른 체했을 것입니다. 그랬더라면 나는 운전할 때마다 다른 차의 뒤 범퍼를 바라보며 나의 부정직한 모습을 떠올렸을 것입니다. 아마도 지금까지, 아니 평생 그 짐에 눌려 힘들게 살아갈지도 모릅니다. 정직하게 행동해야 할 때 정직하게 행동할 수 있었던 것은 순전히 묵상을 통해 그렇게 살 수 있도록 마음속에 말씀하신 하나님이 계셨기 때문입니다. 그날 하나님께서는 내가 곁길로 가려고 할 때 나침반이 되어주고 등불이 되어 주셨습니다.

(정병진 직원)

## 계의돈 교수(Robert L. Goette)

　계의돈 교수는 1960년 미국 남장로교가 파송한 교육선교사
로 1961년부터 1989년까지 27년간 한남대학교(당시 대전대학)에
서 봉직한 분이다. 나는 이분이야말로 한남대학을 대학으로서
의 위상을 갖게 하신 분일 뿐 아니라 신앙의 뿌리를 깊게 심어주
고 떠난 분이라고 확신한다. 1959년 인돈(William A. Linton) 박
사가 대전대학을 설립하고 초대 학장이 되었을 때 와서 화학과
를 맡아 달라고 부탁했는데 4번째의 간곡한 부탁에 응답하여 오
신 분이 계 박사다. 그는 1953년 23세로 플로리다 주립대학에
서 박사 학위를 취득하고 바로 남 캐롤라이나주에 있는 듀폰 회
사에 취직하여 섬유 부 책임연구원으로 일하고 있었다. 생활이
부유하여 결혼하고 세 자녀를 두었으며 집에 경비행기까지 가지
고 있었다. 그러나 1958년(28세) 비행기 추락사고 후 심경의 변

　　　　　　　　나는 어떻게 기독교인이 되었는가

화가 있어 일 년 후 회사를 사임하고 버지니아주의 '장로교 기독교 교육대학원'에서 공부하며 평신도 기독교 교육지도자로 봉사할 생각을 굳히고 있었다. 마침 이때 인돈 학장의 초청을 받은 것이다. 1960년에 내한하여 1년간 연세대 한국어학당에서 수강한 후 1961년부터 1989년까지 합계 27년간 이름도 없던 대전대학의 화학과가 전국에 유명한 학과로 우뚝 서게 만드신 분이 그다. 대전대학도 당시는 대학에 박사 학위를 가진 분이 없는 때였는데 이렇게 훌륭한 분을 모신 게 이 대학의 영광이었다. 그는 처음 10년간 학과장으로 계시면서 먼저 미국의 학회지 과월호를 헐값으로 여러 친구를 통해 들여왔다. 자기가 어려서 아버지와 함께 다녔던 플로리다 제일 장로교에서는 화학 실험실을 지을 자금을 미국 내에서 모금하여 보내주었다. 그리고 교수와 학생들의 연구에 필수 잡지인 비싼 Chemical Abstract를 모금으로 매월 구독할 뿐 아니라 1970년부터의 옛 잡지까지 갖추어 놓기 시작했다. 유명한 일화는 후에 그의 제자가 연세대학에서 박사 논문을 쓰면서 위 잡지를 참조하려는데 도서관에 없어 전국 도서관에 연락했더니 자기가 졸업한 한남대학에 유일하게 그 잡지가 있다는 것을 알았다는 이야기다. 그뿐 아니라 시약이 적게 드는 미니 시험관을 사용하여 학생 개인별로 철저한 실험을 하게 했다. 또 미국에서 1960년도에 처음 도입한 Chem Study 방법을 도입하여 교육하였다. 1966년에는 한국에 최초로 대학 내에 자연과학연구소를 설립하기도 했다.

1970년 여름부터 1년간 계 박사가 미국에서 안식년을 지내면서 빌 브라이트(Bill Bright) 박사가 인도하는 CCC 천막 수련회를 다녀온 뒤 그는 큰 변화를 겪었다. 그는 학생들에게 학문을 전수할 뿐 아니라 예수 그리스도를 구주로 영접하여 바른 가치관을 갖고 살도록 하는데 진력하였다. 그는 자기 연구실 한편을 서적 센터로 만들어 귀한 신앙 서적을 갖추어 교직원이 편하게 읽을 수 있게 하고, 싼값으로 팔기도 했다.

1971년 대전대학은 서울의 숭실대학과 통합을 결의하고 교명을 〈숭전대학〉으로 바꾸었다. 이때 대전에서는 통합 반대 운동이 심했다. 그러나 두 캠퍼스 제도 운영으로 통합하기로 하고 서울 캠퍼스는 김형남 학장, 대전캠퍼스에는 황희영 교수가 부학장에 임명되었다. 1972년 숭전대학이 종합대학이 되자 김형남 학장은 서울 측 총장이 되고 대전에서 반대 운동의 대부였던 황희영 부학장은 서울로 보직을 옮겨 서울 캠퍼스 부총장이 되게 하며 대전에는 외국 교수인 계의돈 교수를 대전캠퍼스 문리대 학장 겸 새로 생긴 이부대 학장을 겸하게 했다. 그러나 계 박사는 고지식하고 행정에는 어둔한 분이었다. 당시에는 고등학교 교사가 원서 대금을 받고 학생들에게 지원서를 주었다. 그러나 여러 대학이 편법으로 무료로 원서를 고등학교 담임에게 주고 원서 대금은 담임의 수입이 되게 하였다. 계 박사는 이 불법을 거부했다. 그러나 교수들의 강력한 항의로 원서를 무료로 내주었다. 그러면서 그는 원서 위에 고무인으로 '이 원서는 무료입니다.'라는 글을 써서 내주었다. 시류에 맞지 않은 그는 1년 동안 학장직을 유지했다가 내놓았다.

1973년 학장직을 그만둔 뒤 그는 교직원이 기독교 가치관을 갖게 하는 캠퍼스 사역에 전념하였다. 1974년 EXPLO74 때는

나는 어떻게 기독교인이 되었는가

김준곤 목사가 미국 남장
로교 선교부에 부탁하여
허락을 받고 계 박사는 그
해 첫 학기 동안 '74 대회
의 외국인부처 부대표로
행사를 돕기 위해 내한하
는 외국인을 보살폈다.
그 뒤로 교 내 에 서 는
LTC(Leader Training Class)

젊었을 때 계 박사 부부와 2016년 은퇴해서 Niceville,
FL.에 계실 때의 모습

를 통해 교직원, 학생들의 훈련을 계속했는데 1976년부터 1987
년까지 초·중·고급을 수료한 사람은 연인원 1,543명이나 된다.
또 소그룹별로 성경 공부도 하고 기도회도 권장하였다. 이 모임
은 계 박사가 학교를 떠난 뒤는 '개인전도 훈련부'라는 이름으로
계속되었는데 계 박사는 자기가 가진 서적(당시 2,700만 원 상당)
을 학교나 교목실에 기증하지 않고 '개인전도 부'에 넘겼다. 아껴
쓰던 오버헤드 프로젝터(Overhead Projector)와 창조과학에 관계된
많은 비디오테이프도 넘겨주고 갔다. 지금도 한남대학교에서는
'개인전도 위원회'가 선교관 아래층에서 성경 공부를 하는데 그
방 벽에 계의돈 박사의 사진이 있는 것을 찍어 보냈더니 바로 이
메일이 왔었다. 자기 사진을 빼라고 했다. 바라보는 것은 오직
예수 그리스도라야 한다는 것이었다. 한국에서 살 때도 그는 자
기 옷도 새 옷을 산 적이 없었으며 언제나 시장에서 산 헌 옷을
입고 다녀 소매가 짧았다. 머리도 부인이 깎았는데 뒷머리 부분
이 이상하다고 말하면 "괜찮습니다. 뒤에는 눈이 없습니다."라

고 웃어넘겼다.

그가 떠난 지 27년 뒤 1914년 나
는 그의 아들 괴테 목사(Robert D.
Goette)가 루게릭병으로 생활과 자
녀교육을 감당하기 어렵다는 소식
을 SNS로 알게 되었다. 그의 아들
괴테 목사는 아버지 밑에서 6살 때
부터 고등학교까지 한국에서 자랐
다. 후에 목사가 되어 미국에 거류
하는 한인 2세를 위해 1984년부
터 시카고의 그레이스 침례교회 영
어 회중 목사로 13년을 섬겼다. 이

| 월별 장학금 지급 현황 | | | | |
|---|---|---|---|---|
| 번호 | 년 | 월 / 일 | 금 액 | 비 고 |
| 1 | 14 | 10월 31일 | 1,000,000 | |
| 2 | | 11월 04일 | 7,247,585 | |
| 3 | 15 | 02월 27일 | 2,255,760 | |
| 4 | | 03월 30일 | 2,256,975 | |
| 5 | | 04월 30일 | 2,184,307 | |
| 6 | | 06월 01일 | 2,275,682 | |
| 7 | | 06월 10일 | 500,000 | 이철순 |
| 8 | | 06월 24일 | 4,600,000 | 이철순 |
| 9 | | 06월 30일 | 2,286,317 | |
| 10 | | 07월 30일 | 2,378,096 | |
| 11 | | 08월 31일 | 2,418,133 | |
| 12 | | 09월 17일 | 2,398,311 | |
| 13 | | 09월 30일 | 2,440,068 | |
| 14 | | 10월 30일 | 2,326,959 | |
| 15 | | 11월 30일 | 2,368,207 | |
| 16 | | 12월 30일 | 2,390,547 | |
| 17 | 16 | 02월 19일 | 2,466,040 | |
| 18 | | 02월 29일 | 2,538,042 | |
| 19 | | 03월 30일 | 2,358,783 | |
| 20 | | 05월 02일 | 2,332,408 | |
| 21 | | 05월 30일 | 2,431,996 | |
| 22 | | 06월 30일 | 2,355,151 | |
| 23 | | 08월 01일 | 2,272,857 | |
| 24 | | 08월 31일 | 2,286,115 | |
| 25 | | 09월 30일 | 2,255,563 | |
| | | | 62,623,902 | |

후원금을 보낸 Exell File의 일부

후에는 여러 소수민족 2세들을 위해 교회 개척을 돕는 일을 하
고 있다가 2010년 루게릭병으로 몸을 쓰지 못하게 되었다는 것
이다. 그레이스교회의 한인 조 집사는 그를 위해 교회에 괴테 재
단(Goette Foundation)을 만들어 그의 어린 자녀를 돕자고 호소하
는 글을 SNS에 올린 것을 접하게 되었다. 나는 대학 재학 중 계
박사님을 아는 사람들에게 그분의 아들을 돕자는 말을 어렵게
꺼냈는데 한 자매는 주저하지 않고 200만 원을, 그리고 또 계 박
사에게 배웠던 고등학교 영어 선생 한 자매는 자기 노후 적금을
깨고 520만 원을 보내왔다. 이에 용기를 얻어 대학 교직원에게
계의돈 교수의 아들을 돕자고 호소했더니 그 아들 목사의 세 자
녀의 대학 장학금을 돕자는 기부금이 모여져 우리 대학에서는
2014년부터 〈계사모(계 목사를 사랑하는 모임)〉를 만들어 회계는

나는 어떻게 기독교인이 되었는가

총동문회의 회계였던 이수민 교수가 맡아 후원금을 전달하게 되었다.

2014년 10월 100만 원, 11월 $6,612, 12월 $1,565(이것은 교직원 한밀알회가 낸 것임), 12월 화학과 졸업생 정일남 박사가 1,000만 원, 이렇게 부정기적으로 내고 있었는데 2015년부터는 매월 $2,000씩 괴테 목사의 세 자녀의 장학금을 정기적으로 보내게 되었다. 북미주 동문회에서도 이에 호응해서 장학금을 직접 괴 목사의 사모 줄리(July)에게 보냈는데 유병학($3,000), 서정운($1,000) 등 $6,650을 보냈다. 괴테 목사는 2015년 8월 9일 8:37 세상을 떴다. 그러나 한남대에서 자녀들의 장학금은 계속 보내졌다. 2017년 9월 정일남 박사의 1,000만 원을 마지막으로 〈계사모〉의 후원은 끝났는데 이 장학금은 이수민 회계의 보고로는 1억 원이 넘었다고 한다. 괴테 목사는 죽기 바로 전 "잘하였도다. 착하고 충성된 종아"(마 25:21)라는 음성을 들었다고 한다.

나는 만나 보지도 못한 게 박사의 아들을 위해 이렇게 많은 교직원이 사랑의 빚을 갚으려는 열정을 보이는 것을 보고 게 박사, 이분이야말로 진정 한국을 사랑하고 학생들 하나하나를 예수처럼 사랑했던 분이라고 말하고 싶다.


## 교회 섬김

나는 교회 생활에서 뭐 특별히 섬겼다는 생각이 들지 않는다.

2003년 말 2002년까지의 교회 50년사를 출판하게 된 건 나의 기쁨이다. 모든 내용은 당시 유대광, 남청, 이병창 장로와 류근창 집사의 수고로 된 것이다. 그러나 내가 교인과 교회를 위해 하고 싶었던, 하고 있었던 다음 몇 가지를 적고 싶다.

## 예수원 방문

　2000년 7월 20일 나는 담임 목사님의 허락을 받고 오정교회 교인 중 희망자를 뽑아 예수원을 방문했다. 우리 교회는 창립 50년 가까운 교회로 매우 보수적인 교회다. 한 달에 한 번 정도는 단체로 기도원에 가서 소리높이 기도하고 오곤 하는데 "주시옵소서." 라고 하는 기도가 자기중심의 기복신앙 같아서 다른 기도원을 체험해 보도록 하고 싶었다. 그런데 성공회의 대천덕 신부가 세운 예수원을 방문하려면 2박 3일 숙박하며 신앙 훈련을 하는 곳이어서 목사님의 허락을 받아야 했다. 준비과정은 좀 까다로웠다. 먼저 일주일 전에 예약해야 했고, 방문자가 지켜야 할 수칙이 보통 까다로운 것이 아니었다. 그곳에서는 개인적 금식은 안 되고 거기서 제공하는 식사를 그곳 식구들과 공동으로 해야 했다. 함께 노동도 해야 하는데 "노동이 기도이며 기도가 노동이다."라는 표어에 알맞게 하이힐 같은 신발은 피해야 했고, 맨발이나 슬리퍼, 샌들, 운동복, 반바지, 어깨가 드러난 옷, 몸에 끼는 옷, 노출이 심한 옷을 입을 수 없게 되어있었다. 꼭 참석해야 하는 집회는 하루 3번씩 있는 예배인데 조도(朝禱: 6:00-7:00), 대도(代禱: 12:00-12:30), 그리고 만도(晚禱: 7:30-8:30)로 2시간 반인데 이것은 하루 24시간의 십일조(10분의 1)를 기도로 바치는 것이다.

가는 길은 멀고 까다로웠다. 아침 8시에 출발하여 강원도 정선군에 있는 〈화암동굴〉을 관광하고 점심을 먹고 태백시의 태백역까지 가서 태백역에서 하사미행 시외버스를 타고 하사미 초등학교 분교에서 하차하여 산 쪽으로 걸어 20분 정도 가야 나타나는 곳이, 예수원이었다. 이처럼 불편한 곳에 토리 신부는 1965년에 어떻게 이 산골에 이런 수도원을 짓게 되었는지 모른다. 도착하자 모여 간단히 입소자의 신원을 기재하고 오리엔테이션을 가졌다. 핸드폰은 다 퇴소하기까지 맡기고 밖에서 노동하는 일 외에는 침묵과 묵상하는 시간으로 지낸다.

입소한 사람은 직장을 옮기거나 대학을 졸업하고 새 진로를 찾거나 자기에게 닥친 어려운 문제 해결을 위해 하나님께 매달려 기도하기 위해 온 사람이 많았는데 토리 신부는 다른 사람을 위해 기도하는 대도(代禱)를 더 중요시한다. 나라를 위해, 세계 평화를 위해, 가난하고 헐벗은 사람을 위해, 병든 자를 위해 먼저 기도하라는 것이다. 대천덕 시부의 가장 가까운 친구가 "신부님의 삶 가운데 가장 중요한 것, 한 가지를 꼽으라면 무엇이라 하겠습니까?"라고 물었을 때 그는 "지붕 위에 올라가서 외치는 것"이라고 대답했다고 한다. 그는 온 세계를 향해 하나님의 공의와 성경적 토지법에 대해 외치고 싶었던 것 같다. 성경적 토지법은 "토지를 영구히 팔지 말 것은 토지는 다 내 것임이니라."(레 25:23)라는 성경 말씀을 지키는 것이 성경의 정신에 기초한 성경적 경제학이라는 것을 그는 믿고 있었다. 그는 권력자들이 하나님의 소유를 사유화해서 토지를 잃은 사람은 가난에 시달리며 성경의 토지 무르기와 희년제도(禧年制度)를 폐지해서 세상은 이렇게 어지러워졌다고 외치고 싶었으리라. 그런데 정작 하나님의 말씀을 외쳐야 하는 교회들은 삶에 대해 전혀 가르치지 않고 '그림의 떡' 같은 내세의 약속만 한다. 누가 온 세계에 나가 전도하라 했는가? 누가 그들을 신자 만들라 했는가? "너희는 가서 모든 민족을 제자 삼으라." 하셨다고 대천덕 신부는 말한다. 그러나 우리는 나 자신도 제자가 되어 예수님처럼 살 수 없는데 어떻게 세상 사람더러 제자가 되라고 권하겠는가? 교회에 나가 목사님 말씀 잘 듣고 헌금 잘하고 설교 듣고, 봉사활동 잘하고 있으면 교회가 날 대신해서 선교도 하고, 구제도 하고, 어려움을 호소하면 기도도 해주고, 천국 간다는 약속도 해 준다. 그래서 우리 교인은 자생력을 잃고 어린애로 퇴화해 버렸다. 예수원에서 예배를 드릴 때 사회자가 찬송을 부르고 다음 누군가 같이 부르고 싶은 곡이 있느냐고 무르면 거북하다. 말씀을 묵상하면서 "이 말씀을 통해 주님께서 들려주신 음성이 없느냐?"라고 물으면 또 불편해진다. 그러나 다른 사람은 몰라도 나는 2박 3일 동안 예수원에서 많은 것을 배웠다. 또 참가자들에게 많은 것을 배우고 갔으면 했다.

나는 어떻게 기독교인이 되었는가

## 청와대·문화방송국·국회의사당 방문

　2001년 4월 17일(화) 오정 교인들은 46명이 청와대 관광을 하였다. 남북 화해 무드가 이루어지고 김대중 대통령 때는 한때 매주 화~금에 오전 10, 11. 오후 2, 3시 네 번 청와대 단체관광도 허용하였다. 그러나 관광 신청은 봄·가을에는 희망자가 많아 1~2개월 전에 신청해야 했고 다른 때도 20일 전까지 관람객 인적 사항(성명, 주민등록번호, 현주소) 및 대표자 전화번호가 기재된 관람객 연명부를 제출해야 했다. 나는 뉴스나 안방극장에서나 보는 서울에 있는 장소를 우리 교인들에게도 보여주고 싶었다. 서류 제출 후 청와대 관람 담당자가 일정 조정 후 회신해 주면 방문이 확정되는 것이었다. 나는 교회 은퇴자로 최연장자인 '베드로 남선교회'의 회장이어서 최연장자인 '한나 여선교회' 회원 34명과 기타 희망자 12명을 합해 46명의 명단을 받아 청와대에 관람 신청을 하였다. 그래서 허가된 날짜가 4월 17일이었다. 청와대만 보고 오긴 아까운 여행이라 생각되어 이어 문화방송국과 국회의사당도 관광하기로 했다.

　우리는 국민 소득 $100도 못 되던 가난 속에 한국전쟁의 참화를 겪으며 하나님을 믿고 살아남은 노인들이다. 지금까지 하나님의 은혜로 살았으니 이제는 그 은혜의 강물을 세상으로 흘려보내야 한다. 죽기까지 하나님의 말씀을 따라 살고 싶은 게 노인들의 소망이다. 여기, 예수님이 마지막 당부한 말씀, "너희는 가서 모든 민족을 제자로 삼아 … 내가 너희에게 분부한 모든 것을 지키게 하라"라는 말씀이 있다. 이를 실천하려면 지금이라도 세상에 나가, 많은 걸 보고 들으며 세상을 알고 내 모습을 추슬러야 한다. 이런 취지로 좀 까다롭고 힘들었지만, 이번 관광 여행을 추진하게 되었다.

먼저 우리가 잘 다니던 창경궁 옆에 있는 여전도회관에서 점심을 먹고 1:30까지 경복궁 동편 주차장에 차를 세우고 청와대에서 나온 버스에 제출한 열람자 명단 순으로 자리를 잡았다. 대형 가방 망원렌즈, 담배, 라이터 등은 가져갈 수 없었다. 이들은 다 교회 버스에 두고 물만 가지고 탔다. 사실 청와대에서 볼 수 있는 건 본관 외모뿐이었다. 당시는 합천에 영화 세트장이 있어 그곳에 설치된 청와대를 관광지로 둘러보는 사람이 많았는데 이번 답사는 실물 청와대를 보았다는 호기심을 충족하는 선에서 만족하기로 하였다. 청와대는 대한민국 대통령이 공무를 수행하는 곳이다. 그러나 그곳은 이씨 왕조의 왕들이 기거하는 곳이었고 백성들이 뽑은 대통령궁이었지만 서민들에겐 그곳은 감히 들려다 볼 수 없는 대통령이 나라를 호령하는 왕궁이었다.

청와대 관광을 끝내고 우리는 당시 여의도에 있던 문화방송국으로 향하였다. 이곳은 주말은 안 되고 주중은 한 달 전에 단체견학을 신청하면 전화 확인을 해주는 곳이었다. 당시 내 친구 김중배가 문화방송 사장으로 3월에 영입된 때였다. 1987년 1월 17일 박종철의 죽음을 두고 쓴 동아일보 '김중배 칼럼'은 너무도 유명하다.

"하늘이여, 땅이여, 사람들이여. 저 죽음을 응시해 주기 바란다. 저 죽음을 끝내 지켜주기 바란다. 저 죽음을 다시 죽이지 말아주기 바란다."

나는 어떻게 기독교인이 되었는가

나는 오랫동안 그를 생각하면 내가 니무 왜소해져서 주눅이 들어 있었지만, 헤어진 뒤 꼭 한번 만나 보고 싶었는데 그때도 그는 너무 바빠서 모든 편의만 제공해 주고 사장실엔 없었다.

마지막이 국회의사당이었다. 이곳은 평상시(3월~10월): 09~18시, 겨울철(11월~2월): 09~17시 국회 본회의 개회 시나 의사당 내 경호·경비 및 질서유지를 위해 필요한 때를 제외하고는 늘 개관하고 있다. 그러나 적어도 3일 전 국회 방문자 센터에 신청하고 허락을 받아야 한다. 이 건물은 1975년 완공한 것으로 지하 1층 지상 7층 규모로 단일 의사당 건물로는 동양 최대로 알려져 있었다. 도착하면 검색대를 통과한 후 '국회 참관'이라는 목걸이를 받고 국회 직원의 안내에 따라 이동하면서 설명을 듣는다. 3층 방청실, 로비, 상임위원회 회의실, 그리고 후문안내실을 지나 헌정기념관 실로 이어진다. 방청실에서는 아래쪽에 국회의원들이 의정활동을 하던 좌석들을 내려다볼 수 있게 되어있다. 이곳이 국회의원들이 서로 싸우고 똥물을 붓고 하던 곳이다. 헌정기념관은 국회의 역사와 기능 및 권한에 관련된 자료들을 보관 전시하고 있었다.


## 선교활동과 구역예배

우리 교회는 교인들이 연령별로 각 선교회에 소속되어 있었다. 남자들은 남선교회(1-7) 여자들은 여전도회(1-7)라는 이름을 가지고 있었다. 나는 1995년부터 3년간 교회에서 전도부장을 맡고 있었는데 교인들에게 "선교하지 않은 선교부는 선교부가 아니다."라고 말하며 각 선교부는 어떤 선교사나 어떤 교회든 정해서 기도하며 헌금을 보내 도와야 한다고 주장했다. 그래서 그들이 1년 선교비를 작정하면 교회에서 그만큼 부응기금(Matching Fund)을 주기로 하였다. 교인들은 선교비만 헌금하고 교회가 주체가 되어 선교비를 필요한 데 보내는 걸 구경만 하고 있으면 안 되기 때문이었다. 그래서 교인들을 선교하는 주체로 바꾸고 1995년에는 외국 선교(9명; 624만 원), 국내 선교(8곳; 370만 원)을 보냈다. 미미한 선교비였지만 1998년에는 외국 선교 1,080만 원, 국내 선교 1,593만 원으로 확장되었다. 각 선교회가 후원하는 선교사 또는 교회나 가관을 위해 기도하고 가능하면 선교사가 귀국할 때 교회를 방문하고 설교하거나 해당 선교 기관 교인들과 관계 개선하는 건 보람 있는 일이라고 생각되었다.

내가 선교활동과 함께 개선하고 싶었던 것은 매주 구역 가정에서 모이는 구역예배였다. 부부가 직장생활을 하면서 그러지 않아도 새벽기도, 철야기도, 화요 중보기도, 수요예배 … 등 예배가 많아 바쁜데 왜 매주 가정예배를 강요하느냐는 것이었다. 그것도 각 가정을 돌면서

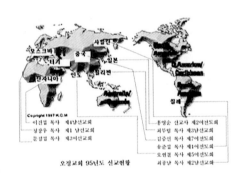

교회 게시판에 세계지도를 걸고 각 선교회가 후원하는 선교사 1:1 결연을 맺어 주었다.

나는 어떻게 기독교인이 되었는가

하는 것이어서 많은 신자는 자기 가정까지 공개하는 것을 부담스러워했다. 거기다 왜 "가정예배"인가? 예배는 평신도가 인도할 수 없다고 엄격하게 금하는 것이었다, 예배를 드리면 꼭 헌금해야 한다. 예배에는 하나님께 바치는 헌금이 따라야 한다는 것이다. 그리고 헌금은 하나님께 드린 것이어서 가정예배 보고서와 함께 교회에 바쳐야 한다. 앤소니 드 멜로의 책『종교박람회』에는 '구루의 고양이'라는 이야기가 나오는데 인도의 성직자들이 저녁 기도를 올리는 시간이면 늘 떠돌이 고양이가 나타나 예배자들을 방해했다. 구루(인도에서 종교지도자들을 일컫는 말)는 이 고양이를 묶어놓으라고 시켰고, 고양이는 매일 기도 시간마다 묶여 있었다. 구루가 세상을 떠나고 나서도 저녁 기도 시간이면 고양이는 어김없이 묶여 있었고, 그 고양이가 죽자 다른 고양이가 대신 아슐람(힌두교 사원)에 붙들려 들어와 묶였다. 몇 세기 뒤 구루의 제자들이 유식한 논문들을 썼다. 주제는 〈본격적으로 수행되는 모든 예배에 있어서의 고양이의 필수적인 구실에 관하여〉라는 것이었다고 한다. 우리나라도 수백 년이 지나면 구역예배를 연구하는 학자가 나타나 〈구역예배를 드리며 교회에 헌금을 바치는 경건의 훈련에 관하여〉라는 논제가 나오지 않을까 하고 생각한다. 나는 전래 되어 온 관습을 어찌하지 못해 다음과 같은 콩트를 써서 발표한 일이 있다.

## 구역예배 — 콩트

　신 집사는 서리 집사가 된 지 4년째 되던 해에 구역장으로 임명받자 바로 구역예배에 대한 자기의 아이디어를 실천하기로 했다. 구역예배는 한 달에 한 번만 모이고, 장소는 자기 집에서 하기로 했다. 이 층에 있는 방 하나를 비우고 어린이 놀이방으로 꾸몄다. TV와 어린이용 비디오와 그림책을 사들여 비치하고 놀이 기구를 사 넣었다. 이것은 권사인 시어머니의 허락과 협조를 받은 것이었다. 비용은 중학교 선생인 그녀가 전액 부담하기로 했다. 그날은 모든 구역원 부부와 어린애들까지 온 구역 식구가 저녁을 먹지 않고 음식을 한 가지씩 장만하여 들고 온다. 자기 집에서 식사를 나누고 어린애들은 이 층의 어린이 놀이방에 가서 놀게 하고 어린이 방에는 그때마다 담당자를 한 사람 정하여 올려보낸다. 어른들은 어른끼리 모여 찬양하고 힘들었던 삶을 나누고 기도한다. '구역예배'도 '구역 기도회'라고 이름을 바꾼다. 매주 모임의 보고서에 '구역예배 인도자'가 나오는데 교회에서는 목사만 예배 인도를 할 수 있다고 가르치는데 어떻게 집사나 장로가 예배 인도자가 될 수 있다는 말인가? 결국, 교회에서 원하는 구역예배는 아닐지라도 친교와 말씀 나눔의 기도회로 바뀌었다. 그러나 이렇게 해야 구역원들의 가정사를 잘 알게 되고 서로를 위해 더 깊은 관계를 형성할 수 있다는 이론이었다. 이것은 신 집사 자신의 아이디어만은 아니었다. 그녀는 다음과 같은 한 교회의 이야기를 들은 적이 있었다.

　어떤 교회에 당회장 목사가 교인과 불화가 생겨 자기 사람들

　　　　　　　　　　나는 어떻게 기독교인이 되었는가

을 데리고 교회를 떠났다. 이에 급히 모서 온 목사는 목회를 잘하고 계셨는데 후임자에게 맡기고 조기 은퇴해서 시골에 살고 계시던 분이었다. 교회의 딱한 사정을 알고 사택이 없어도 자기 집에서 차로 다니며 교회를 돕겠다고 해서 모신 분이었는데 그 동안 부목사와 전도사들이 강단을 맡고 있던 교회는 새 목사가 들어와서 차분한 설교를 시작하자 교회는 어느 정도 안정을 찾게 되었다. 거기다 새 목사는 자기가 나서서 사역자들을 동원하여 교회 청소도 하며 급할 때는 부 교역자들을 시켜 버스를 운전하게 하여 교인들의 교회 출석을 도왔다. 그러자 교인들이 버스와 소형 차량 운전을 자원해서 하겠다고 나서기 시작했다. 또 교회 청소도 여전도회가 분담해서 하기로 하였다. 연말 예결산의 틀이 완전히 바뀌었다. 전엔 목사 사례비 인상 때문에 아주 시끄러웠는데 이반에는 목사가 난국을 수습하러 온 사람인데 무슨 사례비냐고 안 받겠다고 해서 실랑이였다. 교회 조직과 행정이 많이 바뀌었다. 구역예배는 없애고 원하는 구역이 있으면 조직해서 당회에 올리면 허락하도록 하겠다고 했다. 이것은 신 집사가 평소에 원했던 것이었다. 또 성가대 지휘자는 성가대원들이 모시고 싶은 사람을 찾아 자원봉사 하는 사람으로 교회가 임명했다. 그러자 지금까지 유급으로 일하고 있던 반주자도 자기도 무급으로 봉사하겠다고 했다. 그렇게 되자 교회가 활기를 찾기 시작했다. 상부 지시를 따라 움직이는 조직 안에서의 신앙 공동체가 아니라 스스로 모여 예배하고 힘을 얻어 일하는 단체가 되었기 때문이었다. 모두 의무적으로 주일을 지키기 위해 교회에 나오는 것이 아니라 자기가 할 일이 있고 맡은 일이 있어 교회에 나오는 것이었다. 설교를 들으면 그것이 자기가 하는 일에 가치를 부여하며 새 생명이 넘쳐 더욱 소중히 섬기고 싶은 생각이 든다는 것이었다.

신 집사의 새로운 구역예배는 대성공이었다. 교회에 내는 구역예배 보고서는 한 달 중 나머지 3주는 모인 장소도 없고 또 헌금 난은 늘 공란이었다. 이 소문은 각 구역에 퍼져 구역예배에 혼선이 왔다. 드디어 신 집사는 목사님께 불려 가게 되었다. 집사가 된 지 몇 해도 안 된 신참자(新參者)가 왜 교회에서 정한 법도를 마음대로 어기느냐는 것이었다. 그녀는 자기가 이해할 수 없는 것을 조목조목 목사에게 따져 물었다. '구역예배'는 '구여 기도회'로 이름을 바꾸는 게 맞다. 꼭 헌금을 내서 구역에서 낸 돈까지 교회에 바쳐야 하는가? 사회활동으로 지쳐 있는 평신도들을 매주 밤 모이도록 하는 취지는 무엇인가? 매주 의무적으로 모이는 것이 하나님을 섬기는 기쁨을 빼앗아 간다면, 그것이 오히려 하나님께 나아가는 길을 가로막는 범죄가 아닌가?

예상했던 대로 교회에서는 이것이 문제가 되었다. 교회의 명령을 어기고 그렇게 행한 사람은 교회의 권징(勸懲)을 받아야 마땅하다는 것이었다. 그러나 교회에 충성스럽던 그녀의 시부모 홍 장로 내외에 맡겨 훈계하기로 하고 앞으로 이런 행동을 하지 않도록 주의를 듣고 훈방되었다. 그러나 모처럼의 '구역 기도회'는 몇 달을 지속하지 못하고 많은 구역원은 기쁨을 잃었다. 그녀는 많은 교인에게 '말썽꾸러기 집사'로 이름이 났다.

10년 뒤에는 교인들 사이에 말썽꾸러기로 이름이 알려져 권사를 뽑는 투표에 신 집사는 오히려 많은 표를 받아 권사가 되었다. 신 집사는 권사가 교회의 계급도 아닌네 만나는 사람마다 "권사님, 권사님" 하고 어른 대접해서 퍽 거북하였다. 그러나 그들이 자기를 비꼬는 게 아니라 진정으로 따뜻하게 사랑하는 것을 마음으로 느끼며 부끄러운 생각이 들었다. 왜 자기주장만 하고 남을 참으로 섬기는 예수님의 본은 받지 못했을까 하는 생각에서였다. 처음으로 자기는 남을 위해 진심으로 기도한 적이 없다는 것을 깨달았다. 자기만을 위한 삶이었다. 그러면서 아픈 사람, 어려운 사람, 힘든 사람이 눈에 보이기 시작했다. 자기를 이렇게 변화시키는 힘은 어디서 오는 것인지 알 수 없었다. 이성으로는 설명할 수 없는 더 높은 곳에서 오는 힘이었다. 하나님께서 자기를 권사로 세워주신 새로운 사명을 깨닫게 해주는 순간이었다.

교회는 향수의
공장이다

향수 공장에서 일하는 사람은 향수가 몸에 배어 밖에 나가면 향기가 난다. 즉, 기독교인은 세상에 나가면 그리스도의 향기가 나야 한다고 생각한다. 세상은 죄인들이 사는 혼돈의 세계이고 교회는 구원의 방주로서 구원받은 영혼들이 사는 천국이 아니다. 이런 이분법으로 세상을 바라보면 세상은 거짓말을 참말처럼 하는 사람이 살며 폭력이 난무하고 환각제로 정신을 흐리게 하며 부자가 가난한 자를 괴롭히며 남을 속이고, 자기의 잘못을 남의 탓으로 돌리며 떼를 지어 거리에서 소란을 피우는 데라고 생각하게 된다. 그러나 교회는 바로 이런 잡다한 사람들이 바르게 살아보려고 모여든 곳이다. 간혹 환상 중에 하나님의 음성을 들을 수도 있지만, 하나님의 말씀이 그대로 적힌 성경의 말씀을 풀어 가르치는 목사가 있는 곳이 교회다. 목사는 성경을 풀어 가르치는 교사일 뿐 아니라 삶으로 그리스도의 본을 보이는 향수 공장의 주인이다. 교회를 찾아든 사람이 원죄를 용서받고 하나

나는 어떻게 기독교인이 되었는가

님의 백성이 되기 위해서는 성경을 일백 번 녹하고 한문, 영문, 그리고 한자로 된 성경을 필사하고, 모든 교회 행사에 참석하며 헌금을 드려 구제와 선교를 해야만 천국 백성이 되는 것이 아니다. 하나님의 음성을 듣고 그를 영접하여 그와 함께 먹고 마시며 더불어 살며 그의 뜻을 따라 살아야 기독교인이 되고 하나님의 백성이 된다. 그들은 정치인, 경제 전문가, 대기업의 사장, 청소부, 식당 주인, 노동자, 각종 전문 직종에서 종사하는 사람들이다. 그들이 주님을 영접하면 구원받는 자들에게나 망하는 자들에게나 하나님 앞에서 그리스도의 향기가 되는 것이다. 이 향수 공장에서 양육 받은 기독교인은 세상에 나가 그리스도의 향기를 발하며 나라의 기둥이 되어 일할 사람들이다.

하나님은 나에게 일찍부터 글 쓰는 은사를 주셨다. 베드로는 "여러분이 각각 받은 은혜의 선물이 무엇이든 간에 하나님의 여러 가지 은혜를 맡은 선한 관리인답게 서로를 섬기는 데 그것을 사용하십시오(벧전 4:10, 현대인의 성경)"라고 쓰고 있다. 그런데 나는 나이가 들어 늦게야 내가 받은 은사를 깨달았다. 그래서 늦게라도 그 은사로 서로를 섬기는 데 써야 하는데 내가 쓴 작품은 세상에 나가 기독교인으로 사는, 또는 살기 어려운 부끄러운 모습만을 묘사해 왔을 뿐이다. 내 마음 깊숙이에는 교회만이 이 나라를 살리는 정신적인 지주라는 생각에 변함이 없는데 교회는 그리스도의 향기를 만드는 공장이 되지 못하고 있다고 안타깝게 생각할 때가 너무 많았다.

여기 한국 기독교회가 무너지지 않고 지향해야 한다고 생각하는 나의 꿈과 한국 교회와 그 속에서 생각하며 함께 사는 기독교

공동체를 바라보며 내게 비친 교회의 모습들을 그린 내 작품을
올림으로 이 책을 마무리하려고 한다.

나는 어떻게 기독교인이 되었는가

## 『다락방』과 가정예배 — 수필

나는 1960년 봄에 기전여자중·고등학교에 교사로 취직해서 처음으로 『다락방』이라는 말씀 묵상집이 있다는 것을 알게 되었다. 매일 첫 시간이 시작되기 전, 직원회의 때 이 책을 읽고 돌아가면서 기도를 하는 것이었다. 당시는 기독교인 교사를 구하기가 어려운 때가 되어 미션 학교에 제대로 세례를 받지 못한 교사도 있었다. 그런 사람에게 자기 기도 차례가 닥친다는 것은 두려운 일이었다. 그럴 땐 옆의 동료에게 기도문을 하나 써 달라고 부탁하는 일도 있었다. 한 교사는 기도문을 받아서 읽었는데 기도가 끝났는데 아무도 "아멘" 하고 응답하지 않았다. 어쩔 수 없이 "기도 끝."이라고 말해서 모두 낄낄거리고 웃은 일도 있다. 기도문을 작성해 준 사람이 맨 마지막에 "예수님의 이름으로 기도합니다."라는 말을 써 주어야 하는데 그것은 너무 당연해서 써

주지 않았던 것이다. 『다락방』은 이렇게 간접적으로 예수를 영접한 각 신도에게 대중기도의 훈련을 시켰고 『다락방』에 나오는 묵상들은 예수를 처음으로 알게 된 초 신자들에게 말씀을 새롭게 보는 영의 눈을 뜨게 하는 멘토 노릇을 하고 있었다.

이 책자는 각 군부대, 병원, 교도소, 연구소, 교육기관 등에 보내지는 선교지로 40여 개 국어로 번역된 세계적인 묵상집이다. 따라서 각 나라 사람들의 여러 형태의 사소한 간증 같은 것도 실려 있어 평신도도 이처럼 이웃에게 주님을 소개할 수 있다는 전도의 담대한 확신도 갖게 했다. 나는 꾸준히 이 책자로 은혜를 받고 있다.

1994년부터 2012년까지 나는 6차례 정도 이 『다락방』의 필자가 된 일도 있다. 내가 옳게 말씀 묵상을 하고 있는지 검증해 받고 싶어서 보낸 원고였다. 그 뒤로 『다락방』은 내 사랑하는 애인처럼 더 친근해졌다. 그러나 내가 『다락방』을 사랑하게 된 진짜이유는 여기에 있지 않다. 우리 부부는 애들이 다 집을 떠난 뒤둘이서 이 책자를 통해 아침 예배를 드리면서 유익한 점을 한둘찾아낸 게 아니다. 우리는 매일 홀숫날은 내가, 그리고 짝숫날은아내가 『다락방』을 통해 기도하는데 아내의 기도를 들으면서 내가 아내를 더 많이 알게 된 것이다. 부부는 비밀이 없다지만 서로 말하지 못한 부분이 있게 마련이다. 그러나 하나님께 기도하는 그 음성을 들으면서 나는 내가 평소 깨닫지 못한 아내의 놀라운 신앙의 깊이와 자녀들이나 이웃을 향한 사랑의 감정을 들여

나는 어떻게 기독교인이 되었는가

다볼 수 있어 아내와 더 가까워짐을 느끼게 되었다. 또 살다 보면 무의식적으로 아내에게 상처를 주어서 사이가 서먹해져 사과하고 용서받고 싶을 때가 있다. 그러나 막상 마주 대하면 사과의 말이 나오지 않는다. 이럴 때 가정예배 시간에 하나님께 내 잘못을 회개하고 내 마음을 열어 고백하면 하나님으로부터 용서받는 기쁨이 있다. 그땐 내 마음이 홀가분 해지는데 아내도 말없이 나를 받아주는 것 같아 두 사람이 더 행복해지기 때문이다. 요즘은 그보다 더한 기쁨이 있다. 나는 나이가 들자 기도하다가 애들의 이름, 이웃 병자의 이름을 잊어버리고 머뭇거릴 때가 있다. 그러면 기도를 듣고만 있던 아내가 서슴없이 소리를 내어 그 이름을 가르쳐 주는 것이다. 그럴 때 나는 같은 마음을 가지고 합심해서 기도하고 있었다는 생각이 들어 기도를 가르쳐주는 것이 부끄럽지 않고 오히려 기쁘다. 또 두 사람이 주님의 이름으로 기도하고 있을 때 주께서 우리와 함께 계시는 것을 느끼는 것이다. 나는 그럴 때 이 땅에서 주님이 우리와 같이 계시는 천국을 체험하는 기쁨이 솟는 것을 느낀다.

지난 2018년 9월 7일에는 서울 종로구에 있는 기독교 대한감리회의 종교(宗橋)교회에서 『다락방』 한국어판이 발행되어 배포된 지 80년을 맞아 '한국 『다락방』 80주년 기념 감사예배'를 드리게 되었다. 나는 내가 사랑하는 『다락방』을 위한 기념 감사예배를 드린다는 말을 듣고 저녁 4시 반의 예배에 참석하러 대전에서 발품을 팔았다. 그곳에는 아시아 여러 나라의 『다락방』 사역자들과 미국 『다락방』 본부 관계자들이 자기 나라 복장을 하고 참석하고 있었다. 놀라운 것은『다락방』을 사랑하는 신도들과 장기 구독자들이 한국에 많다는 것이다. 이 책을 발행하고 있는 대한기독교서회와 한국기독교신도연맹에서 많은 임원이 와 있었고, 병으로 출석하지 못한 정기구독자가 대신 사람을 보내고,『다락방』을 계속 필사하고 있었던 분도 있다는 것을 알게 되었고, 20년 이상 정기구독한 분들도 많이 참석한 것을 알고 흐뭇했다. 특히 미국『다락방』본부의 상무로 있는 피터(Mr. Peter Velander)는 내가 수년 전『다락방』묵상을 보냈을 때『다락방』편집자(Managing Editor)로 있던 메리(Mary Lou Redding) 여사를 잘 알고 있는 분이어서 더욱 반가웠다. 그녀는 벌써 은퇴했다니 세월은 무상했다.

2020년에는 '진정한 후원'이라는 제목으로 '다 배불리 먹고 남은 조각을 열두 바구니에 차게 거두었으며(마 14:20)'라는 제목으로 내 말씀 묵상이 실렸었다. 기서 나는 20년 넘게 소액 후원하고 있는 선교사가 캄보디아에서 어려움을 겪고 있는 것을 알고 예수님의 제자가 5,000명이 넘는 군중을 보고 그들을 돌려보내는 것이 났겠다고 말했을 때 예수님은 돌려보내지 말고 "너희가 먹을 것을 주라"고 말씀했던 내용을 읽으며 내가 통장에 있던 비상용돈을 보냈다는 이야기를 나누었는데 어떤 미

2010년 한국『다락방』출판 80주년을 맞아 본부 상무가 축하 인사를 하고 있다.

나는 어떻게 기독교인이 되었는가

국 자매가 $500.00의 수표를 보내온 일이 있었다. 나나 선교사는 그때 감동하였다. 이런 것이 주님의 음성을 듣고 사는 천국 백성들의 모임이 아니겠느냐는 생각을 하며.

성경은 수없이 많은 번역본을 가지고 있는데 지구상에 흩어진 많은 사람이 이처럼『다락방』을 통한 말씀 묵상으로 변화된 삶을 사는 사람이 늘어난다면『다락방』이야 말로 육으로는 살아 있으나 영으로는 죽어 있는 인간을 살리는 귀한 일을 하고 있다는 생각을 한다.


## 생수의 강 — 콩트

박 장로는 평생 전도라는 것을 하지 못한 사람이었다. 전도란 육체로는 살아 있으나 영으로는 죽어 있는 사람을 깨워 구원을 얻게 하는 일이다. 내가 죽고 내 안에 하나님이 사셔서 하나님과 동행하며 하나님의 뜻을 따라 사는 천국 백성이 되게 하는 일이다. 정말로 자기가 구원을 받았다면 세상에 나가 다른 사람도 자기처럼 구원받고 남을 살리는 일을 해야 마땅하다. 그런데 박 장로는 60여 년 교회를 다녔어도 그런 일을 하지 못했다. "예수 천당 불신 지옥"이라고 노방전도에 나가 외쳐본 일도 없다. 흔히 교회에 나가야 천당 간다고 전도하는데 천당 가는 것이 구원이 아니다. 죽어서 천당에 가면 잘 믿고 죽은 사람은 상으로 금 면류관을 받으며 금으로 지어진 집에서 호화롭게 잔치하고 산다. 매일 호화로운 잔치가 열리는데 거기는 젓가락이 너무 길어서 자기 입에는 음식을 넣지 못하고 서로, 상대방 입에 넣어주며 산다. 교회에서 믿음 생활 잘하면 천국에서도 또 만나 살 수 있다. 하나님을 잘 믿으면 천당 가서 후손을 위해 기도하므로 그 가정은 번창한다. 지금도 나이 든 권사들은 부활절에는 흰옷을 입고 나온다. "이기는 자는 이와 같이 흰옷을 입을 것이요. 내가 그 이름을 생명책에서 지우지 아니하고…"라는 요한 계시록의 말씀을 굳게 믿고 있기 때문이다. 박 장로는 그래서 불신자에게 교회에 나오라고 권하지 못한다고 자기 의(義)를 내세운다. 각종 감사와 목적 헌금을 교회에 바치는데 그 기도 제목은 진학, 취직, 사업 성공, 자녀 문제, 불치병 완쾌 등 하나님의 기적을 구하는 내용이 많다. 그러나 지금 우리나라는 가난에 허덕이는 후진국도 아니며 복지시설이 낙후한 비위생적인 나라도 아니다. 신자 생활을 하면서 부지런하고 규칙적인 생활을 몸에 익혀 경제적으로 다 상위권에 속한 사람들이 되었다. 이제는 "주시옵소서"가 아니라 세상에 나가 하나님의 은혜로 남을 돕는 일을 하고 가치관이 바뀌어 자기가 변하고 영의 눈이 뜨고 속세에서 바르게 보고 바르게 행하여 세상에서 빛과 소금 역할을 할 때가 아닌가? 왜 천당을 미끼로 영적으로 연약한 형제자매를 교회에 끌어들여 교세 확장에만 힘을 쏟는가?

그런데 김 장로가 유일하게 교회에 전도한 내외가 하나 있는데 그것이 자기 아파트 일 층에 까마득한 옛날 살고 있던 김 집사 내외다. 얼마 전 김 집사의 모친이 상을 당하여 서울에서 장례식을 하게 되었는데 박 장로는 이제 거동이 불편하여 은퇴한 후배 장로에게 서울 가서 위로해 주었으면 한다고 조위금만 보

나는 어떻게 기독교인이 되었는가

냈다. 그런데 얼마 후 장례를 마치고 대전으로 내려온 김 집사로부터 만나 봤으면 좋겠다는 연락이 왔다. 음식 대접을 하고 싶다는 이야기였다. 만나본 그의 얼굴은 매우 어두웠다.

교회를 나가야 하나 말아야 하나 하고 고민 중에 있다는 것이었다. 교회에 나가서 시무 중이거나 은퇴한 안수집사들의 얼굴을 평온하게 대할 용기가 나지 않는다고 말했다. 어머니의 장례식이 서울이었고 지금까지 다니던 교회는 대전이었지만 코로나도 많이 풀린 상태인데 아무도 서울까지 문상 온 교인이 없었다는 것이 너무 서운했다고 했다. 그의 말을 요약하면 다음과 같았다.

교회 생활 30년을 잘못했다는 생각이 든다는 것이다. 자기는 그동안 얼마나 많은 관혼상제(冠婚喪祭)에 찾아가 예의를 갖추어 기뻐하며 위로하며 살아왔는가? 그것이 기독교에서 말하는 소위 기독교 공동체의 코이노니아가 아니던가? 어머니는 서울에서 막냇동생이 모시고 있었는데 위독해지자 연락이 와서 바로 상경했으며 운명하시자 대전에서 같은 선교회에서 활동했던 은퇴 장로에게 이를 알렸는데 장례 첫날에 찾아온 사람은 친구 장로와 새로 교회에 나오기 시작한 그의 친구 장로 한 분, 그리고 위로 예배를 드리기 위해 온 부 부목사 한 분뿐이었다는 것이다. 병원으로 장례식장을 정하고 간소하게 제단 꽃장식을 마쳤는데도 문상객이 없자 누나는 자기가 다니는 강남교회의 목사님께 말씀드려 장례식 예배를 드리는 것이 어떻겠냐고 말했지만, 그것은 안 된다며 자기가 다니는 교회에서 집례해야 한다고 고집했던 터였다고 한다.

누나가 다니는 교회는 구원파라고 알려져서 그곳은 이단 교회라고 누나에게도 나가지 말라고 평소에 권했던 곳이었다. 그러나 누나네 가족들은 그 목사를 너무 좋아했었다. 그래서 함께 다니던 어머니는 강권해서 다른 교회로 옮겼는데 어머니의 나이가 90이 넘자 기력도 쇠하고 함께 모시고 다니던 동생도 열심히 없어 그 교회는 못 나간 지 10년이 넘었었다. 그래서 그 교회에 집례를 맡기는 일도 어려운 상태였다. 대전에서 찾아온 목사와 장로 일행이 떠난 뒤 난감해진 자기는 자기가 가입했던 상조보험 회사의 지도사에게 모든 절차를 맡기기로 했다. 상조보험 회사의 지도사는 이런 일에는 도통해서 제단 꽃장식뿐만 아니라 고인 용품, 염습과 입관, 고인 가족의 상복, 또 문상객 음식 대접까지 일일이 지도해 주었다. 사실 가장으로서 첫 상사를 맞아 망연자실하고 있을 때 참으로 그를 위로해 주고 할 일을 가르쳐 준 곳은 교회가 아니라 상조보험회사였고 그곳의 지도사였다. 이런 애사에 당연히 교회에서 큰 위로와 도움을 줄 거로 평소 기대한 것 자체가 잘못이었다. 만일 위로와 도움을 받고 싶었다면 세속적인 상조회나 계모임을 할 일이었다. 자기는 입관예배나 발인예배 등 교인들의 문상객이 뜸해 혼자 이 상황을 극복하기는 외롭고 힘들었으나 어머니가 하나님의 품 안에서 평안히 안식할 수 있게 해달라고 목사를 대신해서 자기가 기도하였다. 장례식을 마치고 집에 돌아와 혼자 앉으니 알 수 없는 눈물이 솟았다. 3남 2녀 가정의 큰아들이 당연히 어머니를 모셨어야 했는데 자기는 결혼 초 서울의 'S식품'에서 근무할 때만 잠깐 모셨을 뿐 지방 근무 때부터는 막냇동생에게 맡기고 모시지를 못했다. S식품의 중부지역 대표로 대전에 출장소를 만들어 와 있었기 때문이

나는 어떻게 기독교인이 되었는가

었다. 당연히 장남인 자기가 어머니를 모시고 내려왔어야 했는데, 신혼이고 아직 정착하지 못한 뜨내기 생활이라는 핑계로 결혼하지 않은 막냇동생에게 맡기고 내려와서 마음이 편치 않았다. 그러나 서울 본사와 지방 출장으로 집을 비우는 일이 많아 아내에게 어머니를 모셔 오자는 말을 하지 못했다. 어떻게 보면 자기는 아내에게도 충실한 남편은 아니었다. 거의 매일 서울이나 지방 출장이었고 주말에는 고객들과 술자리가 많았고 또 일요일에는 늘 골프 모임이 있었다. 그래서 아내와는 아파트를 구해 살고 매월 나오는 봉급은 아내 통장에 넣어주면 된다고 생각했었다. 그 돈으로 아내가 자유롭게 쓰고 활동하면 그것으로 만족할 것으로 생각했다. 그때 자기 내는 장로님 댁 아래층에 살고 있었다. 아내는 장로님 댁 2층을 놀러 가본 뒤 자기도 교회에 나가고 싶다고 했다.

"저는 그때 아내가 교회에 나간다고 해서 기뻐했습니다. 거기서 많은 새 교인들을 만나 사귀고 지내면 외로움이 덜 할 것 같았기 때문이었습니다. 또 교회도 장로님이 데리고 다니시겠다고 말씀하셨잖아요?"

박 장로는 35년쯤 전 일을 생각했다. 그때도 자기가 사실 전도한 것이 아니었다. 그들이 스스로 교회에 오고 싶어 했다. 김 집사는 그때도 사업에 쫓겨 교회에 나오지 않았다. 어쩌다 우리가 부인을 교회에 데려갈 수 없을 때는 그가 골프 모임을 접고 교회까지 아내를 인도해서 주차장에서 차를 세워 두고 교회가 끝날 때를 기다려서 아내와 함께 귀가하기도 했었다. 그러다가 점차 부부가 같이 교회에 참석하게 되었다. 얼마 지나자 남편이 더 교회에 열심을 냈다. 술친구들을 끊고 골프 모임도 줄였다. 박 장로는 당시 김진홍 목사가 인도하는 두레 성서연구 모임의 대전 회장 노릇도 했는데 김 집사는 그때부터 이곳에도 열심히 참석해서 수련회에도 빠지지 않을 뿐 아니라 김진홍 목사의 설교 테이프는 매월 구매해 회사 일로 출장 다닐 때마다 그 테이프를 차 안에서 열심히 들어 열성적인 두레 가족이 되었다. 교회에서 선교회 활동도 열심이어서 교회에 나온 지 7년째에 세례를 받더니, 열심히 섬기던 목사가 정년 퇴임하고 새 목사를 모신 뒤 새롭게 교회 건물을 짓고 교회 임직원을 선거할 때는 그는 안수집사가 되었다. 그가 교회에 출석한 지 20년이 되던 때였다. 그는 교회 일이나 회사 일이나 한 번 열중하면 앞뒤를 가리지 않고 성실하게 일하는 그런 성미였다. 그런데 문제는 불신자였던 그를 교회로 인도한 아내는 권사가 되지 못했다. 교회 직분은 계급이 아니고 물론 신앙의 척도도 아니었다. 그러나 교회 밖 사람들은 "너는 지금까지 교회 다니면서 권사도 못 되었니?"하고 핀잔을 들을 만큼 교회 직분은 신경이 쓰이는 일이어서 부인은 많이 낙담한 것 같았다. 물론 그동안 아파트를 옮기고 교회 주변에 방을 구해 어린이집을 경영하고 있어 좀 다른 교인에게 교회 봉사에 소홀하게 비쳤을지도 모른다. 또 딸도 기르고 대학에 보내고 하는 일에 무관심한 남편보다는 훨씬 딸에게 정성을 기울이고 있어서 교회에는 좀 등한히 보였을지도 모른다. 그러다가 교회 일이나 직장 일에는 너무 성실한 남편 때문에 가끔 이 부부는 다투는 것 같았다. 남편이 교회에서 남선교회 회장을 역임하고 후에는 제직회(諸職會) 서기로 여러 헤 동안 교회 중직의 역할을 하는 동안 부인은 교회를 등한히 하고 부부 사이는 점차 나빠졌다.

오랜 망설임 끝에 김 집사는 말했다.

"나는 교회를 도저히 나갈 수가 없는데 안 나가니 또 괴로워서 어떻게 했으면 좋겠는지 알 수가 없습니다."

"그래 목사님과는 이야기를 해 봤습니까?"

"아닙니다. 저는 이 교회에 와서 세 번째 목사를 모시는데 코로나 발발과 함께 모신 이번 목사는 가까이서 이야기도 못 해봤고 나를 잘 알지도 못할 텐데 어떻게 말을 꺼낼지도 모르겠습니다. 그러나 장로님은 저를 잘 아시지 않아요? 그래서 상의드리는 것입니다."

박 장로는 그의 아내가 궁금해서 먼저 물었다.

"부인과는 딸 결혼 후 바로 이혼했다는데 왜 그러셨어요. 이럴 때 가장 위로와 격려를 받을 수 있는 처진데."

"저는 그때 밤 예배는 본 교회에 나가지 않고 집에서 가까운 교회에 출석하고 있었습니다. 여자 목사였는데 설교도 은혜롭고 좋았습니다. 그래서 한번은 아내와의 문제를 심각하게 상담하게 되었습니다."

"그분의 뭐라 하던가요?"

"아내를 몇 번 만나 보았는데 너무 울면서 간절하게 호소하는데 이혼하는 것이 그분을 행복하게 해 주는 일이 될 거라고 하더군요. 또 이혼하게 되면 다시 생각이 바뀌어 옛정을 회복하려 할지도 모른다면서,"

"그래서 어떻게 했습니까?"

"저는 그때 회사도 도산해서 어려움에 빠졌지만, 정말 자기는 한 사람을 불행하게 만들고 있다는 생각을 하게 되었습니다. 그래서 가지고 있는 집도 넘겨주고 이혼에 합의했습니다."

박 장로는 김 집사의 말을 듣고 있자 안타까운 생각이 들었다. 참 순진하고 자기를 버리고 하나님의 말씀 안에서 살려고 헌신하고 있었다는 생각마저 들었다. 박 장로 자신은 예수를 믿고 은혜의 생수를 마시며 복된 삶을 누리고 있는데 김 집사는 왜 그러지 못하는 것일까 하고 안타까웠다. 교회에서 맡겨진 책임에는 충실했지만, 하나님이 동행하시고 인도하는 은혜를 체험하지 못하고 있는 것 같다는 생각을 했다. 그렇다고 지금 그는 김 집사에게 친구 교인들이 미워도 용서하고 이 교회에 나와야 한다고 말할 수도 없고 다른 교회로 옮겨보라고 말할 수도 없었다.

"이 교회에 교적을 가지고 30년 이상 섬겼는데 떠나려면 담임 목사와 한 번쯤 상담해 보시고 결정하는 게 어떻겠요."라고 말하고 헤어졌다. 박 장로는 자기가 담임 목사와 상담하도록 주선하겠다는 말을 하면서.

두 주도 지나기 전에 또 김 집사로부터 연락이 왔다. 만나고 싶다는 것이었다. 이번에는 얼굴이 활짝 편 만족스러운 표정이었다.

담임 목사는 퍽 설득력이 있는 분이었다고 김 집사는 말했다. 먼저 자기에게 교회 소식란에 충분한 정보를 제공하지 못해 미안했다고 사과했다는 것이었다. 장례식장이 서울일 경우는 먼 곳에 있는 교회가 발인예배까지 장례 전체를 집례할 수 없어서 대신 돌아가신 분의 소식을 교회 주보에 소상히 알려서 문상하

나는 어떻게 기독교인이 되었는가

지 못할 때는 조의금이라도 보낼 수 있게 알려야 하는데 교회의 실수로 교인들은 아무것도 모르는 사이에 장례가 끝난 것이라고 목사는 말했다 한다. 그러면서 그는 "나를 믿는 자는 성경에서 이름 같이 그 배에서 생수의 강이 흘러나오리라(요 7:38)"라는 말씀으로 권면하고 기도해 주는데 큰 위로를 받았다는 것이었다. 예수를 믿고 성령을 받으면 그 생수의 강은 높은 곳으로 올라가지 않고 아래로만 흘러넘치는 은혜의 강이 된다고 했는데 그것이 큰 위로가 되었다는 것이었다. 생수의 강은 스스로 솟아올라 밑으로 흘러넘칠 뿐 아니라 이것은 어머니의 사랑처럼 무슨 보상을 바라지 않고 그저 흘러넘치는 은혜의 강일 뿐이라는 것이었다고 한다. 예수님처럼 자기의 생명까지도 주는 사랑이 생수의 강이라고 말했는데 감동이었다고 했다.

또 목사님은 헤어지면서 혹 어머님이 어떤 유언을 남기시지 않았느냐고 물었다고 한다, 그는 그때까지 어머니의 유언 같은 것은 생각한 일이 없었다. 다만 모시지 못하고 이 세상을 떠나보낸 것이 안타까울 뿐이었다. 동생도 유언에 대해서는 말한 바가 없었다. 그러나 동생은 돌아가신 어머니를 회상하면서 어머니는 가끔 먼 산을 우뚝하니 바라보실 때가 많았다고 회상했다고 한다. 동생이 "어머님, 형님 만나고 싶으세요?"라고 물으면 "아니다. 행여 그런 말 하지 말아라. 그 애는 회사나 교회에 성실하고 충성하느라고 바쁜 사람이다. 절대 부르지 마라. 나는 괜찮다."라고 하셨다고 한다.

김 집사에게는 그때 그 말이 꼭 유언처럼 들렸다고 한다. "그래 어머님의 사랑이 바로 예수님의 사랑이었어. 나도 사랑을 돌

려받을 생각하지 말고 그렇게 남에게 보상 없는 사랑을 하다 죽
어야 해."라고 생각하게 되었다고 했다.

김 집사는 다시 교회에 출석하기로 한 것 같았다.


## 교회 목사를 넘어 지역사회 목사로 ― 호소문

■ 한국장로신문 〈장로발언대〉를 통한 호소

2023년 7월은 필자의 교회가 창립한 지 71주년이 되는 해다.
따라서 이 한 달 동안은 우리는 〈교회 창립 71주년, 생명의 강
물 프로젝트〉로 주말 토요일에는 교회가 속한 대덕구청과 협업
하여 〈사랑의 집수리 사역〉을 하가로 했다. 교회 탄생 70년 동
안 우리는 이렇게 지역사회에 나아가 취약 가구를 방문해 주거
환경을 개선해 주는 활동을 한 일이 없다. 추수 감사절에 쌀이나
과일을 적선하듯 나누어준 일은 있었지만, 교회에서 1,000만 원
이라는 큰돈을 구청에 위탁하고 교회의 봉사자들이 나가 취약한
지역 주민의 삶을 직접 도와주는 일은 없었다. 인테리어업을 전
문으로 하는 교인이 자원하고 자원봉사를 희망한 분들이 이제는
교회에만 갇혀 있는 것이 아니라 어려운 이웃을 찾아 나서게 된
것이다.

덥고 비가 많은 7월에 웬 봉사활동? 시원한 가을에 하면 안 돼?
우리는 한 푼을 아껴 헌금했는데 1,000만 원이나 되는 큰돈을 그
렇게 써도 돼? 이건 교회에서 흔히 쓰는 말로 〈마귀의 계략〉이라

고 생각하고 양들을 이끄는 교회의 목자가 교회 창립 71주년을 맞아 목표를 세우고 지팡이를 들었으면 그 지팡이의 방향을 따라 기쁨으로 〈사랑의 집수리 운동〉에 동참하는 일은 귀한 일이라고 생각한다. 이외에도 또한, 창립 월 셋째 주일에는 오전 10시부터 오후 4시까지 적십자사의 헌혈 버스가 교회에 와 있으니 이 〈생명 살림 헌혈〉에도 많이 동참하는 것도 귀한 일이다.

교회의 개척, 교회 성장, 전도왕 배출, 성경 필사, 진학 및 취직을 위한 철야 기도회 등도 좋다. 그러나 이것들에 앞서 주님의 나라와 그의 의를 먼저 구하는 것이 중요하지 않을까?

인류를 구원하시기 위해 세상에 육신을 입고 오신 예수님이 우리를 구속하기 위해 고난받고 돌아가신 후 부활하여 다시 오셔서 오순절에 성령을 부어주시고 각 나라에 흩어져 나아가 주께서 분부한 모든 것을 가르쳐 지키게 하신 것처럼 교회의 사명은 모여서 성령을 받고 흩어져 세상에 나가 빛과 소금의 역할을 해야 한다고 생각한다. 기독교인이 하나님과 동행하여 순종하는 삶을 살며 그 은혜를 누리고 살았으면 이제는 섬기는 삶, 즉 생명의 강물을 세상에 흘러 내려보내야 지상에서 함께 하나님의 백성이 되어 천국의 기쁨을 누리는 삶을 살게 되는 것이 아니겠는가?

필자는 교인들이 죽어서 천국에 가고 하나님께 상 받는 꿈을 꾸러 교회에 나오지 않고 교회에서 말씀으로 양육을 받으면 마치 향수 공장에서 일하는 일꾼처럼 가정이나 직장에 나가면 그 몸에서 그리

사랑의 집 수리 운동을 마치고 목사가 주민의 안녕을 위해 기도하고 있다.

스도의 향기(고후 2:15)를 내는 그런 교인이 되어야 한다고 생각한다. 그래서 혼돈과 명예, 거짓, 권력, 소유욕으로 아우성치는 세상에서 천국을 향한 빛과 소금의 역할을 하여 주께서 맡기신 소명을 다하는 교인이 되어야 한다고 생각한다. 교회의 목사도 세상에 나가 〈내 교회의 목사〉가 아니라 우리 구청 주민 모두의 목사가 되었으면 한다. 또 우리 교인 하나하나가 우리 구청의 어려운 사람을 찾아가 선한 사마리아인이 되었으면 한다. 그것이 육으로는 살아 있으나 영으로는 죽어 있는 영혼을 살리고 이 지상에서 함께 천국 백성으로 사는, 천국을 이 지상에서 체험하며 사는 길이라고 생각한다.

나는 어떻게 기독교인이 되었는가

## 교회에도 수문장이 있다 — 소설

1.

　신 명예 권사(권사가 되지 못해 교회에서 예우해서 권사라고 부르고 있는 사람)는 조카딸 신보라가 자기 발로 교회에 나와 준 것이 너무 신기하고 고마웠다. 농사를 짓는 가정에서 자기만 어쩌다가 교회에 늦게 나와 열심히 다녔으나, 권사 투표 때마다 낙방하여 나이 들어 교회에서 명예 권사라는 명칭을 받았는데, 자기는 예수를 믿고 구원은 받았으나 마치 부끄러운 구원을 받은 것인 양 누가 자기를 권사라고 부르면 조롱하는 것처럼 부끄럽게 생각하고 있던 터였다. 자기 손으로 한 사람도 전도하지 못하였는데, 이렇게 보라가 제 발로 교회에 나와 주니 얼마나 고마운 일인가? 신 권사는 보라에게 교회에 나와 주어 고맙다고 눈물을 흘리며 손을 잡았지만, 혹 그 애가 마음이 변해 교회를 안 나올까 봐 눈치만 보고 교회 출석은 강요하지 않았다. 그러나 몇 주 동안 꾸준히 교회에 나오는 것을 보고 드디어 용기를 가지고 교회 카페에 그녀를 불러 마주 앉았다.

　"어때, 교회를 나와 보니 다닐만해?"

　"좀 어색하지만, 사촌오빠 때문에 나온 거니까 열심히 다녀보려고 해요. 다음 주부터는 목사님이 인도하는 새 가족 확신 반에도 나가기로 했어요."

　사촌오빠란 대학을 나오고 신학대학원에 다니는 자기 아들 병수를 말하는 것이었다. 보라의 아버지인 신 권사의 오빠는 뒤늦게 발견된 췌장암으로 병원에 입원했는데 말기가 되어 사경을 헤매게 되었다. 이때 병수는 거의 매일 병실을 찾든지, 아니면 전화 기도로 외숙이 하나님을 믿고 작고하기 전 침상 세례를 받으라고 권하였다. 또 가까이에 있는 은퇴 목사에게 부탁하여 자기가 문병하지 못한 날에는 병실을 방문하여 위로하고, 예수를 믿고 구원받으라고 권하고 있었다. 그러나 올케는 독실한 불교 신자여서 이를 결사반대하였다. 하지만 오빠는 병수의 간절한 기도에 감격해서, 찾아오지 않으면, 스스로 전화로 기도를 부탁하기도 했다. 결국, 오빠는 임종 전 세례를 받고 소천하였다. 그 뒤로 보라는 교회를 찾게 된 것이다. 신 권사는 보라가 자기처럼 부끄러운 권사가 되지 않고, 잘 믿고 인정받는 교인이 되는 것이 소원이었다. 자기 친구들이 "너는 그렇게 오래 믿고 권사도 못 됐냐?"라는 말이 너무 듣기 싫었기 때문이었다.

"보라야, 너는 정말 바르게 믿고 구원받아라. 네가 알아 둘 것은 교회는 이 세상과 다른 성스러운 또 하나의 사회란다."

"고모 그게 무슨 소리야?"

"교회는 세상과는 가치관이 전혀 달라. 말, 행동, 생각이 다르다는 이야기야. 여기서는 공일을 일요일이라고 부르면 안 되고, 주일이라고 불러야 해. 주일이란 주님의 날이라는 뜻이야. 예수님이 돌아가신 지 사흘 만에 부활하신 날이 일요일이었거든."

"그럼 나는 이 세상에서 온 이방인이네."

"그렇지. 이제 세상을 보는 눈이 달라지는 딴 세계에 들어온 거야. 천당 가려면 먼저 교인이 되어야 하고, 교인이 되려면 교

나는 어떻게 기독교인이 되었는가

회에 나와야 하는데 그 첫 관문은 주일성수이야. 주일을 거룩하게 지켜야 한다는 뜻이야."

"어떻게 하면 거룩하게 지키는 건데?"

"복잡하게 생각하지 말고 쉽게 생각하면 돼. 그냥 매 주일 교회에 나와 예배를 드리는 거야. 성경에는 일주일 중 하루를 거룩하게 성별(聖別)하여 하나님께 드리고, 집 안에 있는 모든 사람에게도 그날을 쉬게 하라고 했어. 그래서 교인들은 옛날에도 주일에는 장사하지 않았어. '육일 양복점'이라고 주일에 장사를 안 하는 기독교인이 경영하는 양복점이 있을 정도야. 이제 좀 세상과 교인의 차이점을 알겠어?"

"그래서 예배당에 들어가면 찬송을 부르고 박수하게 해서 예배 전, 잡담을 금하는 거군요."

"세상은 흙탕물처럼 더러운 곳이야. 그곳의 모든 죄 된 생각을 버리고 정하게 되려면 그렇게 해야 해. 찬양대가 세상의 옷을 감추고 유니폼을 입고 하나님을 찬양한 뒤, 목사님이 하나님의 말씀을 대언(代言)하게 회중을 넘겨주면, 그때 주의 종이 나와 말씀을 선포하는 거야."

"목사님은 좀 부담스럽겠어. 모인 교인들이 하나님의 말씀을 들을 준비를 그렇게 철저히 하고 초롱초롱한 눈으로 쳐다보고 있으면, 농담도 못 하고 허튼소리도 못 할 게 아니에요?"

"그럼. 목사님은 신학교를 나온 특별한 주의 종이지 않아? 그 입에서 나오는 하나님의 말씀이 땅에 떨어지기도 전에 우리는 받아먹고 주의 백성으로 살아가야 하는 거야."

"너무 숨 막힐 것 같아. 고모는 어떻게 이런 생활을 해 왔어?"

"좀 더 있어 봐. 교회에 들어와 있으면 서로 도와주고 너무 편해. 꼭 비행기를 타고 있는 것처럼 이 속에 들어와 있으면 천당까지 태워다 주거든. 편하고 기쁘기만 해. 너무 따지지 말고 주일성수만 하면 돼."


2.


일 년 뒤, 신 권사는 또 보라와 교회 카페에서 마주 앉았다. 이번에는 보라가 세례를 받은 기념으로 화환을 갖고 왔다.

"나는 네가 정말 자랑스럽다. 이제 너는 이 교회의 세례교인이 되었구나."

"다른 사람은 세례를 받으면 눈물을 흘리고 간증도 하고 하는데, 왜 나는 그런 감격이 없는지 모르겠어."

"그건 네가 아주 순탄하게 신앙생활을 시작하고 순종하며 살고 있기 때문이야. 이상할 건 하나도 없어, 너는 이제 교인이 되는 둘째 관문인 세례를 통과한 거야. 하나님께서 너를 구원받은 딸로 영접해 주실 거야."

"누구든지 주의 이름을 부르는 자는 다 구원을 받는다고 했는데 꼭 세례를 받아야 해?"

"그럼. '나는 구원 받았다'라고 여러 사람 앞에서 선포해야지. 서로 사랑하는 사람이 '우리는 사랑한다.'라고 공표하며 여러 사람 앞에서 결혼식을 하는 거나 마찬가지야. 기독교 공동체에서는 세례가 얼마나 중요한데." 그러면서 세례를 받아야 공동의회

나는 어떻게 기독교인이 되었는가

에서 투표권도 생기며, 기독교 기관에도 세례증으로 취직할 수 있고, 교회에서 장로 권사가 되려고 해도 세례교인이라야 한다고 말했다. 이건 세속적인 정치적 이야기였다.

"고모, 그것은 거룩해야 한다고 주장하는 교회에서 속물같이 살라는 이야기 아니야?"

"지금까지는 기독교인이라고 알려지면 핍박을 받아 숨어 살아야 했어. 또 그것이 알려질까 봐 성경을 끼고 다닌 것도 부끄러워했지만, 지금은 당당히 정체성을 들어내고 세상을 기독교 가치관으로 주도해 나갈 때가 된 거야. 너무 숨어 살 필요가 없어. 기독교 정당을 만들다가 실패하기는 했지만."

"고모. 나는 목사님의 설교나 교인들의 봉사적인 활동을 볼 때, 기독교가 싫지 않아. 하지만 뭔가 내가 잘못 끌려가는 것 같은 느낌이 들어."

"지금은 시작이어서 네가 잘 모르니까 그러는 거야. 교회는 마당만 밟고 왔다 갔다 하면 아무것도 모르게 돼. 너도 이제 세례를 받았으니 교회 안에 들어와 어떤 부서에 들어가 참여해 봐. 그래야 정말 교회가 어떤 곳인지 알게 돼. 어때, 교회에는 화요일마다 모이는 중보(仲保)기도 팀이 있는데 하나님과 동행하고 영통(靈通)한 삶을 살려면 기도밖에는 없어. 너도 거기 들어가 활동해 봐. 나도 거기 나가는데." 이렇게 기도만이 사람을 변화시킨다고 신 권사는 권유했다.

# 3.

그렇게 권유를 받은 지 일 년도 채 안 되어 보라는 중보기도 팀에 들어와 있었다. 고모의 이야기로는 이 기도는 교인이 되는 세 번째 관문이라고 말했다. 이 기도팀에는 온갖 기도 요청이 들어오곤 했다. 부부의 불화, 속 썩이는 자녀 문제, 진학, 결혼, 음식점, 유치원 개원, 병실에 입원한 환자, 또 목사님이 설교를 잘하게 해 달라는 기도… 등. 모두 하나님께 기도해서 복 받고 잘되게 해 달라는 기도 부탁이었다. 이 일들은 다만 기도팀원들만 알고 있어야 하며, 이곳은 밖으로 비밀이 누설되어서는 안 되는 대통령 산하의 국가안보실이나 국가정보원 같은 막중한 책임을 갖는 곳 같기도 했다. 때로는 담당 부목사와 함께 가정이나 병원을 심방하기도 하는 일이 있어, 많은 교인의 가정을 찾아 교인들의 숨겨져 있는 삶을 볼 수 있게 되기도 했다.

보라는 중보기도 팀에 있으면서 자기는 너무나 서투른 기도를 하는 것 같아서 그만 빠져나오고 싶었으나, 고모의 강압에 못 이겨 참아내고 있었다. 그 기도팀 회원들은 고급 기도훈련을 받은 사람들처럼 막히지 않게 수십 분씩 기도할 수 있을 뿐 아니라, 대부분이 방언으로 기도하기도 했다. 그러면서 보라에게도 오래 기도하고 있으면, 자연히 방언이 터진다고 다정하게 일러주는 것이었다. 방언이 아니면 한 번도 만나 보지 못했던 사람이나, 먼 곳에 있어 연락을 못 하는 사람들을 위해서는, 성령의 인도가 아니면 상대방의 사정을 모르기 때문에 방언이 아니면 자기 상상을 따라 기도할 수밖에 없다는 것이다. 예를 들어 죽은

나는 어떻게 기독교인이 되었는가

사람을 살았다고 생각하며 계속 기도하고 있을 수도 있다는 말이다. 정말 그들의 이야기를 듣고 있으면, 그 팀원들은 다 신들린 사람들 같다는 생각이 들어, 도저히 자기는 그들과 같은 류가 될 수 없다는 생각을 수십 번 하는 것이었다. 그들 이야기를 듣고 있으면, 심방 갔을 때 어떤 집에서는 귀신들이 방구석에 우글우글 숨어 있는 것이 보이기도 한다고 했다. 분명 영안(靈眼)이 뜨인 사람들의 이야기였다.

도대체 중보기도라는 것이 무엇인가? 예수를 믿지 않아 도저히 하나님 앞에 나갈 수 없는, 혹은 어떤 이유로 기도의 응답을 받을 수 없는 사람들을 위해 그들과 하나님 사이에 내가 끼어서 기도를 대신 해주는 사람이 중보자가 아닌가? 구약시대에는 제사장이 일반 회중을 대신해서 하나님께 사정을 호소하고, 하나님으로부터 말씀을 들어 회중에게 전달했다. 그래서 중보자 노릇을 했다. 그런데 예수님이 세상에 오신 뒤로는 백성들의 죄를 대신해서 속죄하고 하나님과 백성 사이의 막힌 담을 헐어서, 지금은 예수를 통해 구원받은 사람은 누구나 직접 하나님에게 기도하고 응답을 받을 수 있게 되지 않았는가? 지금 죄인을 위해 하나님께 중보할 수 있는 분은 오직 예수뿐이다. 그런데 내가 감히 누구를 위해 중보기도를 한다는 말인가? 특히 평신도가 목사를 위해 하나님께 중보기도를 한다는 것은 이해할 수가 없는 일이었다. "나는 그런 자리에 설 자가 아니다." 이런 이유에서도 자기는 중보기도 팀에는 어울리지 않는다고 보라는 생각했다. 그렇게 말하면 고모는 말했다.

"중보기도라는 말이 마음에 들지 않으면 합심 기도라고 생각하면 돼. 뭐 생각 나름이야. 명칭이 문제야? 성경에도 두 사람이 땅에서 합심하여 무엇이든지 구하면, 하늘에 계신 하나님이 이루게 해주신다고 했잖아? 그냥 모여서 기도하는 거로 생각하면 돼."

"그런데 교회 속사정들을 알고 나니 교회가 거룩하다는 느낌이 싹 가셨어요. 그냥 교회에 와서 사람들은 보지 말고, 거룩해 보이는 목사님이나 거룩해 보이는 찬양대나 쳐다보고 집에 가는 것이 나에게는 유익할 것 같아."

"교회는 상처받은 사람들이 모여서 치유 받고 새 생명으로 거듭나 찬양하고 감사하며 사는 곳이야. 그런 현장을 보지 않는다면 교회 생활을 하지 않는 것이며 하나님의 자녀로서의 증인 노릇을 않는 일이야."

보라는 교육을 받지 않은 고모가 교회에 들어와서 엄청 유식해졌다는 생각을 하게 되었다.

"고모, 기도란 무엇이라고 생각해? 나와 내 가족, 내 교인들이 복 받고, 무병장수하며 성공하게 해달라는 그런 복 비는 것이 전부인 거 같아."

"아니야. 기독교인들은 이 세상에서 잘 사는 것도 원하지만, 우리의 소망은 하나님과 같이 살게 될 천국에 있어. 내세가 없으면 종교가 아니야. 이 세상의 사람들은 다 죄인이어서 악을 밭 갈아 죄를 거두고 사는 데 예수님께서 그들의 죄를 대신하고 돌아가서서, 우리가 회개하고 돌아서면, 하나님이 세상을 창조하신 태초의 천국으로 우리를 초청하셔. 의로운 하나님이 심판 주로 오셔서 억울하게 당한 핍박을 갚아주시며, 죄인들은 지옥으

나는 어떻게 기독교인이 되었는가

로 그리고 우리는 천국으로 인도하서. 이것이 우리의 소망이야. 따라서 그런 것도 기도해야 해."

"기도는 하나님의 뜻에 맞게 기도해야 들어 주시는 것이 아니야? 그런데 나는 하나님의 뜻을 분별하기 어려워. 오늘 야외에 놀러 나가려면 비 오지 않게 해 달라고 기도하고, 운동 경기 때는 우리 백군이 이기게 해 달라고 기도하거든. 이것은 내 뜻이자 전혀 하나님의 뜻이 아니잖아?"

"그렇게 기도해도 돼. 하나님이 알아서 응답해 주시니까. 다만 진심으로 기도하고 싶은 대로 기도해. 아무도 하나님의 뜻을 바르게 알 수 없어. 알고 있다고 생각하면 자기의 의에 빠진 사람이야. 그런 사람은 기도 응답을 받지 못하면 하나님을 원망할 거야. 꼭 이것은 구해야 한다고 진심으로 생각되면 그렇게 해. 하나님께서 알아서 버릴 것은 버리고, 들을 것은 응답해 주실 거야."

4.

보라는 이렇게 힘들게 교회 생활에 적응해 가고 있는데 과연 이것이 옳은 것인지, 어떤 알지 못한 세력에 자기는 세뇌를 받고 있는 게 아닌지 판단이 서지 않을 때가 많았다. 종교란 신비하고, 빠져들면 헤어날 수 없는, 또 교회 밖 사람이 보면 미치광이와 같이 되어가는 그런 마력을 가진 것이 아닌가 하는 생각도 하게 되었다. 그래서 이북 정권을 종교집단이라고 말하는 사람도 있다. 그런데 중보기도 팀에 들어간 지 3년째에 고모는 이것이 교인이 되는 아주 중요한 네 번째 관문이라면서 또 다른 십일조 이야기를 했다. 십일조를 남몰래 내지 말고 반드시 액수를 적어서 매월 빠짐없이 하라는 것이었다. 보라는 남편이 가져온 월급을 관리하는 것뿐이어서 남편의 동의 없이 그렇게 할 수 없다고 말했는데, 그래도 남편을 설득해서 꼭 수입의 십분의 일을 바치라는 것이었다. 그러다간 가정이 파탄 나며 자기도 교회에 나올 수 없다고 말했는데도 고모는 완강했다. 남편을 전도해서 교인이 되게 하든지, 아니면 십일조라도 내게 하라는 것이었다. 그러면서 하나님께서 남편의 마음을 바꿀 수 있게 기도를 해 보라고도 했다. 교회에서 한 사람의 신앙의 척도는 세례교인으로서, 주일성수하고, 성실히 십일조를 드리는 일이라는 것도 덧붙였다.

"이런 것은 잘못된 생각으로, 세상에서 구원받은 성도를 속박하려고 만든 형식이요 율법이지 않아요? 꼭 교회가 교인들을 위협해서 돈을 더 많이 받아내려는 것 같아요. 하나님도 그런 교인이라야 생명책에 기록된 구원받은 성도라고 생각하시나요?"

"그것은 천국 간 뒤의 이야기이고, 지금 우리는 이 세상에서 살고 있지 않아? 이 세상에서 하나님의 뜻을 이루려면 먼저 교회에서 관습적으로 행하는 법을 지켜야 해. 그래야 장로가 되어 당회에 들어가 목사와 협력하여 행정과 권징(勸懲)을 관장하지. 많은 교인이 장로만 쳐다보고 있는데 먼저 장로가 되지 못하면, 새로 교회에 들어와 방황하는 교인들을 어떻게 바른 신앙으로 인도할 수 있으며, 하나님의 나라를 확장할 수 있겠어."

"고모, 그러나 예수님께서 저주하던 바리새인 같은 장로들이 거짓 교사가 되어 순진하게 따르는 많은 교인을 잘못 인도하면 어떻게 되는 거야. 천국에서 '나는 도무지 너를 알 수 없다'라고 예수님이 말씀하실 것 아니야?"

"그러나 당회에서 장로 후보자를 7년 이상 된 세례교인, 주일 성수, 십일조 교인으로 기준을 정해 놓고 2배수로 선정 발표한다면 어떻게 하겠어. 먼저 장로는 되어야 하는데. 그 기준에 미치지 못하지 않아."

"장로 안 하면 되죠."

"교회에 교인만 데려다 놓는다고 하나님의 백성이 되는 것이 아니야. 예수님을 영접하고 세례를 받았다 할지라도, 그들이 예수님의 삶을 닮아가도록 성화의 과정을 밟아서 장로가 되어 먼저 방황하는 양들에게 본이 되는 모습을 보여야 해."

보라는 남편의 너그러운 양해로 교회를 다니고 있으나, 남편은 교회에 대해 매우 부정적이었다. 그는 교회에 대한 교묘한 예화를 많이 알고 있었다. 어느 경합에서 맨손으로 짜서 귤즙을 잘 짜내는 시합이 있었는데 내로라하는 역도 선수, 차력 선수, 기계체조 선수가 다 참여했는데, 그중에서 삐쩍 마른 60대 남자가 일등을 했다는 것이다. 그래서 그의 직업을 알아보니 교회 회계 장로였다는 이야기 등…. 그런 남편이 자기에게 통장을 맡겼다 할지라도 생활비 이상을 지출하는 것을 십일조로 허락할 리가 없었다. 교회에서는 십일조를 내지 않으면 하나님의 돈을 훔쳐서 사는 못 된 놈이라 하겠지만, 남편은 십일조를 내면 자기 봉급을 훔쳐 간 못 된 마누라라 할 것이다. 물론 보라가 짬짬이 학생들의 과외수업을 한 수입을 다 털어 넣을 수는 있다. 그러나 그것이 어찌 십일조가 되겠는가? 고모는 드디어 말했다. 하나님은 물질에 관심이 없으신데 십일조의 액수가 무슨 문제겠는가? 하나님은 감사해서 드리는 마음을 받으실 분이셔. 그러니 낼 수 있는 만큼의 헌금을 십일조로 작정하고 십일조 헌금 봉투에 이름과 액수를 적어 내라는 것이었다.

"교회는 왜 십일조 헌금 낸 사람의 이름을 꼭 주보에 발표해서 여러 교인에게 알리는지 모르겠어요. 십일조 안 내는 사람을 부끄럽게 하려는 것처럼."

"어떤 사람은 헌금을 냈는데 명단에 나오지 않는다는 불평을 해서 그것은 영수증을 대신해서 발표하는 거야."

"이렇게 개인정보를 누출하지 말고, 개개인의 헌금 고유번호를 정해서 알려 주어 헌금을 낼 때마다 이 고유번호로 저장해 두고, 이름 대신 이 고유번호를 발표하면 더 좋지 않아요? 그럼 연말 정산 때 회계도 고유번호로 검색하면 정확히 헌금 액수를 알 수 있을 텐데."

"아무튼, 헌금은 개인 신앙의 척도일 뿐 아니라 교회의 중요한 수입원도 돼."

"헌금의 종류가 너무 많은 것 같아요. 주정헌금, 절기헌금, 감사헌금, 지정헌금, 일천번제헌금…. 그래서 무당에게 복채를 내는 것처럼 기분이 안 좋을 때가 있어요."

"액수를 생각하지 마. 하나님 은혜에 감사해서 아낌없이 내면 되는 거야. 이웃 사람과 비교하지 마. 나는 다만 이 세상에서 교회를 다니고 있는 이상 이 세상의 교회법을 따르는 것이 좋다고 말하는 것뿐이야."

　　　　　　　　　　나는 어떻게 기독교인이 되었는가

"그러나 잘못된 관행은 바로잡아야 하지 않아요?"

"바로 잡기 전에 바른 장로가 당회원이 되어 교인들에게 성경을 바르게 가르치고, 무엇이 참다운 순종인지 바른 삶을 살도록 먼저 신도들을 의식화해야 해."


5.


보라가 거룩한 교회에서 기독교인이 되어 무의식중에 세속화되어가고 있을 때, 교회의 장로, 권사, 안수집사 선거가 있었다. 관례대로 당회에서 필요한 인원만큼 장로 권사, 안수집사를 배수 공천하여 공동의회에서 장로는 2/3. 권사, 안수집사는 과반수 찬성으로 당선자를 확정하게 되었다. 보라가 놀란 것은 자기가 장로 후보로 당회에서 뽑힌 것이었다. 자기는 교회 출석한 지 10년에 불과했고, 나이도 40대 중반으로 가장 젊은 장로 후보에 해당하였다. 어떻게 해서 이런 일이 생긴 것인지 알 수가 없었다. 어쩌면 신 권사의 입김이 작용하였을지도 모른 일이었지만, 이런 교회의 정치내막을 알 도리가 없었다. 자기를 아는 몇몇 집사들도 놀라는 표정이었다. 피택(彼擇) 장로와 권사, 안수집사가 공표되자, 교회 내는 어수선해졌다. 탈락한 사람의 불만과 피택된 사람에 대한 인신공격이 카톡을 통해 올라오기 시작했다. 보라에게는 어떻게 해서 장로로 당회에서 피택이 되었는지는 모르지만, 권사도 되지 않은 사람이 장로 후보가 되었다는 것은 있을 수 없는 일이라고 말하며, 이것은 한국의 새 정부에서도 있을 수 없는 파격적인 후보지명이라고 비아냥거리기도 했다. 또 어떤 사람은 교회에 출석한 지 얼마 되지 않은 사람이 장로 후보가 되었다는 것은 웃기는 일이 아니냐고 말하며, 교회의 평온과 조직의 엄연한 서열을 위해서도 자진해서 사퇴하라고 직격탄을 날린 사람도 있었다. 연이은 댓글은 장난이 아니었다. 보라도 자기가 단상에 올라가 대표기도를 하며, 당회의 정치판에 끼어들며, 주일 아침마다 교회 입구에서 잘 알지도 못하는 교인들과 악수하고 교회에 출석하는 교인을 맞는 일은 자가 체질에 맞지 않는 일이었다. 처음 보는 신입 교인을 악수로 맞으며 "나와 주셔서 감사합니다."라고 말하면, "내가 교회 나오는데 당신이 왜 감사하는데."라고 자기를 쏘아붙일 사람이 있을 것 같아 얼굴이 붉어질 것만 같았다.

목사는 선거일까지 시간이 나는 대로 장로나 권사는 직분이지 결코 계급이 아니라고 강조하면서 앞으로 자기를 대신해 교회의 막중한 직분을 맡아 수고할 분들을 위해 기도하고, 험담이나 루머로 인격을 모독하는 일을 삼가라고 말하고 있었다. 보라는

"고모, 어떻게 된 거야. 나 장로 하고 싶지 않아. 성경 지식도 부족하고. 그만 자진해서 사퇴할까 봐."라고 말했더니

"무슨 소리야. 모르겠어? 네 개의 관문을 통해 여기까지 올라온걸? 너는 교회를 지키고 있는 엄격한 수문장(守門將)들의 심사를 거쳐 여기까지 온 거야. 너는 꼭 장로가 되어야 해. 장로가 되는 것이 마지막 다섯 번째 관문이야. 장로가 되어 이 교회에 새바람을 일으켜야 해."라고 적극적으로 말리는 것이었다.

"네가 장로가 되는 것은 내 평생의 꿈이었어. 네가 네 개의 관문을 통과할 때마다 나에게 질문한 걸 난 똑똑히 기억하고 있어."라고 말하며, 신 권사는 계속했다. 1. 주일성수, 2. 세례, 3. 중보기도, 4. 십일조. 이것은 구약시대에 예수님께서 제일 싫어하는 율법이라고 보라가 자기에게 반격했었다고 말했다. 그때마다 자기는 뭐라고 타일렀는가? 이 관문을 통과하면서 자기의 일을 다 했다고 자만하는 사람은 바로 그것이 율법이 되어 우상숭배나 토속신앙인 미신에 빠지는 걸림돌이 되지만, 관문을 통과할 때마다 하나님의 은혜를 깨닫고 감사하며 기쁨으로 감당하겠다는 생각을 하는 사람은 거듭난 사람으로, 세상을 보는 관점이 달라진다고 말하지 않았냐고 되물었다. 이런 관문을 통해 우리는 예수님께 한 걸음씩 다가가는 성화(聖化)의 길을 걷고, 드디어는 죽어 주께서 주신 면류관을 받는 영화(榮華)의 단계에 이른다는 것이었다.

보라는 고모를 생각할 때마다 성경은 정말 사람을 변화시킨다고 깜짝깜짝 놀라곤 했다. 누가 고모를 교육을 받지 않은 사람이라고 생각하겠는가? 완전히 거듭나서 세상을 보는 눈이 달라진 것이다. 자기의 눈으로 세상을 보지만, 실상은 자기의 생각을 죽이고 하나님의 눈으로 세상을 다시 보는 것 같았다.

6.

항존직(恒存職) 투표일이 다가왔다. 이날 신 권사는 특별히 고운 옷을 갈아입고 교회에 출석했다. 보라가 장로가 되는 것을 보는 영광스러운 날이었기 때문이었다. 이를 위해 하나님께 얼마나 오래 기도했는가? 자기의 부끄럽고 서럽던 명예 권사의 오명을 씻는 일은 보라가 당당히 장로로 당회원이 되어주는 것이었다. 대 예배가 끝나면 바로 공동의회를 열어 항존직 투표를 하게 되어있었다. 그때 장로 후보자들은 전면에 나와 한 줄로 서서 인사를 할 것이었다. 그들에게 주어진 기호대로 교회에서 요구하는 장로 수만큼 세례교인은 각자 투표용지에 표를 찍게 되어있었다. 그런데 예배에 나와 있어야 할 보라가 보이지 않았다. 예배 직전에 갑자기 보라 남편이 나와 예배당에서 두리번거리고 있었다. 신 권사는 깜짝 놀라 그 곁으로 갔다. 조카사위는 무엇 때문인지 화가 머리끝까지 나 있었다. 신 권사는 그를 데리고 예배당 밖으로 나왔다.

"자네가 웬일인가?" 그러자, 그는 버럭 화를 내며 말했다.

"보라가 미쳤어요. 교회에 열심을 내더니 이제는 집을 나갔어요."

"뭐라고? 어딜 갔어?"

"기도원인가, 무언가 하는 데 간다고 집안 살림도 팽개치고 나가 버렸다고요."

"아니, 오늘같이 중요한 날 어딜 가?"

두 사람 다 억울한 것은 마찬가지인 것 같았다. 신 권사는 수십 년의 꿈이 사라졌기 때문이요, 조카사위는 아내가 교회에 미쳐서 집을 뛰쳐나갔기 때문이었다.

"거기가 어딘데?"

신 권사는 가까운 곳이면 지금이라도 가서 잡아 올 기세였다.

"나도 모르죠. 이런 쪽지를 남겨 놓고 집을 나가서 지금 교회가 가정파탄을 냈다고 항의하러 온 길이요."

그 쪽지는 다음과 같았다.

> QT
> 종이 되신 여러분, 모든 일에 육신의 주인에게 복종하십시오. 사람을 기쁘게 하는 자들처럼 눈가림(Eye-service, as men-pleasers)으로 하지 말고, 주님을 두려워하면서, 성실한 마음으로 하십시오. 무슨 일을 하든지, 사람에게 하듯이 하지 말고, 주님께 하듯이 진심으로 하십시오. (표준 새 번역 골로새서 3:21, 22)

이 말씀은 바울이 종들에게 권면한 말씀이다. 나는 주님의 종이다. 따라서 이것은 나에게 하신 말씀이다. 그런데 나는 지금까지 눈에 보이는 내 상사에게는 두려워서 열심히 그를 위해 일했으며, 주님께는 그분이 눈에 보이지 않기 때문에 눈가림으로 건성건성 했다. 나는 주님을 어떻게 섬겼는가? 어렵고 힘들 때만 요술 방망이 두들기듯 해서 불러내어 이렇게 해 달라, 저렇게 해 달라고 기도만 했고 주일성수나, 십일조도 진심으로 하지 않았다. 주님은 병든 자를 고치셨고, 어렵고 힘든 사람을 찾아가 그들 편이 되셨기 때문에 나는 그분을 두려워하지 않았다. 그분은 내 편이기 때문이다. 나는 완전해지려고 노력해도 완전해질 수 없으며, 어떤 노력과 행위도 주 앞에 의롭게 될 수 없어서 하나님의 사랑에 의지해서 그분의 용서만 믿고 주님을 눈가림으로 섬겼다.

지금까지 나는 세상 사람을 하나님 섬기듯 했으며, 주님을 세상 사람 섬기듯 그렇게 살아왔다. 바울은 주님을 심판 주로 두렵고 떨림으로 섬기고, 그의 상(賞) 주심을 소망으로 살도록 권면하고 있다. 내가 세상일을 할 때 주님께 하듯 하라는 뜻은 우리의 속사람을 아시는 주님은, 눈가림할 수 없으므로 주님이 불꽃같은 눈으로 보고 계신다고 생각하고 그렇게 세상일을 하라는 뜻이다.

교회가 항존직을 선정하여 교회의 신령한 관계를 살피고, 교인들이 도덕적으로 부패하지 않도록 권면하는 일을 맡긴다고 할지라도, 그 방법이 옳지 않거나, 나는 모르지만, 그 속에 인간의 부패한 생각들이 끼어 있다면, 우리 마음을 꿰뚫어 보시는 주님의 분노는 피할 수 없을 것이다.

교인들이 의심의 눈으로 나를 보는 것처럼 내가 장로 후보로 선임되는 것을 나도 믿을 수 없다. 또 주일성수, 십일조 헌금을 장로의 조건으로 세운 것을 나는 옳다고 생각하지 않는다. 그릇된 방법으로 옳은 일을 하겠다는 궤변은 하나님을 속이는 것이다. 따라서 세상일을 주님께 하듯 하려면 나는 장로가 되어서는 안 된다.

교회 공동의회에서의 항존직 투표는 보라의 궐석(闕席)으로 진행되고, 아무 일이 없는 듯 막을 내렸다. 목사는 선거가 끝난 뒤 이제 교회의 막중한 일을 맡게 될 항존직들을 뽑게 되었으니 하나님께 감사하다는 것과 그들께 영력을 더하시어 죽도록 충성하며 주께서 명령하신 지상 명령을 충실히 수행하여 올해에는 주님의 집인 이 성전에 3,000명의 신도를 채울 수 있게 해 달라는 기도로 선거를 마무리했다.

낙선된 후보들의 불만스러운 표정을 볼 수 있었다. 그러나 "하나님의 일에는 오직 순종이 있을 뿐이다. 얼마 동안 낙선된 후보들의 불만은 계속될 것이었다. 그러나 그것은 언제나 있는 선거 후유증이다. 교회에 언제나 있는 마귀의 장난이라고 생각하고 얼마 동안 "사탄, 마귀는 물러나라."라고 기도하면 교회는 또 평온해질 것이었다. 이것이 우리나라 교회이고 피택 받은 장로들이다.